人民日报 传媒书系
SERIES OF THE BEST MEDIA BOOKS

什么影响着新闻评论

观点表达和说服方法的案例分析

马少华 ◎ 著

人民日报出版社

图书在版编目（CIP）数据

什么影响着新闻评论/马少华著.—北京：人民日报出版社，2013.4
ISBN 978-7-5115-1769-2

Ⅰ.①什… Ⅱ.①马… Ⅲ.①评论性新闻—新闻写作　Ⅳ.① G212.2

中国版本图书馆 CIP 数据核字（2013）第 066084 号

书　　名：	什么影响着新闻评论——观点表达和说服方法的案例分析
著　　者：	马少华
出 版 人：	董　伟
责任编辑：	梁雪云
封面设计：	春天书装工作室
出版发行：	人民日报出版社
社　　址：	北京金台西路 2 号
邮政编码：	100733
发行热线：	(010) 65369527　65369846　65369509　65369510
邮购热线：	(010) 65369530　65363527
编辑热线：	(010) 65369514
网　　址：	www.peopledailypress.com
经　　销：	新华书店
印　　刷：	北京中新伟业印刷有限公司
开　　本：	710mm×1000mm　1/16
字　　数：	300 千字
印　　张：	20.75
版　　次：	2013 年 6 月第 1 版　2013 年 6 月第 1 次印刷
书　　号：	ISBN 978-7-5115-1769-2
定　　价：	39.00 元

自序：更深、更细地把握观点表达的规律

我原来是报纸的评论员和评论编辑，也曾在不同媒体写作评论专栏。最近12年来在高校做评论教员。收入这本书中的文章就是我后面这些年在教学、研究中对于新闻评论的认识。它们使我比以前更深入、更清晰地意识到新闻评论的一些内在的规律。这是一些我自己当年在写作和编辑评论时没有想过、没有想到和没有想清楚的东西。

在教学和研究中，我越来越清晰地意识到：人类的思维和表达是有一些规律的。人类表达自己观点的规律是值得更细、更深地把握的。我在新闻评论的教学和研究中，琢磨的就是这些东西。它们大致可以分为思维和表达两个层面，具体而言，它们分别从逻辑学、语言学、传播学、心理学等各种学科的层面，涉及评论的论证、修辞、语句、结构，以及在受众接受过程中产生的具体效果。

打一个比方，如果说，在自己以往多年的写作中，我的精力主要集中在具体的写作目标的话，那么，在后来的教学和研究中，我的精力更多地集中于实现这个写作目标的过程和方法。如果把以往具体的写作目标比喻成敲进木板的钉子，那么，现在，我的精力主要集中于用来敲钉子的手和锤子，以及钉子所要进入的木板上。

我并不是一定要把人们通常不能直接看见、隐藏在写作者"缄默经验"中的东西弄成所谓"学"，我也不准备用这些东西回应"新闻无学"或是"新闻有学"的持久争议。我琢磨这些东西，只是因为这些东西"在那里"。它们就在每一篇新闻评论的后面，无论你意识到它们还是没有意识到它们，

无论你重视它们还是轻蔑它们。作为一个从事新闻评论教学的人，我自己不可能无视它们的存在。至于人们学习评论的路径，自然可有不同的选择。

我是一个更倾向于理性的人。对于我来说，承认一些超出个体经验的东西存在，并且琢磨它们，就是一种理性的态度。而新闻评论，作为一种理性表达的文体，它的学习者，对于自己所使用的表达工具，至少也应该有这样的理性态度。

作为高校教师，我当然也有自己在"学术"方面的压力。但是，作为一个曾经的新闻评论职业写作者和现在的新闻评论教员，我并不愿意把新闻评论写作弄成"学术"。我这些年来关于新闻评论的专栏文章或论文，都是着眼于如何更好地教人写作评论。它们主要发表在一个后来定名为"少华评论课堂"的期刊专栏中。它们产生于教学中的思考，带着一问一答的教学背景和课堂气息。学生的提问，往往就是这些思考的源泉。即使是一些发表在所谓"核心期刊"上的论文，其初衷，也无非是要在课堂上更清楚地说明新闻评论自身形式演变的规律——即追求表达效率的规律，以增强学生在评论写作中的效率意识。这是那些文章也收入本书中的一个理由。

尽管我进高校任教已经有十多年了，但我始终并不把自己看作一个"学术中人"，而是把自己看作一个帮助别人通过评论写作更好地表达自己观点的"辅导员"。许多年前我在上海一家新闻周刊的专栏中表达过"时评是公民表达的实用文体"的观点。后来这样一个理念为许多评论界朋友所接受。对于一个表达渠道日益开阔，表达欲望日益强烈的公民社会来说，这样的"实用文体"的内在规律，是值得更深、更细地琢磨的。

目 录

一、什么影响着论点的选择 **001**

  普遍表达与专业判断——当代中国新闻评论发展的一种描述　// 003

  高远的认识目标与近切的阅读入口　// 011

  评论由头与论题的相关度　// 014

  "评一个事，讲一个理"的评论写作追求　// 019

  "批判的价值次序"与评论的选题问题　// 022

  是"深入"还是"跑题"？——评论中"由此及彼"的合理性问题

                      // 027

  论点的选择与论证的难易　// 031

  论点之后是什么　// 036

  不要迷信评论的"角度"　// 040

  批评不要虚设对象　// 043

  舆论中的感性与评论中的理性　// 046

  论新闻评论中事实判断与价值判断的关系　// 051

  严肃媒体不必回应网络琐屑议题　// 059

二、什么影响着说服的力量 **063**

  用形式逻辑检验日常论争　// 065

有些问题不适合演绎推理　// 069

类比须防不同类，归谬莫到不相干　// 072

乌木归属争议中的类比论证　// 077

分析一篇表达"立法诉求"的评论　// 082

归谬法中的类比思维与抽象思维　// 085

"活熊取胆"争议中的媒体失误　// 088

选言判断中的论题迷失　// 092

诉诸无知的谬误与举证责任的规则　// 096

"正如"、"就像"起什么作用？　// 101

哪一种修辞没有论证性？　// 104

逻辑与修辞：谁在说服？——关于修辞是否有论证功能的思考　// 107

论媒介言论中具有论证性的修辞　// 112

评论语言中强化情感的修辞　// 122

报道和言论中的粗直语　// 125

三、什么影响着具体的阅读效果 131

辨识评论语句间的层次关系　// 133

评论中的过渡性语句　// 136

把握新闻评论中的语用倾向　// 140

从传播效率的角度论新闻评论的开头与结尾　// 145

可以呼应观点　不要扭曲事实——谈新闻评论中的叙事成分　// 151

评论中人称代词的特殊效果　// 156

以"互文性"拓展评论标题的表意空间　// 161

一周新闻述评的相关性结构　// 166

冲突与宽容的言论生态——中美报纸言论版的比较研究　// 171

交流与争议——国外报纸言论版评述　// 182

四、什么影响着新闻评论表达形式的流变 191

探索更丰富的评论表达形式 // 193

时评的历史与规范 // 200

早期的"时评"——论我国近代新闻评论发生发展的形式规律 // 213

论时评的起源 // 225

论早期评论的发展对现代新闻周刊的贡献 // 235

论我国早期新闻评论中的交流性因素——以梁启超为例 // 244

论梁启超后期评论风格的变化——兼论梁启超对新闻评论形式演进的贡献 // 255

"社评"的选择——一种评论史角度的观察 // 266

新闻评论的伦理责任和伦理问题 // 274

五、什么影响着评论的学习效果 285

再次面对"写作能教吗?" // 287

通过分析练习,揣摩评论写作 // 290

从谨守写作规范到研究传播效果——对评论写作与评论教学的思考 // 295

眺望更开阔的评论教学范式——读《批判性思维与传播:论说中的推理应用》 // 300

简论缄默知识与新闻评论的教学 // 306

说服传播理论与新闻评论教学的距离 // 315

一、
什么影响着论点的选择

普遍表达与专业判断

——当代中国新闻评论发展的一种描述

（一）从需求的角度看供给

我试图用两个关键词来描述当代中国新闻评论的基本层次与发展变化。

普遍表达与专业判断——这是共存于当代新闻评论中的两种不同的价值，它们对应着人们不同的需求，也自然形成了两种不同的评论景观。在价值上，它们是并存的，相互依存，并且会长期并存。但是从发展上来说，它们可能是前后相继的，而且已经显露出前后相继的端倪。

也就是说，普遍表达，可能是当代中国新闻评论比较初级的阶段；而在普遍表达尚未实现的情况下，对专业判断的需求，已经形成，并且抬升了——这可能是一部分媒体言论的走向或追求目标。这从近年来国内一些引领评论潮流的报纸言论版的"专栏化"倾向可以看出来；也可以从进入媒体评论写作的知识分子的学科背景中看出来；还可以从一些媒体评论员自身在选题、风格方面的变化中看出来。——我的观察从上一个世纪90年代末开始，截至目前。那个起点的标志，是报纸纷纷创办言论版，向社会开放，以及继之而起的网络评论写作。

我描述说，普遍表达是一种比较初级的阶段，并不是说它容易达到，也不是说它会最先达到。而是说，在出现表达机会的时候，表达的愿望注往会最先出现。新闻评论作为一种意见表达的文本，既有表达价值、愿望、利益的功能，也有表达事实判断，提供权威的意见性信息的功能。前一种功能，可以由更多的人亲自实践；后一种功能，则可能由少数人实践，而为更多的人所需求。当上一个世纪90年代末，中国报纸开始开辟言论版的时候，至少实践第一种功能的条件具备了。此后，互联网的普及，网络论坛的火爆，特别是Web2.0传播条件下博客的兴起，为实践新闻评论的前一种功能提供了从未有过的物质空间。这是近代以来中国新闻评论从未有过的空间、参与程度和写作规模。其形成的条件，是相对开放的言论空间、媒体市场化、公众文字表达能力的普及和从未有过的技术条件。

普遍表达当初正是作为一种可能的价值诉求提出来的，但至今也很难说得到了实证。可曾有过一个普遍表达，特别是通过报刊言论实现普遍表达的社会吗？它是不是一个乌托邦呢？2002年，我在上海《新民周刊》的专栏上发表"时评是普遍表达的实用文体"的观点，当时就曾引起一些争议。促使我提出这个观点的，一是90年代末开始在中国报纸上出现的言论版，提供了比以往多得多的公共表达空间；二是我当时服务的《中国青年报》言论版"青年话题"以"大嘴小嘴都说话"为宗旨的选稿标准，使我接触了代表"普遍表达"的人群：社会各个阶层、岗位上的言论作者。我当时说："有更多的表达，有更方便人表达的文字形式，这本身就是一个社会重要的价值"。

这主要是从新闻评论一种特定的社会功能来认识的，不是从人们对判断的需求着眼，而是从人们对表达本身的需求着眼。长期以来，我国公众个体的、理性的表达不足，因此表达能力不足；表达能力不足，因此理解和交流能力也不足。而扩大的言论版和低门槛的时评，可能为解决这种需求作出贡献。

我当时还提出："在一个开放的时代里，它（时评）是公民表达自己见解的实用性文体"，"它所满足于人的无非是表达，它所要求于人的，无非是表达的效率。"这也是在价值表达的意义上说的。我提出表达效率的要求，也只是指写作者必须适应大众传播与接受规律，自觉接受一些表达形式上的训练。而不是指为他人提供有参考价值的专业判断。

然而，有更多的人来写，更多的社会角色投入媒体言论写作，不仅会呈现出更丰富的价值立场，更丰富的人生体验，也会呈现出更多的专业知识判断，更多的智慧。因此，新闻评论提供精确事实判断的使命，在我看来，就是在普遍表达的基础之上合逻辑地出现的。

在我的课堂上，有同学提出：在普遍表达之前，专业的判断肯定已经存在。这是没错的。但是，它们存在于何处呢？正是媒体言论版乃至开放社论写作队伍这一"普遍表达"的机会，使各个学科有着专业知识背景的人们获得了与普通公众分享他们个人判断力的机会。这样一个群体，当然也有自己的价值、愿望和价值优先性的判断需要表达（比如，2005年初，两个知识分子群体分别站到科学与环保的大旗下在网络和报纸言论版上进行了一场关于"是否应该敬畏大自然"的论争），但是整个社会更需求于他们的，则是对事实的精确判断。

以目前而论，从表达者的广度和代表性来说，远没有达到普遍和充分。但是，对一些事实判断的需求者来说，新闻评论对价值的表达——是非判断和道义批判，已经不能满足人们的需求了。社会生活在进行中，在具体的生活、事业中的人们，需要具体的、有帮助的意见性信息。比如，经济走势和股价的涨落。再比如，政府决策可能达到的力度。人们需要根据这些判断调整自己对社会，对生活，对他人的态度和行为。

（二）专业判断满足何种需求

专业判断所满足的需求，既可能是专业的需求，也可能是普遍的需求。前者已经在一些分众化的媒体上悄然实现了，这里不谈。后者我举一例。

2006年9月16日、17日，《新京报》接连两天以时事评论专栏刊登安徽医科大学流行病学教授祖述宪的文章《健康狗带毒率虚高与狂犬病事实不符》。作者"检阅过国外近40年来狂犬病的绝大部分的重要文献，发现我国惊人的'健康犬带毒率'在世界上是绝无仅有的",又与国外同行讨论这个问题,"他们大都对'高健康犬带毒率'持否定态度。"他通过调查研究发现,大众对狗咬伤和狂犬病的恐慌,是"健康狗带有狂犬病毒"的夸张宣传所致。而这样一个数据,是传播中的误解和失误所致。对于忧心于狂犬病的普通居民来说,带毒犬的比例到底有多大,就是一个关系到他们生活的安全感,甚至关系到邻里关系的一个专业判断,是可以引起普遍关注的,因此,它作为"时事评论"专栏文章的传播价值也是无可质疑的。这个极端一些的例子,反映了新闻评论在大众阅读层面走向"事实判断专业化"的一个趋势。这是普遍的价值表达或价值判断的评论所无法替代的。

我的这个判断,与新闻评论界一些人士的观点相契合。比如,王爱军在《新评论:新京报时事评论精选》一书的序言中认为:"新闻评论有必要从'价值判断'向'专业判断'发展,抑或说,是'价值判断'与'专业判断'的并举。"他以"专业判断"来代替在学理上同"价值判断"并列的"事实判断",似乎有一点不对称,但这个说法的确反映了一些媒体已经开始形成的对专业人士事实判断能力的依赖。

而我以"普遍表达"和"专业判断"作为一对概念,一方面是想说明这样一种关系:其一,这两者始终是人们表达和需求的不同层次。不应该偏废。第二,"专业判断"并不一定限于专业人士和专业身份,而是评论的一种供给标准。事实证明,在近些年的时评作品中,涉及社会公共利益的议题上,一些作者通过专注的调查研究,往往能够达到与专业工作者对话乃至辩驳的水平。

2002年,我在复旦大学的《新闻大学》杂志上发表论文《时评的历史与规范》,曾作了一个预测:时评将由价值判断走向事实判断,现在看来,也没有完全得到验证。那么,现在提出的专业判断,与价值判断和事实判断是什么样的关系呢?专业判断,主要是指事实判断,它是事实判断的一个供给标准。事实判断与价值判断一样普遍,人们在生活中到处都会做出事实判断，比如"明天是不是会下雨？"但是，人们在大众媒体上所期待的事实判断，往往需要专业的知识、经验和判断力。因此，我们把"明天会不会下雨"判断托付于气象局。气象局判断不准的时候，人们可以骂它，但谁也不会想要以自己来代替它。而人们对于他人的价值判断，则往往以与自己相同或相异的方式辨认。

当然，在当代，对于同一新闻事件，普遍表达与专业判断往往同时呈现，也同时会有普遍的需求。比如，就以博客上的表达为例，2008年三四月间，东方航空公司多个航班飞行员以气象原因为借口空中返航，借此表达对公司的不满。此事引起了社会普遍的愤怒。搜狐网的文化传媒博客群甚至以"飞行员空中罢飞等于劫机"的标题作为一组评论的主标题。但明眼人一看就知道这个标题并非真的对事实的性质提供准确的判断，只是表达愤慨而已，因此并不会当真。这种标题和这种评论作为一种价值表达，实际上表达了一种普遍的情感。此后，该网页又推出《航空律师张起淮：飞行员罢飞的性质是什么》——这才是可以信赖的精确判断，人们当然也需要了解对这种行为的专业判断，因为它涉及每一位乘坐飞机的人。

（三）媒体言论的路径选择

普遍表达是一个规模意义上的概念，专业判断是一个质量意义上的概念。从近年来中国新闻评论的发展来看，"质量"是从"规模"中产生的。那些提供专业判断的人们，首先是在媒体言论打开大门之后进入评论写作的；其次是在这样的写作过程中，形成媒体写作的能力的。这样一种历史的关系，常常被人们忽略，以至于在目前对专业判断的旺盛需求中否定普遍表达的价值。

当然，新闻评论写作和供给在规模上的放开，也会产生一些问题。比如，在"普遍表达"还远没有实现的时候，各个报纸言论版上，就已经呈现出"同质化"的局面：作者的知识结构趋同，判断的标准与结论趋同，选题趋同。

而在互联网上,"全民博客写作"和门户网站对以网络普通浏览为标准对博客资源的利用与整合,也呈现出一种浅层的表达餍足和接受的淹没化效应。可谓一个"到处都是嘴"的时代,却难以找到你想听到的声音。

在这种背景下,摆脱"同质化",可能有两种选择:

其一是文本趣味的、风格的选择:即选择那些有异于"公共概念"的个性化的语言和个性化的表达方式,以及有异于公共事务的个人生活体验。国内较早创办的报纸言论版《中国青年报》的"青年话题",已经显现出这种倾向。这当然仍是在普遍表达这个层面上的拓展。

第二种选择则是在认识、判断层面的选择,提供的是较为精确的认识性信息,即像提供精确消息那样提出精确判断。《南方都市报》、《新京报》、《东方早报》的评论已经显现出这种倾向。而《经济观察报》、《21世纪经济报道》等财经类报纸的评论,因为相对专业一些,更早地确立了这种品格。

这是两个不同方向上的选择。它们拉开了言论的层次感,也使言论的供给与需求的关系更为明晰化、确定化。这是从上一个世纪90年代末以来中国新闻评论在"普遍表达"基础上发展和探求的一种可能的结果。它会使评论写作队伍和媒体编辑的标准、版面景观相应产生不同的变化。

不久前,《东方早报》主管评论的一位朋友与我讨论新闻评论的未来发展。他谈道,当前互联网对一般的事件性评论已经能够做到及时、"普遍"地供应,这可能使传统媒体评论"向上走一步",提供更为专业的意见性信息,包括评论与述评。他眼中的目标,就是英国的《经济学人》。《经济学人》是一个以"报纸"乃至"观点纸"(view paper)自命的新闻周刊。在我看来,它就是一份档次较高的新闻评论周刊。它的"专业性"其实并非反映在"经济学"的专业领域(The Economist 这个一百多年历史传承下来的刊名及其中文翻译《经济学人》,一直给人以偏差的理解),而是反映在其分析判断的质量和水平上。它的内容主要是言论,分栏简讯之后,就是数篇社论，涵盖了国内外各种公共问题。其专业性还体现在，与专业化水平的分析判断相伴，有对新闻事实更接近的把握。也就是说，它往往提供更直接的事实材料，而不是像我们国内目前大多数"普遍表达"那样，作者只有通过记者的新闻报道来接近事实。

一位主抓评论的报纸领导想要"向上走一步"，就想到了作为"观点纸"的《经济学人》，就像我接触过的另一位大报总编辑设想压缩一般报道内容，办一张"评论报"一样，都透露着希望把现在的评论做得更专业化一些的倾向。这种设想，尽管现在还没有影儿，但也非毫无意义的空穴来风，因为与那样一个目标相接的写作资源和市场需求，已经在近些年来一些报纸言论的发展中现实地形成了。正是这种新的资源与需求，引人遐想。

新闻评论的一个专业性标准，是直接接近新闻事实。长期以来，我国媒体言论虽然往往与报道"相互配合"，但评论写作的实际的分工，却基本上与新闻事实相隔离。这是长期以来媒体对评论本身的功能定位分不开的（主要是宣传性功能），也是与社会公众对媒体评论有限的期待分不开的。现在不同了。随着新闻评论更为广泛的写作，也随着人们对新闻评论多种社会功能的逐步认识，一种对更为专业的评论的需求已经产生了。新闻媒体作为一个"专业"，它有条件、有理由，提供比一般公众评论更为精确的判断，这就要求其作者更直接地贴近事实本身。在这个意义上，《南方都市报》评论部主任李文凯和华中科技大学新闻与传播学院教授赵振宇分别提出"评论记者"机制的构想，其实是为媒体评论设定了一个专业标准。而这个标准，在许多媒体发达的国家，早已为社论撰稿人和许多专栏作家所实现。比如，康拉德·芬克所著《冲击力：新闻评论写作教程》一书引用《亚特兰大日报》社论撰稿人的话："作为一名社论撰稿人，我做了许多我当记者时所做的同样的事情。我去参加一些会议，有时为了写一篇突发性的社论而加以报道。……我还做了一些深入挖掘和调查性的工作，这包括搜寻文件找证据以支持我的观点。"我国台湾老新闻工作者王民在《新闻评论写作》一书中则介绍道："欧美与日本各国的大报，不仅在世界重要地区派有记者或特派员，同时也派写作评论人员，时常出国考察，借以增进作者对实况的了解。如果国际间发生重大事件，亦随时派遣写作有关评论的人员前往。"

　　显然，正像我去年在《东方早报》"申薪论坛"首届新闻评论奖颁奖仪式的演讲中所说的那样，对于中国新闻评论而言，变化仍然正在发生着。让我们关注这些变化，并积极地对其做出判断和反应。

　　（此文作于 2008 年 4 月，是为《东方早报》评论集《中国式思考》所做的序文）

高远的认识目标与近切的阅读入口

京城某报评论部的朋友8月间邀请我参加一个座谈会,讨论社论写作的突破与发展问题。我事先略作准备,给该报7月份每天发表的社论做了一个统计表,在这个表中,对社论的新闻由头的性质做了标注,由此发现:除当月7·21水灾的系列社论之外,以政府文件、领导讲话和统计数据为由头的社论占了较大的比例。我所看到的,其实正是当代中国媒体社论面临的普遍状况。

"新闻由头"是评论写作的一个术语。"大多数社论都采用一种被宽泛地称作'新闻由头'的东西。新闻由头的作用在于:把社论与读者当下的兴趣联结在当代突出的主题之下。由头也许就在正文包含的主题之中。但经常的情况却是:它只是为后来的讨论提供一个起点。"[1]

无论一篇评论的新闻由头是具体的事件还是抽象的概念,无论是虚是实,与文章主要阐述的认识性内容相较,它都是叙述性内容。而对于接受过程而言,处于一篇文章开头部分的新闻由头,是一个"阅读的入口",对于读者是否选择"进入"起着重要的作用。因此,新闻由头的选择——什么样的由头有利于读者选择阅读,就很值得研究,尽管新闻由头与文章论点的深刻性之间的关系并不是很大。

在我为某报做的统计表中,我发现,在7月间的30篇社论中,除了

---

[1] ROBERT WILLSON NEAL. A. M., EDITORIAL AND EDITORAIAL WRITING, THE HOME CORRESPONDENCE SCHOOLL, Inc. 1921, p15

一、什么影响着论点的选择

关于7·21特大自然灾害的多篇系列社论之外，新闻由头中以普通公民作为叙述主体的，本月只有两个，一个是山东夏津县13岁男孩杜传旺——他被人用高压气枪向肛门充气，身体受到严重损伤，在北京治疗。另一个是北京白领李小姐——她两年前曾丢过身份证，并依法挂失补办，不承想有人利用她的证件，申办了信用卡，银行审核不严格就签发了信用卡，冒名者恶意透支。这造成李小姐的个人信用记录污点。其实，如果仔细观察，可以发现，即使是那篇看似以受到严重伤害的13岁男孩为由头的社论，其叙述的主体最终实际上仍然落在"政府行为"的层面上——"山东德州市卫生局局长和红十字会会长赶到医院，代表德州市委市政府，为小传旺送来一万元捐款。"

从具体的案例来看，这是一个角度的选择问题。但是，从评论乃至社论的传播策略来看，这里面有着值得思考的辩证关系：

评论，尤其是社论，为什么要较多地关注政府行为？这是因为政府的行为及其相关法律政策影响公民的生活。这是正确的逻辑关系。也正是因为社论经常议论的是影响社会整体的宏观问题，作为评论"阅读入口"的由头——文章开头有叙事内容，往往也就不免是宏观的、抽象的。而政府文件、统计数据乃至领导讲话，就与前述宏观、抽象的层次相符合。这样的"入口"往往也是静态的、非事件性的叙述。

但是，如果从评论的传播—接受规律，从注意力的角度来看，大众传媒的受众，往往对那些动态的、事件性的因素更感兴趣，尤其是其中包含个体人的因素。这个规律，其实正是新闻接受的规律。

这样，社论中新闻由头的叙事主体的选择，如果都集中在政府文件、领导讲话、统计数字，普通读者就会感到这个话题离自己太远，因此在心理和情感上淡漠。尽管那些内容实际上与他们关系很大。

社论作为报纸的旗帜，其认识上达到的层面，应当是开阔、宏大的。但是，它作为一个吸引"不确定的陌生人"读进去的大众传播文本，从传播策略上考虑，其"入口"应当是事件性的、人性的、细节化的。

对于我国媒体的社论作者而言，我们至今仍然面对的一个问题是：我们凭什么让人家读社论？那么一大篇楷体字，密密麻麻天天刊登在报纸言论版之首，并不是你把它看得多么重要，你下了多少绵密的文字功夫，读者就一定要看的。考虑到我国党报社论在过去那么多年给人们留下的字正腔圆、无关痛痒的刻板印象，考虑到我国媒体长期以来实际上并没有自己独立的社会影响力，因此，我国社会公众中实际上并没有形成关注报纸社论，坚持阅读报纸社论的传统。这是需要我们的社论撰稿人及报纸领导应该内心清楚并着力克服的一个方面。

（原载《新闻与写作》2012年第10期）

评论由头与论题的相关度

新闻评论中有一种普遍存在的事实材料，一般置于评论的开头部分，用以"挑开话题"。这类事实材料一般新闻性、时效性都比较强，尽管它们并不一定是评论要分析和判断的对象。它们在业内被称作"新闻由头"。比如，原人民日报评论员范荣康的《新闻评论学》中所说，"多数新闻评论，不过是拿新闻作'由头'，从新闻生发开去议论带有普遍性的问题"。

在美国的评论学教科书中，也有对这种事实材料的专门描述，它被称作 news-peg。Peg 有"栓"、"桩"和"借口"多个意思。如果取"栓"、"桩"这两个形象的借喻的话，那么倒与我国老一辈新闻学者马星野所使用的"新闻钩子"相近。后来这个"钩子"随着马星野先生到了台湾，至今在台湾新闻教学中使用。

可见"新闻由头"是新闻界比较普遍的专业经验。按马星野先生的说法，它不止用于评论，还用于特稿和专栏文章。[①] 它在文章中产生的影响，就是提升整篇作品的（与读者的）接近性和（大众传播的）时效性。按一部出版于 20 世纪 20 年代的美国评论教材的说法，新闻由头或者 news-peg 的作用，就是把评论与读者当下社会话题的兴趣联结起来。[②] 由此来看，

[①] 政大传院媒介写作教学小组：《传媒类型写作》，台湾五南图书出版股份有限公司，2009年版，第124页。

[②] EDITORIAL AND EDITORAIAL WRITING, by ROBERT WILLSON NEAL. A. M. SPRINGFIELD, MASS. THE HOME CORRESPONDENCE SCHOOLL, Inc. 1921, p15

它是一种传播策略,具体对于评论写作而言,就是一种传播观点的策略。因为大众传播长期培育之下的受众,总是对大众传播节奏中的新闻感兴趣。而评论作为传播观点的文本,则要"借用"新闻,来吸引读者的关注。这倒符合 news-peg 中 peg 的另一个义项:借口。

比如,2009 年 6 月 8 日,美国《华尔街日报》的社论《奥巴马与民主》,处于开头位置,用来"挑开话题"的新闻事实是:美国总统奥巴马上周四在埃及开罗大学的演讲。在演讲中,奥巴马谈到民主的话题,并由此获得了掌声。但是,这篇评论的论点却不是赞扬奥巴马如何民主或如何在世界范围内推行民主,而是批评他上任以来,下令一再削减美国财政开支中本来就有的在世界范围内"支持民主"的开支。在这里,新闻成了一个表达观点的"借口"。而作者并不是要评论这个新闻。

那么,"新闻由头"这个"借口"与评论中论题之间是什么样的关系呢?两者肯定应当相关。但是,相关程度如何呢?我觉得,这恐怕要看读者的接受效果了。

在当代中国社会各界普遍参与媒体言论写作的背景下,我注意到即使是没有新闻工作背景的社会人士和专业知识分子,也开始有意识地运用"新闻由头"这样一种传播策略来写作言论。而其中一些作品,就使我想到"由头"与论点的相关度是否合适的问题。

比如,2010 年 10 月 2 日《广州日报》有一篇显然是医学界人士写的评论《对"钟南山力挺中医"的思索》。文章以钟南山最近一次关于中医理论科学性的谈话作为由头,但很快就从中医是否科学这个争议性话题离开,从其切身的观察和体验出发,开始了对"中医在国内医疗界目前发展的窘迫"的思考,具体而言,是"我国现行的中医药人才培养模式却存在着严重的问题"。

很明显,作者并不是要议论中医科学性的问题,可以说,对于这样一位"每天工作在临床岗位的中医执业医师"(作者自述)而言,中医是否科学本身并不是问题。它要议论的是基于个人观察的更现实的问题。但是,正是由于这篇评论的由头采用的是涉及中医是否科学的新闻事实（即钟南山的言论），作者从这个由头过渡到自己的议题又用了至少一段的篇幅，因此在分析这篇文章的时候，我课上的一位学生认为其观点不集中，感觉似乎有两个论点。

这是课堂分析中的具有一定专业审视倾向的感受。一般读者对此也许并没有这么敏感。但是，考虑到任何一篇作品的开头的内容都会对读者理解全文有较为强烈的暗示，这篇评论中涉及"中医是否科学"的由头，也会暗示读者这篇评论是涉及这个争议性话题的。因此，当作者通过过渡性文字转移到中医药教育存在的问题时，可能就会使读者感到突兀，至少读者需要克服或消除可能已形成的对文章议论线索的假定。因为，按照传播学者对接受过程的研究中提出的"策略理论"，"篇章的接受者始终从他的主观态度、评价、信念和观点出发，不断对各种内容的重要程度做出各种判断"[1]。"读者不是被动地吸收作者的信息。他们边读边理解意义。"[2]

在不久前，我还看到一个运用由头的典型案例，那是《南方都市报》2010年10月20日的专栏文章《有形与无形的"强拆"》。文章以"广受社会瞩目的江西抚州市宜黄县'9·10'强拆自焚事件"作为"由头"，但议论的内容则为作者作为教育学专家所观察和思考的"高校合并、大学掀起的'改名潮'、'专升本'（专科学校升格为本科院校）热、大学征地建设新校区、在'社会化'名义下将教师赶出校园等等"。后者被作者定义为"'无形'的强拆"。正如作者所言，"没有明确当事人的'强拆'，目前还存在一种集体无意识"，即这些事件并没有被公众普遍地观察和注意到，更没有成为社会议题。所以，我们可以理解，作者是想"借"一个已经被

---

[1] 来炯：《德语报刊评论的篇章理解研究》，中国人民大学出版社，2007年版，第19页。
[2] 从莱庭、徐鲁亚编著：《西方修辞学》，上海外语教育出版社，2007年版，第106页。

公众普遍关注和议论的议题，来提出一个未被公众普遍关注和议论的议题。其运用"新闻由头"的主观动机非常明显。

但是，这个由头和作者的论题之间的相关度如何呢？显然，此"强拆"并非彼"强拆"，两者不仅在不同的领域发生，针对的是不同的对象，而且具有不同的性质，也有不同的评价标准。后者仅仅在修辞的意义上可以称为"强拆"；而前者则是城市建设中"强制拆迁"的缩略语。

所以，两者之间的相关度，仅限于修辞、语词意义上。这样，从前者过渡到后者，我觉得就有些勉强。当然，这最终要看读者是否能够普遍接受，在接受中是否产生阅读障碍。

关于评论的由头与论题、论点的关系问题，我曾与一位学生有过这样一番问答：

同学问：

"是不是所有的新闻评论都要针对新闻事件呢？如果一个新闻出来，我并不是评论这件事本身，而是借这件事谈论其他的问题，可以吗？"

我答道：

"可以。一般来说，在这种情况下，那个新闻被看作是评论的'由头'。但还要看我们的观点与那个新闻之间到底有多远。如果太远，那么，就等于无视受众的期待，把读者'闪'了。"

同学又问：

"如果一个新闻本身有多个侧面，我只评论其中的一个侧面，甚至是不太重要的一个侧面，这可以吗？"

我再答道：

"当然可以。但也要看，那个不太重要的侧面到底有多不重要。如果这个侧面不是这件事的本质属性，不是这件事的特点。那么，我们以这件事为由头来提出我的观点，恐怕也就不太合适，主要是在读者那里可能会有不自然的感觉。读者对评论中的新闻与观点之间的关系，有合理的期待。

当然，这个问题，还有讨论的空间。"

新闻由头，作为评论中一种吸引关注的传播策略，它的效果，可以通过写作实践来探讨，更需要在读者的接受效果中得到检验。

（原载《新闻与写作》2010年第12期）

"评一个事，讲一个理"的评论写作追求

今年8月，我在一个评论写作研讨会上，听到著名专栏作家、《上海商报》副总编辑陈季冰谈到他把自己对评论的追求概括为"一个事，一个理"，感觉很受启发，觉得这句话可能触及了新闻评论写作的某种规律，也暗合了我自己长期以来对于新闻评论观察和思考中有所感悟却没有能够明确表达出来的认识。

回来后我不断地思考"一个事，一个理"这句话的含义。我觉得，这句话不仅包含着"事"与"理"的关系问题，更包含着评论作者传播、表达观点的规律。

从后一个层面来说，这句话也许应该更准确地表述为："评一件事，讲一个理"。即讲所评之事中所包含的特定的道理。

但是，哪有那么多"特定的道理"呢？

我们首先应当承认，所谓"理"，即事物的规律性，或人们在评论中表达的对事物规律性的认识、推测，其实都是普遍性的。那种只存在于个别事物之中的道理，即使有，也往往不是新闻评论认识的对象。新闻评论中永远存在着"事物个别，道理普遍"的关系。

既然如此，那么，"评一件事，讲一个理"又追求什么呢？

它追求的是：在面对新闻事实时，发现其中包含着的新的、特定的规律。这是观点传播的市场上创造性的认识过程。即它不满足于不断重复那些人们已经知道和接受的普遍性认识。这两种认识之间的差异，与其说是普遍性与个别性的差异，或者普遍性范围的差异，不如说更是已经被普遍

接受的知识和新的、创造性认识之间的差异。

这是因为，创造性的认识本身，并非没有普遍性。它只是在一个新闻事实的语境和观点传播的语境中，由于"新生"，以及与新闻事实密切贴合而显得"个别"。

因此，"评一件事，讲一个理"，其实倡导的正是认识的创造性思维。正是这种创造性，推动着评论发展，丰富着观点市场，也为评论作品在传播中赢得了独异性优势。只有本着"评一件事，讲一个理"的追求，"理"才会被发现得更多。

当然，新闻评论中并不总是传播新的观点认识。新闻评论的写作过程，其实既有产生新观点的创造性思维过程，也有传播已有观点的非创造性思维过程，即那些所谓"传播常识"和主流价值的作品。两类功能和作品不可偏废。但是，从新闻评论发展繁荣的角度来看，从新闻评论作品在观点传播市场的竞争性的关系来看，创造性思维的写作是更值得鼓励的追求。

那么，创新性思维所获得的认识结果——"理"，与作为新闻事实的具体的、个别化的"事"之间，是一种什么样的关系呢？它与"理"的普遍性之间又是一种什么关系呢？

人们的认识的发展在普遍性方面确实会有层次不同——也就是说，有的认识会比别的认识更为"普遍"一些。但是，创新性的认识，无论其普遍性程度如何，往往是面对具体个别对象时生发的，尽管这些创新性认识的适用性并不局限于具体、个别的事物。这是认识活动本身的一个辩证法，即普遍性的认识往往在针对个别性事物的认识活动中才能产生。在对个别事物的认识中产生的新的认识，丰富着人们普遍性认识的整体成果。即，在对"一个事"的评论中所阐发的"一个理"，本身其实是具有普遍性的。之所以说它是"一个"，一是表明它的创新性，不是在重复大家耳熟能详的道理；二是表明它是在评论"一个事"的机缘中被阐发的。"一个事"，只表明某一个观点表达的机缘，并不意味着认识范围的局限性。

其次，"评一个事，讲一个理"追求的是观点与新闻事实紧密的贴合度。一个新闻事实，可以从不同角度、不同层次阐释、评说。这些角度和层次与新闻事实的贴合度并不相同。这里面存在着一个"涵盖"与"贴合"的反比关系。越抽象、越宏观的道理，其涵盖面越大，但是它与具体对象的贴合度就可能越小。如果在评论中满足于涵盖面大的认识结果，那么，一方面，人们也就同时满足于已有的、已被普遍妾受的认识，认识就不会发展；另一方面，评论作品在观点市场上传播的独异性和区分度也就不高。更重要的一个方面是：对于具体事物的认识，也就总会流于一般化。

（原载《新闻与写作》2012年第11期）

"批判的价值次序"与评论的选题问题

在青年评论家曹林最近出版的评论集中,有一篇文章《从造谣到黑客:批判的价值次序》,引起了我的思考。我觉得,能够有人提出"批判的价值次序"这样一个命题,反映了当代新闻评论进入了一个"反思"的层次,即深入地思考评论自身的问题。

梁启超在1910年所作《国风报叙例》写道:"凡时评就国中所已举措之事而论其得失,而旨于规正者什八九。盖其举措已当,无俟规正者,则亦无俟谀颂也。"① 由此确立了中国近代以来新闻评论的"批判"属性。但是,批判的立场本身并不能够保证评论的正当性,也并不保证评论只要是批判就算承担起了社会责任,因为,还有一个批判目标选择的合理性问题;在诸多批判的目标中,评论者的选择,还有一个价值次序问题——即什么最值得批判的问题。这正是曹林在他的评论写作和编辑实践中思考的问题。

那么,究竟什么是"批判的价值次序"呢?

曹林在文章中这样解释:"一个事件上可能有许多值得批判之处,远的近的,弱的强的,直接的间接的,明显的隐含的,这样的排序就是批判的价值判断"。

在我看来,这样的解释并不是十分准确,因为它虽然反映了事件中不同因素影响力的大小,但并不是都能反映价值的大小,比如,"明显的"与"隐含的",则只是反映了不同因素的存在方式和认识的难易程度,并

---

① 梁启超:《饮冰室合集》第三册。

不反映价值的高低。"明显的",并不一定比"隐含的"更有(批判的)价值——更坏,反之也同样。

其实,对于不同事物之间的价值序列关系,古今中外有许多人都思考过,其中的确有一些原则,可以帮助我们确认具体案例之中的"批判的价值次序"。

比如,古希腊哲学家亚里士多德就曾说过:"总体的善比特殊的善更值得选择,例如健康比切割手术更值得选择;因为前者是总体的善,后者是对于被手术的病人的特殊的善。""目的比达到目的的诸手段被认为更会值得选择,而且,在两个手段中,靠近目的的那一个更值得选择。"①

以上是善的价值比较。还有恶的价值比较。比如,2004年,美军在阿富汗虐囚事件被美国新闻媒体曝光,有一位彼特斯堡尼特尔学院的新闻教师汤姆金斯说:"一名记者的最好作用就是曝光我们作为一个国家和民族的最坏之处。它就像拿起一面镜子。比这些照片本身更坏的事情就是它们不被公众所知。"②

此外,道德哲学家舍勒也提出过"持久性"、"相对独立性"等排列价值高低的抽象标准。当然,即使道德哲学家也不得不承认,人们常常处于无法区分价值高低的困境。"这种区分常常是极其复杂的,也并无统一的、不变的标准。"③

但是,曹林提出的"批判的价值次序"这个命题是符合价值的原理的。即:不同事物的价值是有高有低的。因为价值反映客观事物满足人的需要的程度,它依赖于人的价值标准。因此,持不同价值观的人,对于同一事物可能有不同的价值评价。比如,你觉得公平更重要,他觉得效率更重要——于是,公平与效率在两个人之间呈现出不同的价值次序。这反映出

---

① 亚里士多德:《工具论》下,中国人民大学出版社,2003年版,第400页。
② 2004年5月12日《东方早报》,《虐囚照是如何让人们看清伊战的》。
③ 孙伟平:《价值与事实》,中国社会科学出版社,2000年版,第158页。

价值或者价值判断本身经常是以"次序"存在的，即它是在不同事物之间的比较中存在的。

人对不同事物的价值判断不同，价值排序就不同。如果这种"不同"是绝对的话。那么曹林提出"批判的价值次序"对评论来说就没有意义了。因为这意味着我们不能以自己的"价值次序"来批评别人的价值次序。曹林提出这个命题的前提在于：一个社会中的人们对于事物的一般价值排序，应当是差不多的。这个前提，也是符合价值的社会性的。即人们通过社会交往和交流，接受了大致相同的价值。

中国近代思想家杜亚泉曾在一篇关于报刊言论的文章中表达过这样一种共同的价值观：

"凡一民族必有共喻之信条焉：何者为是，何者为非，何者为善，何者为恶。经千百年之沿守，遂深渍于群众意识之中。"

在杜亚泉看来，正是这种共同的价值观构成评论的基础：

"言论家本此信条，为立论基础，其褒贬之善恶，即共喻之善恶；辨别之是非，即共喻之是非。"①

只是杜亚泉没有在这里提到，恶与恶相比还有程度的不同呢。对于不同的恶，先批判什么恶，后批判什么恶，或只批判什么恶，不批判什么恶，这就是"批判的价值次序"这个命题的意义。即，这个命题针对的是批判目标的选择问题。尽管一般来看，这是评论的选题问题，或者是在选题问题之下的评论角度问题。而曹林则给这种选择赋予了社会责任的意义。

比如，有这样一件事：

"坊间疯传一则新闻，称江苏某医院一名医生婚前体检时查出感染艾滋病病毒，牵出一名女医药代表，然后又牵出包括科室主任在内的一串医生，且都与这名医药代表有染，医院潜规则瞬间毁掉该医院4把主刀手——然而记者追根溯源的调查则显示，这纯粹是一则谣言，发帖者已承认这纯

---

① 《言论势力之失坠》，《东方杂志》第十五卷第十二号，1918年2月15日。

粹是自己所编造，造谣者已被警方拘留。"

对此，曹林认可的批判的价值次序是：

"首先最值得批判的是始作俑者的网络造谣者，无中生有地编造新闻中伤别人是绝对违法且极不道德的。然后值得批判的是传播者，为什么不问真假就轻易相信了这个传言并四处传播，从而对医院造成伤害。接下来该批判的是作为受害者医院的信息透明度，封闭的信息给谣言的散播提供了土壤。然后是医疗潜规则和体制弊病，人们为什么轻易相信了这一谣言，因为这个谣言反映了真实的医疗镜像，加上人们对医院失去信任，谣言于是发酵并疯传。"

而曹林认为错误的"批判的价值次序"则是：

"很少有人去批判造谣者、传播者这个在具体案例中最近的、最强的、最直接的、最明显的、最先应受批判的人，大多数人都对造谣之恶视而不见，而习惯性地把矛头指向了医疗体制和医疗潜规则，执着地追问'为什么人们会相信谣言'，而刻意回避'因为首先有人制造了谣言'这个原初性的问题。"①

显然，在"批判的价值次序"的标准下，曹林批评的不只是单个的评论者个人的选题或视角，而是一种影响整个舆论倾向的思考倾向。

评论者由于知识、情感结构和思维、感知倾向的不同，的确会有选题和视角的不同。这在整体上会形成多种视角和认识的互补，由此帮助人们形成全面的认识。因此，一般说，论题和视角的选择无可厚非。

但是，当某一种视角偏离了事物的价值次序，即选择了事件中较小的恶作为批判目标，而放掉了较大的恶。而这样的选择在评论者中又相对集中，并且形成一种思维定式的时候，整个评论者群体提供给社会的认识就是偏离的，没有起到正当的舆论引导作用。只有在这种情况下，提出"批判的价值次序"这个命题，就是有价值的了。

---

① 曹林：《拒绝伪正义》，中国发展出版社，2010年版，第93—94页。

也就是说，我认为"批判的价值次序"的意义，只是在于纠正评论者整体上可能出现的思维偏向。而纠正的途径，则在于通过讨论，形成评论者群体自觉的反思意识。这个过程的结果，应当是有利于形成观点的多元化，而不是观点的单一化。

当然，应当指出的是，"批判的价值次序"不应该是独断的，而应当是在探讨中产生的，它本身应当是从基本的价值共识中推演出来的。评论者也并不是对每一个事件的"批判的价值次序"总能取得共识。尽管如此，关于"批判的价值次序"的思考，对于评论者而言，仍然是有意义的。它是一种反思的视角，它给评论者的选题（或者选择批判的目标）注入了对舆论倾向负责的意识。

（原载《新闻与写作》2011年第2期）

是"深入"还是"跑题"?

——评论中"由此及彼"的合理性问题

在最近一次评论课上,我与同学们一起面对这样一篇作品引发的问题:《南方都市报》9月14日专栏中的《教师"过节"为何如"过关"?》这篇文章,是如何从社会对教师节送礼现象的声讨,过渡到对教育自主权问题的思考的?

我最初看到这篇文章的时候,马上感到这篇文章在认识上"深入"的特点,因为作者的议论没有停留在教师节或教师收礼的问题上,而是进到了教育的根本问题上。

然而,课前一位同学传来的评论分析作业,却反映出,她在阅读和理解这篇文章时面临的一些困惑。于是,我请这位同学走上讲台,谈了她对这篇文章的不同看法:

"单单看题目,会觉得这是一篇关于教师节送礼问题的思考,但随着作者对这一现象的分析,由此得出这一现象的原因是教师无权,而由此引发了对教育自主权的思考。这应该算是从现象到本质逐层深入的思考。但对这一现象的分析及现象背后本质思考所占比重大体相当,所以我认为作者一开始就只是要对这一现象进行声讨,但是在写的过程中发现现象的本质是教育权的问题,为此又展开了对教育权的思考。实际上,作者已经稍微偏离了他之前所设定的主题,但在每一段中作者都提到了'教师节'、'声讨节'这样熟悉的、重复的字眼,所以读者并不觉得他转移了主题,这样的过渡十分巧妙，而且提升了这篇文章的高度。"

这只是这篇作业的一段。在作业中，这位同学虽然最终肯定了这篇评论认识的高度和其过渡的巧妙，但是，她所言作者"偏离了他之前所设定的主题"的感受，还是使我想到了一个问题：如果说，在人的认识活动中，"由此及彼"、"由表及里"是认识深入的一般规律的话，那么在评论文本中"由此及彼"的表现过程，恐怕还有一个合理性问题。因为，由一个问题转入另一个问题的讨论，很可能被读者看作是"跑题"——或者用那位同学作业中比较委婉的话来说，是"稍微偏离了他之前所设定的主题"。

"跑题"这个说法，中学写作文的时候就有，高考作文评阅时，也往往作为一个否定性的标准。我不大认可高考作文评阅中"跑题"的标准，因为命题写作本来就是受限制状态下的表达，这种限制（命题）的合理性，主要是为了考生之间有一个共同的思维起点，以保证评分的公平。考生只要由这同一个"起点"出发即可各自发挥；出题者没有必要再在这个"命题"中对考生思考空间、方向的限制（何况这些限制往往并未明示），以削减创造力所需要的思想自由和表达自由。这种"跑题"，并非作者自己的主题不集中，而只是没有按照出题者设计的方向走而已。

而在日常"自主命题"的评论写作中，我认为，主题的稳定和论点的集中之所以有必要，因为它们是在大众传播条件下传播效率的一个要求——给读者留下一个印象鲜明的论点，以避免他们在快节奏的阅读中"迷失"。

那么，从阅读的角度看，怎样确认评论的主题呢？

一种情况是：作者在标题和尽可能靠近开头的位置把主题和论点明示给读者。这样，读者对文章后面内容的理解，都会围绕着这个主题和论点，并且以后来的材料来加深对主题和论点的理解。

另外一种是：作者并未在标题或靠近开头的位置将主题和论点明示于人，但是读者会从标题或开篇的文字中"猜测"文章的主题。这会产生两种可能：第一种是：读者的"猜测"正确，他们在对文章后面的文字中得到了确认,而且作者在后面明示了主题和论点。另外一种是,读者先前的"猜测",没有在后面的阅读中得到确认,甚至作者在后面明示的主题、论点与读者在前面的"猜测"不相符。那么,在后一种情况下,又会有两种可能:第一种是读者陷入"迷茫",理解受挫。第二种是:在读者坚持自己先前对主题的"猜测"的情况下,他们会认为是作者"跑题"了。

这些情况,都可能发生在动态的、个别化的阅读理解之中。它们反映的是评论的阅读理解作为一个积极的意义建构过程的规律。从一定意义上说,它们正是作者的风险。

在评论写作中,认识的"深入"是有风险的。作者的风险不仅在认识活动之中,即他们在社会生活中发现一种事物与另外一种事物的关系;其中一种事物是另一种事物的本质。而作者的这种确认可能在读者那里得不到认可。作者的风险还可能在表现活动之中,即作品的"文面"上:读者在阅读中看不到作者从谈论一个事物到谈论另一个事物的合理性。克服前一种风险,需要作者组织较强的论证材料,这是一个说服过程。而克服后一种风险,则需要合理的文字敷设,尤其是自然的、醒目的转折、过渡词语。

这两个过程往往融为一体,就是带着读者由一个认识层面进入另一个认识层面。这样一个转换过程,在小说、散文等形象思维的艺术作品中,往往被作者有意"遮蔽","移步换景",显得"自然无形"。但在评论这样的逻辑思维作品中,却需要格外明显的"指示",即作为议论线索"路标"的连接词语来明示,以免读者在快节奏的阅读中突然迷失了路径。

当然,"深入"的一种风险,就是被认为是"跑题"。其原因既有认识方面的——即评论涉及的两个事物之间的关系没有得到有力的论证;也有表现方面的——即由于没有自然合理和明确的过渡性提示,使读者误以为作品是"两个主题",而非一个主题。

当然,没有"深入"的"跑题",也是可能存在的:那就是作者确实被事物之间各种自然的或偶然的联系所支配,由一个事物议论到另外一个事物，而不管它们是否表达了同一个认识和主题。

　　总之，"深入"是在同一个主题之下、同一个认识线索上的思维的进展，尽管在这个过程中可能涉及不同的事物；而"跑题"则是涉及了不同的事物，却没有集中在同一个主题之下。

（原载《新闻与写作》2010年第11期）

论点的选择与论证的难易

新闻评论是表达观点的作品。而一篇评论中的主要观点就是论点。在评论的实际写作中，确定自己的论点，存在着一个难与易的选择问题，这里说的难与易，指的是论证论点的难度问题。一个论点如果不能得到充分论证，那它的传播效果就会大打折扣。但一个论点如果无须论证，那么它可能也就没有传播价值。

因此，论点的选择和确立，必须同时考虑到论证的难度问题。

比如，在上一个学期我指导的评论写作练习中，针对2012年6月陕西基层干部强制怀孕7个月的孕妇引产事件，一位同学设计中的评论作品提出的论点是："人权的定义和保护应该从胎儿开始"。她附上的说明实际上近于评论中的论证：

"我国宪法中明文规定，国家尊重和保障人权，生存权和发展权是最基本的人权。可是如何定义此权利主体的人？若一脱离母体有生命便为人，那么怀胎七月的腹中胎儿又算不算人？我国奉行计划生育的国策，提倡少生优生晚生，不过这不能作为剥夺胎儿生命权的理由，这是对宪法中人权概念的践踏，更是对人性的蔑视和人格尊严的剥夺。"

其实，这个事件的性质首先是对怀孕妇女人权的侵犯。如果从保护怀孕妇女权益的角度立论，就是比较容易的；而从胎儿应当拥有人权立论，就是较难的——因为胎儿是否是人，多大月份的胎儿算是人，各国因文化、宗教不同而有各异的标准。不同的国家、民族，不同的文化传统和法律传统，在这个问题上的论证难度相差很大。这里面还涉及医学和生命伦理学的专业性争论。这位同学在后面的补充的支持材料中引入美国罗伊诉韦德案，其实正显出这种差异。实际上，在那个案件中，虽然被告德克萨斯州政府在诉讼中辩称：生命始于受孕而存续于整个妊娠期间，所以，怀孕妇女在整个妊娠过程中，都存在着保护胎儿生命这一国家利益，但美国最高法院的判决却裁定：德州限制堕胎的法令过于宽泛地限制了孕妇在妊娠过程中的选择权，侵犯了联邦宪法修正案第14条所保护的个人自由，构成违宪。美国的罗伊堕胎案与中国陕西基层干部强制怀孕7个月的孕妇引产事件本不相关。那位同学引用罗伊堕胎案，其实是想利用被告德州政府对"胎儿生命权"的阐述来支持自己"人权的定义和保护应该从胎儿开始"的论点。且不论德州政府的法庭陈述是否可以直接支持"胎儿是人"的观点，在那个案件中，德州政府并不是胜诉方。所以，这个案例本身难以支持该同学自己的论点。

当然，并不是不可以提出"人权的定义和保护应该从胎儿开始"这样一个论点，它也不是不可以论证。但在一篇新闻评论中完成这个论证，难度很大，因此往往就会像上面那一段一样草率直接做出结论。

在上学期一年级评论课的期末试题中，我们提供给同学涉及高考话题的四份材料，让他们在其中选择相关材料确立自己的论点。其中前三份材料，都涉及适龄青年弃考，高校录取率提高。材料中对此提到不同的原因：适龄人口下降、出国留学、参军、就业率低，等等。第四份材料则是针对"高考钉子户"梁实的一篇评论《"高考钉子户"：一种生活方式》，表达了对一位16次走进高考考场的45岁考生在价值上的肯定倾向。此外，同学还可以自己补充材料，以支持自己的论点。

针对这些材料，有的同学提出的论点是："尽管高考生数量下降，大学就业依旧形势严峻"。

——这个论点太浅，几乎只是事实的陈述，因为他重点判断的只是就业形势。而就业率低已在材料中作为论据出现了。

还有同学确立的论点是："近年来高考报名人数大幅降低是多种因素作

用的结果"。

——这个论点的选择就太"容易"了，因为给定的前三个材料本身就是高考报名人数大幅降低的多种原因。这个论点没有"高"出事实材料多少，它的传播价值也就没有高出已经传播的事实材料多少。

也有的同学选择了其中一个原因作为论点，而对其他原因的材料不予理会。另外的同学则通过自己的分析判断，排除了其他材料中提到的原因。两相比较，虽然两位同学确立的论点相同，但后面这位同学自觉承担了论证责任。他的选择中有适当的论证难度，而且他意识到了这种难度。这是值得肯定的评论写作态度。

有一位同学的论点是："高考弃考生激增，出路是原因"。

——从其在后面的说明看，论点中的"出路"一指出国留学，二指参军，看来这个"出路"指的是适龄考生在高考之外的流向。但"出路"这个概念难以涵盖给定材料中涉及的一个弃考原因：高校毕业生的低就业率。也就是说，有一个材料与他的论点不相符，但他没有理会这个材料。这在考场上也许是一个取巧的选择，但在评论写作实战中，就是别人反驳的一个靶子。

还有一个同学的论点是："近年高考人数下滑属正常现象"。他确认材料四（"高考钉子户"）"与论点基本无关。"主要利用了关于征兵、适龄人口下降和就业率低的材料。但就业率低的材料应该说是反映了高考或高等教育本身的问题，不应属于"正常现象"。因此，其论点经不住这个材料的客观存在——那个材料在那里存在，他的论点就站不住。

有一位同学提出的论点是："参加高考的人数自2008年开始下滑，对中国大学教育建设体制是一个巨大冲击，同时更会影响今后社会的结构层次。"

——这个论点有较高的层次，它超越了给定材料限于"弃考原因"的认识空间。这位同学对给定材料的选择分析及补充材料也都显示了较开阔的认识视野。

有一个同学的论点是："高考报名人数的大幅减少，并不是仅仅因为出国留学，而更多的是数年前便可以预言的事情。"

——这个论点比较独特。要论证的其实是目前状况的可预见性，实际上是对政策调整迟缓的批评。它在思维层次上也超越了给定材料中"弃考原因"的认识空间，又加上了一个思维层次：政策制定者应当提前预见。因为：导致目前高考考生下降的一些因素，如因计划生育而产生的适龄人口减少和"高校大跃进"因素，都是在多年之前就已经显现的。

有一位同学的论点是："高考或许已不是中国学生的唯一出路"。他在后面以"有别于高考的其他出路"为标签，分别利用了四个给定材料。

——这个论点本来比较容易论证。但其对材料四（"高考钉子户"）的利用有点勉强，只是因为他"亦是一名技工"，且"也照样生活得很好"。这就过度解释了这个特例的意义。其实第四个材料与其论点关系不大，本是应当放弃的。同时这个材料也不会对其论点构成威胁，因此也无须回应和反驳。但使用了这个无关的材料，就形成了论证的一个薄弱之处，不得不对这个材料与自己论点的关系曲为解说，等于无端背上了一个论证负担。

还有一位同学的论点是："公众对高考的态度应更加趋向理性"，选择了材料一、三、四和自己补充的材料——"考场外拦车封路"现象，并分别对这些材料与论点的相关性和对论点的支持作用做出了说明。

但是，这位同学认为材料四（"高考钉子户"）现象是"从正面论证了对高考态度要更趋向于理性"，则有些勉强。因为，那毕竟是一个特例，难以论证大多数人应采取的行为。

有一位同学的论点是："'高校大跃进'计划如再不做出相应调整，高校录取率有望达到100%，影响中国高等教育发展。"

——这个论点有一点问题，那就是，它隐含着一个作者可能没有意识到，但却需要论证的观点：高校录取率达到100%肯定是坏事。这在价值上是有争议的。人们会问：难道所有人都能上大学不是一件好事吗？它不应当是教育发展的目标吗？

由上述这样的练习其实反映出的是这样一个普遍规律：每个人的脑子里都可能有各种各样的"论点"，它们并不天然都具有广泛传播的价值，只有那些值得论证，并且可以充分论证的论点，才有机会得到广泛传播。

（原载《新闻与写作》2012年第8期）

论点之后是什么

一般来说，新闻评论是表达作者观点的体裁。但是，一篇评论中往往不止表达一个观点，因此，就具体写作而言，就必然涉及处理和认识各个观点之间的关系问题。论点的概念，就是在这个层面上产生的。它是一篇评论的多个观点中处于中心地位的观点。

对评论的一般读者来说，也许不一定要费心去确认什么才是一篇评论的论点。但对于评论的写作和学习写作来说，这就是一个不能忽略过去的问题。因为，这既关系到作者对一篇评论内在关系的清晰把握，也关系到作者按照有利于读者阅读、理解的需要，对文章的层次、结构的合理安排。

一篇评论的内在结构，从内容的角度可以简单地表述为：一个论点加上支持这个论点的论证。但是，从具体的写作角度来看，往往会更为复杂一些：这一方面是因为，在支持论点的论证中，不仅有作为论据的事实和别人的观点，也有作者自己提出的观点；另一方面是因为：尽管人们认为，一篇评论应该"开门见山"尽可能早地把论点说出来，但实际上，有些作品在表达论点之前，往往已经出现了其他难以被确认为是论点的观点性内容（比如，在作品的开头对新闻事实的一个初步判断）；而在论点出现之后，也会有一些观点性内容，并不一定是支持论点的观点。它们在认识的层次、可接受性的层次和表达的抽象层次上也并不一定比论点低。

这次我就来用作品实例说说这部分内容和这样一种关系。

前不久的评论课上，我与同学们一起阅读分析了《京华时报》的一篇主打评论《行贿档案联网只是第一道防火墙》。我请同学们注意这篇评论在排版时被编辑从文中摘录出来，用黑体字单独刊印在标题之下的一段文字：

"一方面，对于新型行贿行为，需要及时予以全面适当的司法界定；另一方面，行贿档案系统需要及时更新而不能停留于目前的静态管理中。"

这一句实际出现在作品第四段的最后，它被编辑摘录出来单独刊在标题之下，暗示着编辑向读者提示这个观点在全文中的重要地位。我们也许可以确认它是全文的论点。

但是，接下来一段则是以"尤其要看到，行贿档案虽然可以记录商业行贿犯罪行为并产生阻吓作用，却难以完整呈现商业行贿在一些地方、一些领域屡禁不止大行其道的环境因素"一句带出的另一个议论层次，即行贿案件发生的社会环境。这个议论线索在最后一段上升到这样一个判断：

"因此，在技术手段防腐不断升级的同时，别忘了对行政和市场环境加以治理和完善。透明的、守法的行政和市场才是让腐败病毒无处渗透和无处藏身的、最可靠的防火墙。"①

那么，"尤其要看到"引出的社会环境问题，与在前面已经出现，并被编辑从文中摘录出来，用黑体字刊登在标题之下的"一方面……另一方面"的观点之间，又是什么关系呢？

有同学认为："尤其要看到"引出的环境问题，是对已经表达了的核心观点"一方面……另一方面"的选择性详述。即"尤其要看到"，在"一方面……另一方面"之中。

而另有同学认为，"尤其要看到"引出的市场环境问题，在"一方面……另一方面"之外。即，虽然作者提出了"一方面……另一方面的措施，仍然有一些解决不了的问题。这也就是说，"一方面……另一方面"的观点，仍然是针对行贿档案系统的问题，而"尤其要看到"提出的社会环境问题则超出了行贿档案系统。它明显高于在中间已经做出的"一方

---

① 2011年9月18日《京华时报》"京华时评"。

面……另一方面"的判断,应当属于认识的拓展或深入。

但是,先不要说这两者之间哪一个是全文的论点,为什么编辑把"一方面……另一方面"的判断而不是最后出现的判断提到标题之下呢?

有一位同学回答说:因为前者更接近新闻事实——即"行贿档案联网"。而后者已经超越了行贿档案联网这个新闻事实。

我认为,这是接近编辑经验和阅读经验的见解。再进一步思考:这可能反映了评论中观点之间关系的某种规律性。其实,这普遍地反映了新闻评论中两类不同种类的观点之间的关系。即,那些直接面对新闻事实的判断性的观点,以及建立在上述判断之上的诉求性观点。

来炯《德语报刊评论的篇章理解研究》谈到这个问题:

"呼吁是归入指示类的言语行为,是说话人对听话人未来的行为发出的指示;而评价行为则是对已经过去的行为和状态的一个断言和判断。"

"结论中的呼吁或建议又可以归入请求类意图类型;而将它们置于篇章整体的统一关联中来看,它们是服务于篇章的核心评价行为的,也就是说属于从属地位的,是次一级的篇章行为。"①

上述学术观点中其实有一个隐含的价值意义上的认识:一篇评论最重要的功能,是为了表达对新闻事实的判断(评价)的,因此,与诉求(呼吁)性的内容相比,判断性的观点自然处于更重要的位置。这是确认两者之间哪一个是论点的一个标准。

此前,我们在讨论一些评论文本时,发现作者已经提出了标题中表达的观点,即可认为提出了论点,但在结尾时又出现了在抽象层次上更高、在认识范围上更广的观点,就感到惶惑:一篇评论中,难道不应该以认识的"终点"作为论点吗?而按照上述价值的次序作为标准,这个问题,可能就容易得到解决了。

由于在逻辑上和事理上,人们只有对新闻事实做出了判断,然后才可

---

① 来炯:《德语报刊评论的篇章理解研究》,中国人民大学出版社,2007年版,第109、156页。

能有在此基础上的诉求，因此，呼吁性的观点出现在论点之后，就是很自然的事了。

判断性的观点因为更接近新闻事实，往往更为具体。而诉求性的观点则不一定要限于具体的新闻事实，所以往往在抽象层次上更高，在认识范围上更广。

此外，从逻辑上说，对事物做出判断，应当是一篇评论中基本的认识。没有这样的认识，呼吁则无从谈起。

呼吁这个层面上的行为，不是评论中必须的、没有不行的。而判断则是必须的、没有不行的。有些评论看起来只有呼吁，没有判断，那只是因为判断是隐含表达的，或者是人所共喻的。

（原载《新闻与写作》2011年第11期）

不要迷信评论的"角度"

我最近给校报的学生记者团做了一次评论写作培训。有同学提问:"怎样选择合理的视角写评论?"

这类问题其实反映了初学阶段一种普遍的焦虑,即希望通过视角的选择来解决认识的经验和判断力不足的问题。

我过去很少谈角度或视角问题,主要是担心这个问题会把认识问题置换成写作技巧问题。

我承认,对于同一个事物,不同的认识角度是客观存在的。它可能取决于这样几个因素:

1. 个人观察与思考的开阔程度;
2. 不同人群的立场、价值、认识结构差异;
3. 传播竞争的求新求异的规律。

正是基于第二点,我们可以在媒体上看到不同视角的评论作品,使我们可以补充、丰富自己对事物的认识。这就是说,不同的角度,其实更多是在不同的人那里。

正是基于第三点,那些与别人的视角相同的一部分稿件,就可能被编辑枪毙掉。由此可见,"不同"和差异,在新闻传播的机制中,具有被广泛传播的优势。

而正是基于第三点,才促进了第一点:一个有着比较强烈的传播冲动的人,有可能更为主动地从不同的角度思考和认识事物。

然而,对于个人而言,角度可能并不是随意选择的。它受制于作者个人的认识能力与经验。也就是说，我们的知识、经验、心理、情感——所有构造了一个人与别人不同的那些东西，既构造了他的认识能力，也构造了他认识事物的角度。不同的角度，其实正是不同的认识。

《南方都市报》曾在致专栏作者的电子邮件中写道："我们希望的认知价值，可能需要专栏作者排除自己看到新闻首先涌现出来的第一个、甚至第二个想法，穷尽到第三个，第四个，自然就能言人所未言。"

这一段话反映出传播者"求新求异"的焦虑，这也是观点传播的选择规律。但是，这个邮件中没有使用"角度"或"视角"这样的概念，而是用了"认知价值"。这是很有见地的，因为它直接表达了本质——值得广泛传播的是认识价值；不同的认识价值，其传播的优势更大一些。这种认识价值，既可能是认识的深度，也可能是认识的广度。

角度问题，无非是认识问题。你如果没有这方面的认识条件——比如，相应的知识、经验和情感、立场，也就不可能有这样的"角度"。限制人们选择角度的，其实正是这些认识条件。

把角度问题换成认识问题，更接近思维、写作和传播的本质。尽管"角度"确实是一个比较接近人的经验的、具有形象性的表述。但是，脱离开认识条件这样一个基本制约，"角度"也可能会扭曲事物的本质，即，对于一个作者而言，仿佛真的有不同的角度，可以供他随意选用。这正是"迷信"。

对于一个成熟的评论作者而言，其认识问题的角度，可能恰恰是相对稳定的，即对不同的事物往往从他自己特定的认识条件来认识，就像他的语言风格是相对稳定的一样。那么，有人会问：这难道不会显得单调吗？其实单调还是丰富，需要在一个开阔的观点传播空间来理解：一个人对于观点市场的贡献，往往在于他从自己特定的（也是稳定的）认识条件出来，对具体事实的认识。

比如，两个月前北京大学授予几十位中学校长"推荐权"。人们本来期待这一制度会帮助一些"偏才"迈过高考统一的门槛进入大学，结果校长推荐的学生差不多都是"全才"。为什么会产生这种结果？要从整个中国教育体制、教育生态的角度来论述中学校长的心理及其限度。这看似是"角度"问题，其实是认识和经验问题，如果没有对中国教育体制和生态的深刻体察，也就没有这样的角度。在这个议题中，旅美学者薛涌以一篇《校长实名推荐制，不是改革而是反改革》一语惊人，指出北大此举意在"掐尖"。他的这个判断，也不是角度问题：美国高校曾经有过的争夺生源的案例，哈佛、普林斯顿等大学曾经采用，后来在舆论压力下被迫放弃的做法，都构成了他认识这个事物的条件。

提高自己评论的认识价值和传播价值，不在于写作时选择一个"更好"的角度，而在于平时通过观察、思考来积累自己的认识条件。

（原载《新闻与写作》2010 年第 2 期）

批评不要虚设对象

新闻评论的目的,是针对新闻事件表达作者自己的观点。有时候,则是批评别人的观点。批评别人观点的目的,也是为了表达自己的观点。因此,如果说,表达自己的观点需要确定性——尽可能集中,而不是散漫,那么,在批评别人观点的时候,其选择的对象,也应该尽可能确定和集中。这个对象应该是某一个人的某一种观点。这个要求看似简单,但在现实的驳论作品中,确实有做不到的。其毛病主要表现为:其选择的批评对象,虚了,大了,超出了作者可以论证和读者可以把握的范围。更严重的,则是经过作者概括的批评对象其实并不存在。

比如,前不久,中国政法大学教授程春明被学生付成励砍成重伤死亡一案开庭审理。我看到的一篇文章是《法学家怎么不反对付成励的死刑?》[1]。一看这个标题,我就觉得,其批评的对象太大了,不是一个人的观点,而是一个群体的立场。从特定的句式上看,这是一个典型的"复杂问题",即一个本身包含着未经确定的前提的问题。就比如,"你为什么要杀人呢?"这个问题中未经确认的前提是:你是否杀了人。这在逻辑学上属于"假设性谬误",即"当提出一个问题时,在这个问题当中竟然预设了某些结论的真,就是问题当中偷偷引进了一些假设"[2]。而上述评论标题

---

[1] http://star.news.sohu.com/20090708/n265062631.shtml,2009年7月8日中国江西网。

[2] 周祯祥、胡泽洪主编:《逻辑导论:理性思维的模式、方法及其评价》,广东高等教育出版社,2004年版,第115页。

中预设的结论是:"法学家"这个专业知识群体有一个统一的立场,就是"不反对付成励的死刑"。如果这个结论成立,它作为本文的一个重要前提,才会有"怎么不反对"的问题。但要论证这个结论并不容易,它需要作者仔细考察"法学家"群体的每一个个体,通过完全归纳的方法来论证。如果作者只是批评某一个法学家的某一个观点,为什么要给自己设置这么困难的一个前提呢?

这篇文章从内容来看,文章提到的具体人物确实只有一位法学教授。但是,如果说作者只是起错了标题,在标题扩大了对象,恐怕也不准确,因为文中明确指向"作为死刑反对者主要人群的法学家们",说他们"至今仍然保持着不恰当的沉默,甚至抛出支持死刑的言论"。这样看来,作者确实是不恰当地把一个人"扩大"成一个群体。这其实是一种自我设定的、虚幻的目标和批评对象,是作者在写作活动中内心形成的,现实中并不存在。

说起在写作过程中虚设对象的错误,我记得多年前在一个网络论坛上还读过一篇作品,一开头就说:"现在的时评界有时成了诡辩场"。他这么说的根据是:

"前些时某贪官入狱,其攻读的博士学业非但没有中断,所在学院的副院长还定期亲自上监狱为其'开小灶',评论界一片叫好,称其为'人性化'的表现。……但是到了今年湖北省文科高考'状元'周迅的头上,那些人似乎又不讲'人性化'而要讲规则第一了!"

有网友敏锐地发现这个环节的"bug",评注说:

"所谓'那些人'又是哪些人呢?是否能够将为'人性化'叫好和宣扬'规则第一'的人具体对应起来?"

显然,针对上述两个事件,持上述两种观点的,完全可能是不同的个人。硬说他们是同一个人或一群人,是无法证明的。而作者确实是把这两种不同的观点"捆绑"为同一个对象,然后才能指责其"前后矛盾"的。

虚设并不存在的批评对象,在逻辑上可能属于"稻草人谬误",即"某一立场加大歪曲或过分简化或曲解原意，以此来反驳该立场"①；而不适当地扩大批评对象，不仅无端增大了自己论证的难度和责任，对他人也是不公正的。针对前一篇文章存在的"扩大对象"问题，一位网友在我的博客上留言说："你站在群体外看另一个群体，那么整个群体就仿佛只是一个个体而已。"这话有一定道理。但它反映出的恰恰是：作者并没有针对一个群体内部不同个体的观点进行细致观察，就"轻率概括"（Hasty Generalization），即"基于太少或不典型的样本得出对一个类别的整体结论"。②

在当代多元化的社会，任何一个人群都会有不同的观点。针对一个群体发出整体的批评，往往是没有道理的，也是不公正的。这既是一个评论策略问题，也是一个评论伦理问题。无论是评论的作者还是负有传播责任的媒体，当你试图在公众中建立对一个特定人群，特别是某一个知识者群体整体的怀疑的时候，需要特别慎重。因为，这种整体怀疑有可能彻底关闭来自那一个群体的信息，切断公众与专业知识、专业判断之间的联系。这对于公众自己的判断和选择当然是不利的。

（原载《新闻与写作》2009 年第 9 期）

---

① ［美］布鲁克·摩尔、理查德·帕克：《批判的思考》，余飞、谢友倩译，东方出版社，2007 年版，第 204 页。

② Edward S. Inch, Barbarrw Warnick, CRITICAL THINKING AND COMMUNICATION: The use of Reason in Argument, fourth edition, Allyn and Bacon.2002. p.215.

舆论中的感性与评论中的理性

2011年11月16日，有19名幼童遇难的甘肃正宁幼儿园校车事故发生之后，媒体上就不断出现关于校车的新闻报道。这反映出，因为这重大恶性事件，"校车"已成为一个强势的媒体议程，引导着记者的注意力和公众的注意力。而刚巧在此之后——11月25日中国援助马其顿校车项目交接仪式的消息，也自然在这个议程所覆盖的范围之中。

正是它，引发了舆论的质疑。

比如，当时有一篇网络评论的标题为《无偿捐赠校车给马其顿，请给一个对得起本国孩子的理由》；而另一篇网评的标题则明显是讽刺性的反语：《所以向马其顿捐校车是因为我们不缺校车》。

在评论课上，我对同学们提出的问题是：

"校车事故"与"校车捐赠"，这两个（类）涉及校车的新闻之间，有什么相关性？

如果有，这样的相关性有无评论的价值？

有一位同学回答说：两者放在一起，就是感到不舒服。而另一位同学形象地阐述了这种"不舒服"："仿佛一个母亲，不喂自己的孩子吃奶，却喂别家的孩子吃奶。"他认为，如果外国知道了我们甘肃正宁的校车事故，两相对比，反而会损害我们的国际形象。

但是，还有一位同学认为："校车事故"与"校车捐赠"这两类事件，分别归属于教育部和外交部这两个具体的政府部门的管理范围之内。它们的责任权限有明确的分工，它们的目标与评价标准也有不同。不能放在一起来论。

我觉得，同学们的这两种看法，恰好是看待国家（政府）行为的两种具有典型性的思维模式，分别具有感性和理性的倾向：

把国家看作是"一个人"或者更具体而言，是一个母亲，由此产生对其行为"统一"的期待，正是感性的方式，因为"一个人"或者"一个母亲"自己的行为应该是"统一"的。

但实际上，国家有着多重的价值目标，这些不同的价值目标由不同的政府部门分工实现，各司其职，一般不可越界，虽然在总体的意义上都可以说是服务于国民，但在具体的目标和行为上，其实与民众的关联程度不同——比如，外交部负责的国际交往事务以及相关的财政支出，离民众也要显得远一些；而教育部在教育设施方面的投入，就要离民众近得多了。这些具体的目标和行为，有时甚至看起来相互矛盾——

比如：在公安部门打击"黄赌毒"的同时，卫生防疫部门则在给吸毒人员发放清洁针具，向"娱乐场所"发放安全套，以避免艾滋病传播。这种看似"矛盾"的情况在多年前就曾引发舆论争议，无非是因为人们感性地、"笼统"地看待政府行为，没有认识到政府行为有多重价值目标，而这多重目标只能分解到不同的行政部门各自追求——这是行政活动自身的规律。

一般来说，感性认识具有直觉的、简化的、总体性的特点；而理性认识则倾向于将认识对象具体化，着眼于不同事物不同的规律，并且将复杂的问题分解。

我觉得，虽然人们对于国家行为的感性理解具有偏颇的一面，没有反映出国家行为的多元价值和复杂性，但这种感性理解本身是有价值的——它是国民与国家情感联结的一种形式。而且，人们在这种感性的理解中受伤，是社会心理的真实信号，也是国家真实的损失。所以，我们既不能忽视这个事实本身，也不能改变这个事实。虽然对外捐助旨在为国家发展创造一个有利的国际环境，这与为自己国家的少年儿童提供更安全的教育环境，是政府的不同责任，由不同的政府部门承担，但对于人民群众来说，做这些事情的，毕竟是同一个政府。

包括评论在内的舆论总是难免感性的认识，它真实地反映着多数人的基本心理和情感反应。但高质量的评论，应该达到理性认识的层次。而这种理性，并不意味着排斥和否定人民的感性认识。而是在承认、接受并包容感性认识的基础上帮助人们全面、深刻地认识事物的规律、不同事物的区别和评价标准。

在这个问题上，我觉得《环球时报》2011年11月28日关于"校车捐赠"事件的中英文两个文本的社论，就把握得比较好。

其中文版第一段就明确表示：

这起外交部参与执行的对外捐助，被公布出来的时机与甘肃幼儿园校车事故撞到了一起。这个本应避免的"巧合"未能得到避免，外交部显然有值得反思之处。

也就是说，这篇社论一开始就表明立场，没有把公众的舆论反应看作是对政府的无理挑剔，而是把对事情处理得更好的责任放在政府身上。

但在第二段，它也明确表达：

单就向马其顿捐赠校车一事，如果没有甘肃校车事件做背景，不能被认为是不恰当的。外交工作自有它的节奏和舞台，外交部不是民政部，它需要承担责任的，是为中国发展创造尽可能好的国际战略环境。

——这就包含着对于政府行为的理性认识——即对部门分工和各自职守界线、活动规律的认识。

其第三段则将第一段已经表明的论点，进一步拓展开来阐发：

中国所有政府部门都应加强针对舆论的敏感，它们必须对每一项工作做认真的舆论预判，对舆论做预判不是要滑头，它应成为政府"好心办好事"工作流程的一项"标配"。政府机构可以仅仅按照"工作需要"来安排做事方式和时间表的时代结束了。

——这一段得出的这些判断，正是这篇社论面对这次"巧合的信息冲突"（coincidental clash of information——这是这篇社论英文版中的用语）而提供出来的新的认识。它应当是人们在这次舆论风波中的收获。

所谓"巧合的信息冲突"，与其说是信息（information）本身的冲突，不如说是人们心理和情感的冲突：人们刚刚看到自己孩子因为没有安全宽敞的校车而出事，马上就看到政府向其他国家捐赠安全宽敞的校车，很自然会产生纠结与反感。尽管从数量上说，即使把捐给马其顿的校车（只有23辆）省下来，也不可能解决我们全国孩子的校车问题（据教育部的说法，这需要4500亿元）。而从事情的"巧合"看，这种冲突与其说在于两个"校车"所带来的不同感受，不如说，在于它们在时间上的确相距太近了。

据外交部后来的解释，这项捐助项目，早在2011年初就已经确定了。那么，预定于11月举办的捐助交接仪式与11月在甘肃发生的校车事故之间，的确是一种"巧合"的关系。但是，如果考虑到全国农村校车的基本状况，那么甘肃发生的校车事故就并非偶然。所以，外交部是否一定要选择捐赠校车，就是值得考虑的。因为，虽然校车问题只是我国基层教育投入不足的一个方面，捐赠别的，也会使民众产生对比和联想，但校车事故引发的恶性结果和社会关注，毕竟要大于农村教育其他方面的基本问题。这正是《环球时报》社论中提到这个"巧合"的事件"本应避免"，却并未明言如何"避免"的一个着眼点。这也是那篇社论中提出的所谓"舆论预判"的一个基础。"舆论预判"以什么为基础呢？当然以国情为基础；以舆论可能生发的敏感点为基础；以掌握舆论的规律为基础。

《环球时报》英文版社论提到的 coincidental clash of information，我把它翻成"巧合的信息冲突"，不一定很准确。但正是英文版中的这个新鲜的词组，才提示我：这一现象可能具有某种普遍性，甚至规律性。而从传播规律的角度，理性地认识这样一种传播和接受现象，也是新闻传播研究乃至评论写作应当承担的任务。

实际上，这样的 coincidental clash of information，在2011年"校车风波"

之前就曾出现过：当整个社会舆论因为"老人跌倒无人扶"而陷入道德焦虑之中的时候，卫生部恰好发布了《老年人跌倒干预技术指南》，其中包括"不要随意搬动对方肢体，以免加重伤情"的提醒，结果引发了网络舆论的激烈反应——仿佛这个《指南》是专为不扶老人提供理由似的。卫生部这个《技术指南》本身并没有什么问题，它的内容较多、较专业，当然不是意在为"不扶老人"提供借口。它之所以引发争议，完全是时机巧合。卫生部后来专门为此对社会做出解释，也说《指南》与社会上关于道德问题的议题并无联系。但是，从政府工作的效果来看，当时的卫生部与后来捐赠校车的外交部所面临的问题相同：显然对于"老人跌倒无人扶"的社会舆论环境不敏感，也就是没有《环球时报》那篇社论中所说的"舆论预判"。

人的认识，有理性的，也有感性的，不可能要求所有人都达到理性的认识。把人们的感性认识作为一个客观事实接受下来，并且研究其中的规律，既是评论应有的理性，也是政府行为应具有的理性。

（原载《新闻与写作》2012年第1期）

论新闻评论中事实判断与价值判断的关系

一、事实判断与价值判断这一对范畴对新闻评论的有效性

新闻评论教学和研究，一方面，固然应该帮助学习者从阅读分析和写作练习中增强思维和写作的实践经验；另一方面，则应该寻找和把握到那些能够有效地解释和整合纷繁复杂的评论现象的理论视角和概念体系。只有借助后者，经过一定抽象程度的认识过程，才可能实现对经验化的评论现象进行理性层面的整体把握和作为知识的广泛交流，而不仅止于感性的、分散的、"缄默"的个体经验。

新闻评论核心内容是作者的观点。更具体而言，这些观点是作者对新闻事实的不同判断。为了对评论中的观点进行更深层次的理性把握，我们需要一些可以将不同的观点进行有效分类的"次级"概念。而哲学认识论的基本概念——事实与价值，逻辑学的基本概念——判断，正是这样的次级概念。它们对于新闻评论是否具有有效的解释力呢？

从哲学认识论的层面来看，我们面对不同的事实；而事实对于我们又具有不同的价值。事实与价值，共同构成我们完整的认识对象。我们对事实本身和对事实（对于我们）的价值的判断，共同形成人们认识客观事物的认识结果。它们正是存在于新闻评论观点中的两种主要的认识内容。

两位美国学者爱德华兹·S.英奇（Edward S. Inch）和巴伯罗·沃尼克在《批判性思维与交流：论说中的推理应用》认为："有许多将观点进行分类的方法，而最简单和最常见的，是将其划分为事实性观点（Factual

Claims）、价值性观点（Value Claims）和政策性观点（Policy Claims）。"① 这样的划分，显然有认识与实践的双重视角。其中的"政策性观点"，其实是在实践视角中对"事实性观点"和"价值性观点"的综合。

我国台湾新闻学者王民先生的《新闻评论写作》更为明确地提出："新闻评论所讨论的问题，或属于事实判断，或属于价值判断"②。这个框架，揭示了新闻评论中纷繁多样的观点的本质，具有提纲挈领般的概括性和区分性。

荷兰著名话语研究学者梵·迪克《作为话语的新闻》，其中也专门谈到评论次级范畴：

"评论范畴有两个主要的次范畴组成：评价和预测。评价是对所报道的新闻事件的价值或意义作出评价；而预测则阐述该事件和事态可能产生的政治或其他方面的后果，甚至预测将来可能发生的事情。"③

我们可以看到，梵·迪克所说的评价和预测这两个评论的"次范畴"恰恰对应着的是"价值判断"和"事实判断"。④

由此可见在新闻评论中把观点的内容分为事实判断与价值判断具有广泛、有效的解释力和合理性。

二、事实判断与价值判断在新闻评论中的基本关系

"事实判断与价值判断之间的差别是什么的问题并不是一个象牙塔里的问题。"⑤ 分辨一位评论作者在事实层面还是在价值层面上说话，是对其

---

① Edward S. Inch, Barbara Warnick, CRITICAL THINKING AND COMMUNICATION: The use of Reason in Argument, fourth edition, Allyn and Bacon, 2002. p146。
② 王民:《新闻评论写作》,台湾联合报社,1981年版,第75页。
③ [荷]托伊恩·A. 梵·迪克:《作为话语的新闻》,华夏出版社,2003年版,第57页。
④ "价值判断"这个概念,在一些研究价值论的学术著作中,往往被直接称作"评价"。如李连科:《价值哲学引论》,商务印书馆,2003年版。
⑤ [美]希拉里·普特南:《事实与价值二分法的崩溃》(The Collapse of the Fact/Value Dichotomy),东方出版社,2006年版,第2页。

观点的最基本的定位，可以构成分析评论观点的基本框架。在这一框架下更深入的探索，才可能对纷繁复杂的评论作品具有更深入的解释性。

这个框架中的一个基本问题，就是评论中事实判断与价值判断的关系问题。有学者认为："事实判断是大多数价值判断和政策性判断的基础。它们为论者提供此后判断的基础。"①

这是两种判断之间的一种基本的关系。它反映出：事实判断与价值判断作为不同的认识过程，既各自独立，又具有一定的制约性。比如，在一篇涉及公共政策调整的新闻评论中，有学者写道："如果不知道出租车提价的具体影响，讨论出租车应该不应该提价有什么意义呢？"②这一句话反映了"出租车应该不应该提价"（价值判断）对"出租车提价的具体影响"（事实判断）的依赖。或者说，"出租车提价的具体影响"（事实判断）制约着"出租车应该不应该提价"（价值判断）。

然而，如果我们深入观察评论作品，就会发现：评论中事实判断与价值判断的关系，并不是单一的，而是多样化的。这需要结合作品具体分析。

首先，根据上述制约关系，事实判断不同，因而价值判断不同。

具体而言，针对同一事件，不同的作者的事实判断不同，因而在整体上的价值判断相异。

比如，2011年7月5日，《南方都市报》发表复旦大学教授顾骏的评论《为高等教育进入"买方市场"叫好》。第二天，该报发表教育专家熊丙奇的专栏文章《没有市场竞争机制，教育谈何"买方市场"》。两相比较，前一篇文章，从目前高交招生阶段，名校都来抢生源这一现象，确认这是出现了买方市场。并由此推出，教育的"买方市场"一定会带来高校自身的改革。其价值判断自然是肯定性的。而后一篇，却基本上否定了前者的

---

① Edward S. Inch, Barbara Warnick, CRITICAL THINKING AND COMMUNICATION: The use of Reason in Argument, fourth edition, Allyn and Bacon, 2002. p149。
② 梁小民：《经济学家能为出租车调价做点什么》，2006年4月29日《北京青年报》。

事实判断，在熊丙奇看来，所有顾骏看到的"抢生源"现象都不是"买方市场"现象。相反，他从更多的方面看到了高校对考生的支配性关系，看到了整个教育体系的垄断性。所以，他的价值判断自然是否定的。

再比如，2012年春节过后，各地企业再次出现（农民工的）"用工荒"现象。针对农民工的"短工化"现象，《南方都市报》先后有两位作者发表评论，一喜一忧——价值判断迥然不同。

表达乐观判断的是当年2月10日傅蔚冈专栏文章《如何看待农民工的"短工化"》。其中的事实判断包括：

"越年轻的群体比年长者对工作的要求可能会更高"。

"现代农民工比传统的农民工更加自信。"

"农民工在城市中的就业岗位也比以往更为丰富，这使得新农民工在劳动力市场上择业更为从容。"

"中国的劳动力在供给上越来越稀缺。"

而其价值判断则是：

"'短工化'的现象并不可怕，甚至在某种程度上是社会进步的标志。"

"我们不必为中国农民工的'短工化'现象忧心忡忡，甚至要肯定这种现象。"

表达不乐观判断的评论，则是2月11日孙维国在该报"批评与回应"栏目发表的《农民工"短工化"只因技能极度缺失》。文章认为：

"农民工之所以'短工化'，除了与农民工的择业观念改变和'人口红利'消失导致劳动力市场向买方转变有一定关联外，核心是技能的极度缺失。也正因此，'短工化'对农民工和企业均无益处，'短工化'也非什么'自信'之举，而是农民工的无奈之举。谁想不停地漂泊呢？"

显然，两篇文章都承认"短工化"这个基本事实。他们事实判断的不同，表现在对这种"短工化"原因有不同的判断，价值判断也就因此不同。在前一篇文章中，对"短工化"原因的判断中没有很大的消极因素；所以作者对于"短工化"的价值判断是乐观的。第二篇文章所分析的原因中，有重大的消极因素,所以其价值判断便是忧虑的。

那么,作为读者,我们能否品评两文判断的优劣呢?

在社会生活中,一些不同的价值判断往往一时难分优劣,因为它们基于不同的、难于改变的价值标准。但是,这两篇评论中的价值判断,由于基于不同的事实判断,我们也许可以从事实判断这条线索来进行总体评价。

我们可以注意到,在傅蔚冈的文章中,没有提及孙维国所注意到的"技能缺失"问题。因此,一般可以认为,是前者忽略了一个消极的原因,故而得出积极的判断。而孙维国的文章,则并没有否定傅蔚冈提出的那些原因(即那些积极的评价因素),他只是提出了前者没有提到的原因。由此,一般可以认为:孙维国的观点更为全面,其说服力也更大一些。

此外,我们也可以注意到:傅蔚冈文章对原因所做的事实判断,主要涉及外在环境,其中有一些涉及民工自身的判断,如"自信"、"更高要求"等,则主要是精神、心理方面的。是相对较"虚"的判断。而孙维国的判断则涉及农民工自身条件(如知识技能)等较"实"的原因。两相比较,那些触及较"实"的"事实"的判断,也会比触及较"虚"的"事实"的判断更容易说服人。

还有,在傅蔚冈的文章中,"农民工在城市里是无根基阶层,迁移成本比较低",是作为一个说明"短工化"原因的中性的论据,但是,由于在文中是置于与本地劳动力相比较的框架之下,它可以被理解为农民工的一个竞争优势,由此可以被看作是一种正面的、积极的评价因素,有利于其全文乐观的价值判断。但是,在孙维国的文章中,虽然并没有否认这一点,却以一句"谁想不停地漂泊呢?"诉诸人们共同的心理,悄悄在价值上否定了它。

以上是基于不同的事实判断——对事实不同方面的判断,而产生的不同的价值判断。两位作者并没有显现出在价值标准上的不同。

当然,可能同样普遍的一种情况是:即使事实判断相同,但价值判断仍可能不同。这是因为不同的评价主体价值观、价值标准的不同。这样的评论，整体上会更多地表现出价值判断的特点，因为争议点在价值方面，争议双方（或多方）共同认定的事实（即他们的事实判断）已成为无争议的前提。

此外，在对某一事件的价值判断基本相同的情况下，对该事件更为准确的事实判断，虽然不会影响价值判断的"方向"，却会影响价值判断的"程度"。

比如，今年年初，新修订的《辽宁省消防条例》明确规定：禁止任何单位和个人组织未成年人参加火灾扑救。这得到了社会的积极肯定。然而，一些媒体在报道这一消息时，将其简称为"辽宁立法禁止未成年人救火"，却反映出人们对于判断事件事实层面上的失误。2月15日《京华时报》发表评论《禁组织孩童救火应避免再次误读》一文，就着眼于对这个条文更为准确的事实判断：该项法规所"禁"的，是"组织"，而非未成年人个人的自主行为。

那么，无论是禁止"组织未成年人救火"，还是禁止"未成年人救火"，其目标不都是为了保护未成年人吗？这个区分有意义吗？

这个着眼于"禁止对象"的事实判断，并非没有意义。因为，法律只能禁止错误的行为，而不能禁止一种在道德上无法否定的高尚行为。由于厘清了"禁止"的对象，这一法规条款可能带来的在道德上的纠结与疑虑，也就得以消除：因为，"组织者"并非道德行为（救火）的主体，也就是说，组织别人救火本身，并不是一种道德行为；因此，法规禁止"组织"救火这种行为，也就不是对一种道德行为的否定了。

正是因为对条文本身做出了准确的事实判断，《辽宁省消防条例》涉及未成年人救火条款的价值（积极意义），在这篇评论中才得到了更为准确的判断。

三、事实判断与价值判断在新闻评论中的深层关系

价值判断与事实判断的一个重要区别，在于前者不仅是认识性的，而

且是选择性的,即诉求相应的选择行为。因此是指向"行动"的。这是因为,价值判断是按照人的信仰、希望、道德伦理等价值标准,提出事物应当是什么样的。"如果说事实判断与人的实践与行为并不直接联系的话,那么价值判断多是直接指导生活与实践的。"[1] 这样的判断自然指向行为,"它们(价值)帮助我们行动"。[2] 这实际上正是价值的"向往取向"。[3] 正是因为价值判断的这个特点,它在"精确性"上更为依赖事实判断。因为,价值判断本身往往是方向性的、模糊的,它要"可行",往往需要事实层面的判断。

比如,2012年2月间,一家中药企业谋求上市的动向使"活熊取胆"的道德问题再次引发媒体争议。这个争议本来是一个价值判断的议题,但其中回避不开的一个判断基础是:被引流胆汁的熊是否痛苦。这个问题很容易就会走到"子非鱼,安知鱼之乐"这种无解的状态,从而使价值判断落空。2月20日的《南方都市报》有一篇专栏文章《活熊取胆真的很舒服吗?》正面触及了这个问题——即对熊的疼痛感的事实判断。作者建议引入美国关于人工流产的争议中由法院判决进行的胎儿痛感测试,并引述了一些具体的测试结果。这篇文章启示我们:知识的拓展,是可以解决这样的问题的。所以,价值判断依赖于涉及事实的知识。而这样的知识,是更"专"和更"细"的知识,而不是一般性的知识。

与此相似,2012年2月18日《京华时报》上有一篇陈家兴的评论《撞劳斯莱斯撞出了公众焦虑》。这篇文章触及了贫富共处的城市中穷人(或普通人)的生活风险,以及由此造成的不公平;提出了这样的风险应当由强势者多承担一些思路。这样的诉求是价值层面的。但这样的价值判断是否"可行",则依赖于事实层面的知识。陈家兴提出了豪车"再保险"的

---

[1] 孙伟平:《事实与价值》,中国社会科学出版社,2000年版,第155页。

[2] Edward S. Inch, Barbara Warnick, CRITICAL THINKING AND COMMUNICATION: The use of Reason in Argument, fourth edition, Allyn and Bacon, 2002. p255。

[3] 李连科:《价值哲学引论》,商务印书馆,2003年版,第26页。

思路。而另一位曾在保险系统工作过的评论者童大焕则提出:"对比于此类较小概率事件来说,用类似于'个人破产'理论来应对可能会公平合理一些,比如赔偿必须保证当事责任人有足够的生活尊严和底线,如一套自己住的房子和基本生活费用支出不受影响等。"显然,他也是用一个更为具体的涉及事实的知识,支持了上述价值判断。

所以说,价值判断诉求于"行";而事实判断为是否"可行"提供根据。这是评论中价值判断与事实判断的一种深层关系。

在这样的关系中,自然难免出现在价值判断认为"应行",而在事实判断上否认"可行"的判断。

比如,1905年,晚清政府任命一批海关官员,打算夺回长期被西方列强占有的关税权。从维护国家主权的层面上说,这件事当然是完全有理的行为,在价值上应当肯定。梁启超为此发表《关税权问题》,他的价值判断是:"此事于理宜行乎?曰:宜行。"在文章中还做出了"此举国中人所宜处心积虑以求此目的有得达之一日;而政府之对此事必当力求善后,又义务中之无容推诿者也。今忽有此英断,吾安得不为政府颂"的判断。这是在价值判断上的肯定。

但是,他的事实判断却是:"于时事可行乎?曰:未可。"这是因为,中国关税权的丧失,实际上是从1840年鸦片战争之后,在一系列不平等条约的规定下,主权逐步丧失的结果。在中国的弱势局面没有根本性改变的情况下,仅仅凭借一次官职的任命就想夺回如此重要的主权,清政府明显过于乐观,对困难(包括列强干涉)估计不足。在文章中,梁启超还更具体地做出了"此举之必失败,殆可一言而决"的事实判断。

从以上作品分析可见,事实判断与价值判断在新闻评论中不仅普遍存在,具有较为清晰的辨识特征,也有体现为普遍认识规律的内在关联。它们是把握新闻评论有效的理论概念和实践概念。

严肃媒体不必回应网络琐屑议题

当前,传统媒体比过去更为关注来自网络的舆论动向和信息。微博上的一些传播流量较大的信息,往往成为传统媒体评论的议题。这总体上是值得肯定的。因为,通过这样一种"接驳",可以超越传统的传播链条,把社会生活原生态的事件和意见直接呈现在大众媒体上。

然而,网络信息这种为传统媒体"设置议程"的强势,也不免导致传统媒体不适当地对微博上的一些琐屑信息做出回应。

比如2012年11月16日《南方都市报》社论版上"街谈"栏目,发表《垂绳购物的好处》就是对一则流传颇广的视频《景德镇陶瓷学院的女生用长绳取外卖》及其在网上引发的争议做出亦庄亦谐的回应。

按作者的说法,"说实在,我觉得此事挺无聊的,特别是不待见(对)这些女生创意购外卖的批评,游移在毫无娱乐精神和娱乐过度两端。也就是说,闲言碎语太晃悠,我根本拿不准。"

——这其实正是这类社交网络的一个特点,本来无关宏旨,严肃媒体不一定要跟着议论这种事。但是,作者提笔写文的理由竟然是:"忽然记起先贤曰'不为无益之事,何以遣有涯之生'。考虑到无益之事中似乎也可包括无聊,同时,毕竟闲着也就闲着,化无聊为有聊倒也无妨。"

这就让我觉得有点问题了:难道作为大众传媒的报纸言论版这种资源有限的公共意见平台,竟然已经"宽敞"到可以发表"无聊"的闲文了吗?

《南方都市报》社论版上的"街谈"栏目,我一直比较欣赏,因为其文笔生动有趣,尤其是与主题严肃的两篇社论放在一个版面上,在阅读上起到一种调节作用。但我更是因为其与社论版相适应的强烈的批判精神而欣赏它。它不仅有着生动的"民间语态"（其实更多的是"网络语态"），而且有着民间的（也是网络的）批判精神。从某种意义上说，它是上一个世纪80年代的杂文精神在网络时代的重生，那个时代由少数文人写作的杂文，在被"时评"的兴盛挤出传统报纸版面之后，又在"全民写作网文"的时代重新回来了。比如，2009年12月2日的《二百个受伤城管VS两三个被打小贩》——辛辣嘲讽广州市城管委一位官员关于"广州每年超过200名城管被打伤，是被打商贩的100倍"的说法；2012年4月20日的《谁说政府英文网站是给洋人看的》——尖锐地批评有些政府网站长年不更新内容；2012年10月31日的《飞机的那些事，都还当回事》，对于一家航空公司居然设计出了一条从南京出发经海口到天津的绕远航线而无情地讽刺挖苦。

但是，从这篇《垂绳购物的好处》来看，它显然有着选题琐屑化的倾向。它启示我的是：有一些在生活中本来琐屑的"事件"，由于网络的传播，而被无理由地放大，参与放大的传播者之中，就有严肃的传统媒体。在这个意义上，传统媒体严肃的品格，正在被这样一种"细大不捐"的接受态度所悄然侵蚀。

其实，与传统的大众传媒不一样，发自于千千万万个体传播者的网络的传播行为本身，并不一定总是严肃认真的价值判断。而大众传播，则应当有，也一直有着严肃认真的价值判断。传统媒体"严肃"的"报格"，并不是意味着板着面孔说话，而正是对其传播内容严肃的价值判断。

网络，尤其是微博，作为一种人类从未出现过的广泛的传播渠道和传播力量，正在影响着我们的社会。传统媒体积极回应网络信息和网络舆论，正是基于这样一种正确的价值判断。但是，网络，尤其是个人媒体的微博，也会把一些琐屑的、本来中止于人际之间或较小范围内的信息广泛传播。传统媒体，尤其是传统媒体的言论，应当保持原有的价值判断，而不应照单全收。

不管传统媒体在未来的哪一天离开"纸质"而活在网络上，大众传媒本身总还是一种稀缺的传播资源——因为它对应的是人们永远稀缺的注意力资源。它的评论风格，不一定非要"严肃"，但其主题至少应当"有聊"——有意义。白居易在《新乐府序》中所言"为民、为物、为事而作，不为文而作也"。这样的标准，仍然应当是我们今天在大众传媒上持笔为文的一个内心自警。

二、
什么影响着说服的力量

用形式逻辑检验日常论争

我们教评论课的教师,在讲到论证的时候,常常面对同学的一种怀疑:那些形式逻辑方法和规则,对于真实发生在人们日常生活中,尤其是公共生活中的意见交流和论争来说,有用吗?

这种怀疑是有道理的。因为人们确实很少在评论作品和辩论活动中直接看到形式逻辑的印记。不像20世纪初的政论家们那样往往在文章中声称:我这是在用演绎法,或者,我用的是归纳法。

实际上,正是由于形式逻辑难以完全反映社会生活中丰富的、具体的论证现象,或者社会生活中具体丰富的论证手段并不都能"还原"为形式逻辑,才有了自上一个世纪50年代以来西方"非形式逻辑"的兴起以及相应的教学改革和更为宽松柔性的论证标准。

然而,我认为,要讲评论中的说理论证,不应该完全抛开形式逻辑这个起点。因为,即使它不是涵盖所有论证现象的金科玉律,它仍然是对人类基本的思维规律的反映。因此,我一直觉得,在讲新闻评论的论证时,应当避免把形式逻辑讲得抽象化、静态化,而应该比逻辑学的课程付出更多的努力,将其与具体的、发生在日常生活,尤其是公共意见交流中的论证现象结合起来,发现在后者中隐藏的形式逻辑。在这个意义上,形式逻辑与其说是一种积极的论证方法,不如说是一种消极的检验工具。即它能帮助我们展示思维、论争活动中可能为人们觉察不到的思维过程、思维的内在结构以及隐藏在其中的问题。

比如,在本学期我开设的选修课"论证与辩论分析"课堂上,我把今年 2 月 20 日中央电视台的辩论节目《大家看法·我建议》一个辩论环节引入课堂：关于《三字经》、《弟子规》中的"糟粕"应不应该"删减"——一开始是让大家初步体验论证的强弱，而在介绍完演绎推理的三段论之后，我则回到这个案例，让同学们用三段论来展示其中一段说理的逻辑线索。

这一段话是由一位反对"删减"《三字经》、《弟子规》的先生说出来的：

经典是先人的智慧。经过时光的洗涤，可以说它没有所谓的糟粕的概念。经典绝没有糟粕，贤者用而得贤，愚者用而得愚。正者用而得正，邪者用而得邪。经典本身无糟粕，用得不好，就成糟粕了。

——这一段话一口气说出来，既包含推理论证，也包含排比修辞，颇有雄辩的气势。

那么，这一段起什么作用呢？

有一位女同学用三段论的式子概括其逻辑线索：

经典没有糟粕。

《三字经》、《弟子规》是经典。

所以，《三字经》、《弟子规》没有糟粕。

显然，与辩题相关度最高的就是这三个判断中的最后一句——结论了，即对《三字经》、《弟子规》的具体判断。"经典没有糟粕"这个判断是作为前提出现的，即假定这个判断被人们普遍接受。如果"经典没有糟粕"，如果"《三字经》、《弟子规》是经典"，那么，结论就没有问题。因为，结论就包含在前提之中——这正是演绎推理的机制。

但实际上，大小前提在辩论中都受到了质疑。辩论另一方的一位嘉宾——曲阜师院的一位教授当即断然否认《弟子规》是经典，说"它是清初严酷统治背景下的产物，是配合统治的东西，它的最大特点就是当顺民。"这实际上是否定了这个三段论中被隐藏的小前提。它之所以被隐藏，或者是因为假定人们已经接受，或者是为了躲避质疑。

而对于"经典没有糟粕"这个前提的质疑，实际上并未针对抽象的"经典"概念，而是前面那位先生使用这个概念所暗示的机制：汰选与流传。当他说出"经典没有糟粕"的时候，后面跟了一句"经过时光的洗淬"，这句话正是起论证作用的——即提供了"经典没有糟粕"的理由。这意味着，作者可能认为"经典没有糟粕"这个判断具有争议性，因而需要论证，所以，他自己对这个大前提补充了论证。

正是这个补充的论证，可以使我们进一步用三段论展示其逻辑线索：

千百年淘洗留存下来的东西没有糟粕。

经典是千百年淘洗留存下来的东西。

所以，经典没有糟粕。

这实际上是追寻隐藏的大前提的历程。

在这个追寻历程中，你会发现演绎推理的一个特点：总是要借助于那些更为普遍的，因此外延更广阔的概念以及与此相关的判断，来支持相对具体的判断。

实际上，原话中"经典是先人的智慧"也起着论证作用，用三段论来展示即为：

先人的智慧没有糟粕。

经典是先人的智慧。

所以，经典没有糟粕。

显然，"经典是先人的智慧"的作用是小前提，其隐含的大前提是"先人的智慧没有糟粕"。

然而，正是在这种大前提的追索中，人们可能发现一个防卫立场不断"倒退"的窘境。因为"千百年淘洗留存下来的东西没有糟粕"和"先人的智慧没有糟粕"也都是需要论证的。

实际上，在那场辩论中，就有一位嘉宾——女作家陈岚直接指向那位声言"经典无糟粕"的先生的大前提：

"他刚才所有的阐述，都建立在一句话上面，就是存在过的就是合理的，就一定是经典，只要能流传下来，就一定是经典。我们留传到今天的很多，还有鸦片烟枪、还有裹小脚，这些都曾经是我们的历史文化，我们是不是也要把它们奉为经典？"

这个反驳充分吗？

这个反驳把原话中的"洗淬"换成"流传"，是有利于自己立场的陈述。但是，如果要说"洗淬"并不仅仅是"流传"，原来声称"经典无糟粕"的立论者就必须接受一个新的论证义务了：他不仅要证明两者的差异，而且要说明他声称不能删减的作品为什么是"洗淬"下来的，而不仅仅是"流传"下来的。或者，他还要证明：流传过程本身就是一个筛选过程，因此坏东西是流传不下来的。

这样，他就不得不一个一个地面对已经从古代流传下来的东西，并且证明他们都是好的。此时，他就不得不放弃从普遍原则出发的演绎推理"居高临下"的抽象推导优势，而面对归纳——艰难地认识具体事物。

实际上，当他说"时光的洗淬"的时候，使用的是一个修辞——即把一代代人的自觉的、具体的选择行为，即可能是"删减"的行为，修饰成一个"自然的历史过程"，悄悄地遮蔽了人的主动的价值选择。

实际上，这里有一个逻辑困境，即：如果承认历史上每一代人的选择过程是合理的话，那么你又怎么能够否定现在对《三字经》、《弟子规》的删除是不合理的呢？因为它们是同一种行为。

而那位"经典无糟粕"的立论者，却恰恰是把"过去的选择"当作否定"现在的选择"的理由。这一点，在辩论中并没有被人指出来。

由此可见，看似简单枯燥的形式逻辑对于不太符合"形式"的实际论争，有着一定的"检验作用"。论争是一种说服别人接受自己观点的活动，其中包括复杂的思维和灵活的表达，因此需要一个工具进行验验。否则我们就难以摆脱公说公有理、婆说婆有理的一般印象。

（原载《新闻与写作》2011年第4期）

有些问题不适合演绎推理

在自己的评论写作、编辑和教学讨论中，我时常感到，有一些问题可能是不适合运用形式逻辑中演绎推理的方法来论证的。它们是哪些问题呢？

刚好，前不久京哈高速公路上的"拦车救狗"事件所引发的争议及相关评论，再一次触发了我对这个问题的思考。

那些拦车救狗志愿者所受到的舆论质疑之一是：为何只救狗而不救助同样面临宰杀命运的猪、牛？

显然，批评者对救狗者行为的理解是演绎推理的逻辑，它表现为这样一个三段论：

大前提：不能容忍屠杀动物。

小前提：狗是动物

结　论：不能容忍屠杀狗。

如果上面的三段论成立的话，那么，如下的三段论也应当成立：

大前提：不能容忍屠杀动物。

小前提：猪、牛是动物

结　论：不能容忍屠杀猪、牛。

这样，救狗者就面临一个他们所不愿意承担也无力承担的责任——普遍地救助任何被人类屠宰的动物。

但是，这样的要求合理吗？这样的推理可以吗？如果认为不合理，我们判断的标准又在哪里呢？

《北京青年报》的一篇社评恰好正面触及了这个问题。作者写道：

在一定程度上，（救狗者）这种厚此薄彼的取舍，可以视为社会中部分人的"偏好"，而一个宽容、和谐的社会，不仅能够尊重、容忍这种偏好，而且可能逐渐使其成为更多人普遍接受的价值，甚至逐渐形成社会共识。①

这个分析使我意识到：价值问题，或者具体而言，偏好问题，是不适宜使用演绎推理的，因为它们不仅是特殊的，而且是多元的；而演绎推理的内在原则，则是普遍的、统一的，"概莫能外"的。作为一种理性思维的模式，严格的演绎不能接受特殊，这恰恰与丰富的社会格局相矛盾。所以，在这类问题上，演绎可能是不适宜的。

再比如，有人提出"中国高校应当尽快实现'资源共享'，替那些好学的以及跨校考研的大学生摘掉'蹭课'的小帽子"。这作为一种价值诉求，没有什么错误。"蹭课"，也一种被许多学校和包括我在内的老师默认和接受的事实。但是，如果有人认为，任何人可以到任何一所学校无偿听课是一种可以从宪法的"受教育权"推导出来的权利，我就认为有问题了。"我要问：我们生活中的一切具体的权利，都是这样通过'演绎法'推出来的，还是通过一个个具体的立法过程确认的呢？"②

——这是我在五年前一篇评论中的话。我的意思是：人的具体权利，可以一个一个地具体争取，但不大适宜从一个抽象的权利表述中用演绎的方法推导出来，因为任何一个具体权利的确认，必然意味着相对一方具体的义务。因此，任何具体权利的确认，必然是在具体人与人的关系中通过博弈和承认过程，逐渐生长出来的。

所以，与价值问题一样，权利问题，至少是具体的权利，可能不适合运用演绎推理。那么，价值与权利之间是一种什么关系呢？我在上面那篇评论中恰好触及到：

---

① 张天蔚：《救狗事件：一个意味深长的结局》，2011年4月19日《北京青年报》。
② 马少华：《高校教育资源能否"共享"》，2006年1月24日《中国青年报》。

我们的心中有许多"应当如此"的价值目标，往往成为我们判断事物的标准和提出权利诉求的理由。这可以理解。没有这样的价值目标，人类就无法进步，权利就不会生长。

　　也就是说，某一种价值观使人们感到自己应当拥有某种权利。于是，他们便向着拥有这项权利的目标而奋斗——无论是通过革命还是立法的方式。如果人们在某一天确实拥有了这项权利，那么，这是奋斗（革命或是立法）的结果，而不是演绎推理的结果。演绎推理可能会在"奋斗"中出现——它往往以鼓动或说服的形式出现。

　　此外，我们还应当注意，现实的、具体的问题可能不是演绎推理能够认识的，而往往更需要归纳推理、类比推理这些面对具体的对象的认识。比如，有评论认为，人是资源的创造者，所以，人口问题不足忧，人口不应当控制。这就是演绎推理的思路。这样的论证，就不足以回应人口对资源的现实压力问题，就其现实的说服性来说，也不能让人们"放心"。因为，它不能回答人口与资源有着怎样的具体关系，以及资源是怎样被创造出来的等问题。后者只能通过人类更为接近具体认识对象的思维方式——归纳推理来完成。

（原载《新闻与写作》2011年第8期）

类比须防不同类，归谬莫到不相干

前不久，一个在媒体评论中引起较大争议的事件，是所谓"偷窥被判强奸"案。由于这个事件的全部真相是逐渐被报道出来的。因此，这里说"偷窥被判强奸"只是给这个议题一个曾经被使用过的标签，而不是对事实的准确概括。由于这个事件涉及到一个有争议的司法判决，所以，法律工作者有话说；又由于这个"偷窥被判强奸"与一般人们的经验、常识和内心的公正感有一定距离，因此，普通公众也有话说。我看到的评论，正是这两种身份的评论作者的论争。论争，而且是在知识背景、思维习惯都不同的两类作者之间进行的论争，这是当代中国新闻评论的典型景观，值得仔细观察和分析。

其中一篇中的两个论证段落是这样写的：

"不少影视剧都有男主角爬上树，然后痴痴呆呆凝望女主角的镜头，配之以煽情的音乐。要是知道这种行为将以强奸罪论处，恐怕再强悍的男主角都会被吓得从树上掉下来。邻居们对李某的印象不错，说他为人和善。至少他相当老实，面对警察，他这样坦白主观意图：'我爬上树，确实想强奸她。'

从判决结果看，这句话就是他涉嫌强奸罪的主要依据。如果他说想找机会拿点东西，可能是盗窃罪；如果他说为泄私愤想砍翻刘某，可能是故意杀人罪；如果他说猴子喜欢上树，上树好看星星月亮，可能会被送去精神治疗。说起来，判1缓1，还算比较轻。"

这篇评论的作者，我即使不说，您也可以猜到是哪一类。他使用的论证方法和效果值得认真分析一下，因为这在当下的媒体评论（包括互联网）中比较典型。

当下中国新闻评论已经发展到了说服性动机比较强烈，因此，也比较重视论证性、逻辑性的阶段。目前在作品中使用的逻辑方法，最常见的可能是类比和归谬法。

类比之所以比较常见，可能是因为它比归纳论推理和演绎推理更容易发动，它比较依赖于在评论所涉及的新闻事件之外作者原来就有的经验和知识。当人们对新闻事件本身的认识缺乏更多、更深入的论证材料的时候，人们就会把与之相类似的其他事物、其他情境引入论证中来。即使对于那些特别讲究证据的法律工作者来说也不能避免使用这种论证方法。

而归谬法之所以比较常见，我想，一是因为它往往诉诸人们的一般经验和常识。归谬法是一种反驳的实用逻辑方法：当人们要反驳对方的观点有一定难度，当双方争议的问题超出了读者的经验范围的时候，一方作者往往采取把对方的逻辑经过抽象之后转移、适用到与一般公众的经验相接的领域，同时将对方的逻辑推到极致——关键是要推到在人们的常识看来显得荒谬的地步。因此，归谬法有这样三个特点：第一，它并不是直接针对对方观点的，而是针对对方的逻辑的，通过反驳对方的逻辑，来反驳其观点，具有一定的间接性；第二，它往往一下子可以置对方于荒谬的地步，在读者那里直接获得的阅读效果特别明显——往往近于"剧场效果"。第三，这种论证方法有类比的因素，即从一个事物转移到另一事物，一个情境转移到另一个情境，因此也像类比那样比较容易发动。因为这些原因，归谬法为评论者所喜欢，尽管一些评论者并不一定意识到使用了这种方法。

但是，这两种论证方法，也都有可能出问题。

类比论证本身就是或然性的。它出的问题一般是，用来类比的两个事物之间相距较远。其中一个事物自身的特定规律，不能用另外一个事物来说明。或者两个事物之间确实有所相似，但你所评论的问题，并不在两者的相似方面，而恰在两者相异的方面。有的时候，作者感觉自己是在进行类比论证，但其实，只是在进行比喻，不能起到论证的效果。这是因为两个事物在本质上没有共性。

而归谬法出现的问题就是：在抽象对方的观点和逻辑的过程中，有意无意地改变对方的观点和逻辑。也就是说，其所推导出的荒谬结论，并不包含在对方的观点与逻辑中，也不能从对方的观点和逻辑中正确地推导出来，实际上是另外设立了一个更容易打倒的靶子。这在逻辑学中，被称作转移论题谬误或者"稻草人"谬误。其本质是"不相干"的谬误。

现在我们回过头来看本文开头所摘录的那两段评论。这是那篇文章的第二、第三段。也就是说，作者在简单地陈述新闻事实之后，没有对新闻事件本身进行进一步的议论，也没有引入关于新闻事实本身的更多的材料，一下子就跳到别的事物中去了。这是当代评论的非专业写作比较典型的一种路子。为什么会选择这种方法呢？一方面是由于新闻报道本身不是很充分，没有提供更多的认识根据；另一方面，则是由于作者不习惯、不肯对事实本身进行审慎的事实判断，而宁愿抓住新闻报道对事实的概括（"偷窥被判强奸"就是一种概括，就像当代对一条交通法规用"撞了白撞"的概括一样，都是耸动视听的概括），或事实的一个枝节（在本文中，比如"上树"和坦白的情节），迅速生发议论。

作者之所以在第二段就迅速转移到"不少影视剧都有男主角爬上树"的情节，可能是因为这个设想的情节与新闻事件相距确实比较远，但却离读者比较近，能够起到接近读者的"剧场效应"。实际上，在我在课堂上对同学们读到这里的时候，果然引起教室里一片笑声。这正是作者要达到的效果。作者要在这样的读者反应中来揭示新闻事实中那个判决的荒谬。但是，由于这样一种"剧场效果"对于作者来说太具有诱惑力了，以至于使他忘记了，他自己设想出来的情节与新闻事实本身之间，已经有太远的距离了，根本不足以构成类比论证。这是贪求"剧场效果"的一种失误。

再下面的一段论证，主要是从新闻事实中当事人的坦白情节而生发议论。作者从事件的报道中抽象出"仅因坦白而获罪"这样一个逻辑，并且把它向四面八方的各种情境推演，得出多个荒谬的结论，以此证明判决的荒谬。这是典型的归谬法。但是，他却有意无意地偷换了论题。因为：坦白，只是报道中交代的一个事实，或者是判决的一个依据。除了坦白之外，还会有其他情节和事实依据。但是，作者在对事件抽象的过程中，坦白这个情节，却成了判决有罪的充分条件，即：只要坦白，必然获罪；你承认什么，就是什么罪。这样一个抽象，已经离事实很远了。因为，他在这里完全忽略了事件的当事人在坦白之外还有其他行为，至少，还有报道中已经告诉大家的行为。这与作者提出的那些完全没有行为，只是随便说出自己所想的虚构情境，是不相干的。

事实上，据最初报道此案的《华西都市报》进一步的报道，那名被判断强奸罪的当事人，不仅是"偷窥"，也不仅是坦白了强奸意图，而且有"相继两次潜入刘某家中，企图与之发生性关系并发生抓扯"的行为。（据2009年4月20日《华西都市报》）

这场针对"偷窥被判强奸"的争议，其实是在关键事实严重缺失的情况下进行的，评论中所做出的许多判断，当然无效。这是当代中国评论中比较典型的一种情况，浪费了大量的资源。它引出的问题是：评论者如何审慎地通过报道认识事实？评论者仅仅依据报道提供的事实而对司法判决进行判断，是否充分？是否有风险？是否负责任？这好像是另外的话题了。

那么，回到本题，尽管一些评论中的判断失误是因为报道缺失所导致的，但评论者本身在思维和论证方法上存在的问题，却不应该忽视，即那种看到事件中某一个突出的特征就迅速离开该事件本身，而转移、扩展到其他事物中的思维习惯和论证方法，并不那么可靠。这种思维习惯，不足以使我们对事件本身保持一种审慎的认识态度，更不足以使我们去更多地了解这个事物本身。一些无效的议论，也就难以避免了。事实上，就在4

月20日《华西都市报》进一步的报道补充了新的关键事实之后,仍然有一些评论以"偷窥被判强奸"的概括来议论司法不公。这正好说明:抓住事件中的一个突出特征转移、扩展到其他事物中的评论思维习惯和论证方法,会使评论作者忽略对事实本身的关注。

(原载《新闻与写作》2009年第7期)

乌木归属争议中的类比论证

今年7月，四川彭州市国有资产办公室正式宣布，当地农民吴高亮在自家承包地中发现的乌木应当归国家所有。此事在媒体上引发争议。因为，那些被吴高亮发现并出钱发掘出来的乌木，据称稳妥人愿意出1200万元从他手里收购，而政府只奖励他7万元。我关注的，则是在这个涉及法律问题的事件中评论的论证问题。

这个案例首先值得注意的一个层次是：针对同一个认识对象，援引、适用不同的法条，得出的结论完全不同。

当地政府的根据是《民法通则》第79条："所有人不明的埋藏物、隐藏物，归国家所有……。"

物权法专家梁慧星教授则根据《物权法》第116条："天然孳息，由所有权人取得；既有所有权人又有用益物权人的，由用益物权人取得。"而"该乌木既不属于化石、矿产，也不属于文物，法院判决时可类推为天然孳息。另外，村民在河道中发现乌木，河道属于国家所有，乌木就应由河道所有权人国家取得。"①

而南京晓庄学院邵建教授不同意上述两个根据。他最终诉诸17世纪英国思想家洛克关于所有权形成的原理："自然加劳动"——实际上诉诸的是自然法。正是根据这样一个大前提，他明确表示那珍贵的乌木应当属于

---

① 据邵建《沉埋的乌木归国家还是归私家》一文对梁慧星观点的概括，2012年7月6日《南方都市报》。

在自家承包地发现乌木的农民自己。也正是根据这样一个大前提,邵建教授在文章结尾明确否定了彭州政府所根据的《民法通则》第79条的合理性,因为它"明显与自然法不合"。

这使我们看到,即使在看起来很专业的法律问题上,以文史研究为专业的邵建教授也并不自动避让"术业有专攻"的法律专家一头。这正是公共知识分子①媒体表达的一个特点。为什么呢?因为事件涉及公共问题,而财产权问题正是当代最敏感的公共问题。因为它往往在政府权力与公民权利相互冲撞的地点发生。

但是,我想,法律专家是不会诉诸所谓"自然法"的;他们在判断一个具体案例时,也不会远溯17世纪英国思想家的理论,因为它们在现实的法庭上没有用。而在并非立法、修法的情境和议题中,他们也不会去否定一个法条本身的合理性。这是因为,日常的司法过程不可能涉及法律本身的合理性问题,而只能以现行的生效法律作为根据。他们只可能引述有现实效力的法律条文及其解释和判例,为公众提供专业的事实判断。

这可能就是在自己专业领域发言的"专家"与并非在自己专业领域中发言的学者在公共意见表达中的区别。后者不可能精熟于那么多具体的法条,他们往往诉诸那些基本的、有着较为明显价值倾向的原理、原则。这个思路的言论可能会在公共舆论中引发共鸣,但不会保证在法庭上胜诉——除非它所引发的公共舆论对法官产生较大的压力。

此外,邵建教授不同意梁慧星教授的观点,他在评论中有这样一段反驳:

我不太理解梁教授这种解释,按此逻辑,河道属国家,河道里打出来的鱼也属于国家吗?固然物权法第46条:"矿藏、水流、海域属于国家所有",可是渔民出海打鱼,那鱼只能属于渔民自己。②

---

① 本文使用"公共知识分子"这个概念没有褒贬倾向,只是指那些在自己的专业领域之外对公共问题发表看法的知识分子。

② 据邵建《沉埋的乌木归国家还是归私家》一文对梁慧星观点的概括,2012年7月6日《南方都市报》。

这是一段在整体上属于归谬法，但其中包含类比因素的反驳。初读之下，我觉得它对媒体受众可能会有很强的说服力。这正是归谬法往往具有的效果。但它在认识和司法实践上是否最终有效，我一时不能确定，因为我觉得这种类比的有效性的一半恐怕取决于法律专业的共识。这是因为在司法领域中，在法律条文并未明确限定的对象上，对法官适用看起来更为保守的"类推"有比较严格的限制，而法律界外的人士为反驳一个观点而选择"类比"的对象时，则可能会走得过"远"，尤其是在追求"荒谬"效果的反驳——归谬法之中。

我把自己这个含糊的判断发在自己的博客上，这引起了一位对论证问题感兴趣的在校学生"柯亭响绝"（网名）的回应：

单从对这篇文章的直观感觉上说，我对它的意见是比较赞同的。它至少说服了我。但是说到老师有疑虑的那个类比，其有效性，也许取决于"河道里的鱼""河道里的乌木"两者间，在相关法条上的相似与差别。这是我在目前知识范围内所无法给出判断的。虽然这个类比很有说服力，但有效性似乎存疑，如果作者愿意给予一些相关的说明，也许会更好些。当然，在使他所论述的问题更直观的这个方面，它的效果应当是较好的。从上下文来看，似乎可以只做比喻而不做类比论证来看，因此我觉得可以判定为有效。

这位同学的回应反映出两点：其一，上述包含着类比的归谬法对于说服一般读者是有效的；其二，它已涉及专业领域，一般公众实际上难以真正做出判断。

这促使我进一步从自己的"专业"——论证——的角度，思考这个类比的有效性。对于类比的有效性的考察，我们一般从用来类比的两个事物之间的相同与相异两个方面审视。

我的疑虑是：海里、河里产鱼，是河海普遍的属性。在这个意义上，河、海其实更类似于收获农作物的田地。而"沉埋的乌木"，并不是河海一般、普遍的产出物。即，产出"沉埋的乌木"，并非河、海普遍的属性，而只是"偶性"。拿一个"偶性"与普遍的属性"类比",我疑心就有点"拟于不伦"。

在这里,我们就可以看到,《民法通则》第79条"所有人不明的埋藏物、隐藏物,归国家所有",它所规定的,正是针对相关事物的"偶性"啊!即,它所规定的并非是河海中的鱼那样通常的产出物,而正是"偶然的产出物"。而"沉埋的乌木",不正是"偶然的产出物"吗?

与此相较,如果这棵乌木是那位农民在自己的承包地里"种"出来的,虽然在土地仍属国家(这是由我国基本土地制度决定的),那么,那棵乌木无疑属于农民。这与他从地底下挖出一段乌木的情境是多么不同啊。

这时候,让我们反过头来想,为什么邵建教授想到用"海里的鱼"作为类比对象,恐怕只是因为那段乌木实际上是在那位农民承包地中的河道里发现的(不管是否真的有水)。但实际上,后者处于"水中"的属性,其实只是它的"偶性",也就是说,乌木通常(即在其生长的意义上)并不是在水中"沉埋"的。"在水中沉埋",并非是乌木的本质属性。而鱼"在水中",并作为渔民常年的收获物,则属于其本质属性。即,在这个类比中,乌木只是在"偶性"上与鱼的本质属性相同;而两者的本质属性,则是相异的。

所以,它们之间的类比恐怕是不恰当的。

关于事物的"偶性",亚里士多德在《工具论》就谈道:它——

既不是定义和特性,又不是种,但也是属于事物;并且,它可能属于,也可能不属于同一的某个体,例如坐的姿势就可能属于也可能不属于同一的某物。白色也如此;因为没有什么东西能妨碍同一个事物在此时为白,在彼时为非白。①

而中国逻辑学家章士钊在《逻辑指要》中则把"偶性"界定为:"凡宾

---

① [古希腊]亚里士多德:《工具论》,中国人民大学出版社,2003年版,第356页。

主相次，义非界说所包者，曰偶性之辞。"[1] 其中"界说"就是指事物的定义。而定义，则反映事物的本质属性。在"界说"（定义）之外的，就不是事物的本质属性。因此，章士钊在《逻辑指要》在"诸悖"（即各种谬误）一章中，专门介绍了"偶性"之悖，也就是从事物的非本质属性中推导出结论的谬误。

在美国约翰·卡罗尔大学教授 Austin J.Freeley 和迈阿密大学教授 David L. Steinberg 合著的《论证与辩论：理性决定的批判性思维》第 10 版中，提供了这样一个问题用以考察类比论证的有效性，那就是：

"用来比较的两个因素是否具有关键性的差异（Critical difference）？"[2]

我们正可以用这个问题来反思上述关于"乌木"与"海鱼"的类比。

（原载《新闻与写作》2012 年第 9 期）

---

[1] 章士钊：《逻辑指要》，三联书店，1961 年版，第 226 页。
[2] Austin J. Freeley & David L. Steinberg: Argumentation and Debate: Critical Thinking for Reasoned Decision making, 10th Edition, p.170, 2000, Wadsworth.

分析一篇表达"立法诉求"的评论

我们正在走向法治国家，社会矛盾的协调，群体利益的诉求，往往需要通过立法（或者修订法律）来实现。因此，对立法的诉求也形成了当代中国新闻评论中一个重要的主题。

不久前，我在课堂上与同学们一起分析的一篇评论《殴打记者应罪同"袭警"》就是一个典型的立法诉求。因为，在一些国家法律中的"袭警罪"是专门适用于针对警察的暴力行为的，如果要让其适用于"殴打记者"，则只能通过立法或者修订法律来实现。显然，这样一个诉求，有较大的争议性。那么，文章就要通过论证来降低其争议性，提高其可接受的程度。

主要的论证在这样两段：

记者的采访权是一种公权，它与普通民众之私权不同，记者是在行使一种公共职能，其采访行为本身是在满足公众的知情权。因而，记者的履行职责也是在执行一种"公务"。不久前宣判的"山西警察进京抓女记者"案，某媒体记者的身份即被法院判定为"国家工作人员"。既为国家工作人员，那么，记者的正常采访行为就应被认定为是在"执行公务"。

既然记者采访也是"执行公务"，那么从本质上来说，正常的新闻采访和警察的调查办案就没有什么区别，殴打记者，就是妨碍公务，其罪行就当如同"袭警"一样论处，强行抢夺记者的相机、录音笔，其性质就和抢夺警察手中的枪支一样。

这是前后相继的两层论证，呈现出"递进"的特点：第一步先要论证记者的采访是在"执行公务"。然后便是在"执行公务"的层面上拿记者与警察进行类比。

那么，这样的论证是否充分呢？

第一步的论证落在"公权"、"公共职能"、"执行公务"等一系列概念的判断上。其论据是记者的"采访行为本身是在满足公众的知情权"。在这里，"公众"之"公"与国家之"公"，已被作者有意无意地混同。"公权"的概念被泛化了。另一个具体的论据——某媒体记者"被法院判定为'国家工作人员'"，其论证效力也比较弱，因为山西法院对一个具体案件的判决，难以给全国记者"定性"。

接下来是拿记者与警察类比：它们两者都有"执行公务"的属性，所以当他们人身遇到侵犯时，也就应当都具有被法律以"袭警罪"来保护的属性——这符合类比推理的规则。

但是，为什么要以"执行公务"作为前提，以"执行公务"这个共同的属性进行类比推理呢？"执行公务"这种属性，与遭到暴力袭击的情境之间具有怎样的关系呢？显然，并非只要"执行公务"就一定遭遇袭击。遭遇袭击的可能性更大、频率更高，是警察的一种特殊属性，而不是"执行公务"的普遍属性。

那么，能否以"频繁遭遇袭击"的属性作为类比推理的前提，推导出上述结论呢？我们发现，这篇评论恰恰缺少这方面的论据，即记者采访遭遇袭击的可能性与频率与警察接近。实际上也不可能有。

其实，尽管警察是一个经常面临暴力威胁的职业，近年来袭警案件频繁发生，但我国刑法和《人民警察法》中现在尚无"袭警罪"的罪名。近年来一些增设"袭警罪"的立法建议也遇到争议——主要是担心如果设立袭警罪，会使警察权限扩张，导致警察滥用这一罪名。因此，以"袭警罪"来保护记者的前提并不存在。

记者——从一个满足公众需求（知情权）的职业，到"公共职能"、"公权"，再到"执行公务"，即使我们接受这篇评论中这一连串有意无意间模糊概念之间边界的推进，这个职业和这群人仍然离警察比较远，离现在尚没有写入法律的"袭警罪"比较远，尽管记者可能比常人更多地遭遇暴力。

这篇评论反映了当代中国"立法诉求"的一种典型思路，即：通过类比的方法，呼吁为一个特定的人群增加权利——把一个群体的权利推广到另一个群体。这种向法律诉求增权的需求是可以理解的。但是，这篇评论也反映了这种论证方法所容易犯的毛病，即：尽可能地模糊不同事物、不同概念之间的界线和各自的特殊性，以至于在相同、相近的词语之间偷换概念。

（原载《新闻与写作》2010 年第 1 期）

归谬法中的类比思维与抽象思维

在当代争议性的新闻评论中，归谬法是运用较多的反驳方法。我对它的观察也逐渐深入。

不久前的一篇评论中有这样一段：

就连一位据说颇有知名度的专栏作家也在微博里说，教授下跪"不仅毫无作用，而且违宪了。宪法第三十八条'中华人民共和国公民的人格尊严不受侵犯'。"作家如此使用宪法里的这一条款真让人瞠目结舌，按此定义，公民为某事懊悔自抽一耳光，也要算是"违宪"？①

显然，作者在这里运用的正是归谬法。即作者为了反驳"下跪违宪"的观点，姑且把它作为推论的前提，推导出"自抽耳光就算违宪"的荒谬结论。

这个案例使我联想到马克思"打耳光就是杀人"的那个著名归谬法，以及在教学中同学所感到的困惑。

马克思的评论涉及是当时莱茵省议会关于林木盗窃法的讨论。"辩论一开始，就有一位城市代表反对法案的标题，因为这个标题把普通违反林木管理条例的行为也归入'盗窃'这一范畴。一位骑士等级的代表回答说：'正因为偷拿林木不算盗窃，所以这种行为才经常发生。'"

马克思对此评论道：

照这样推论下去，同一个立法者还应该得出这样的结论：正因为打耳

---

① 《"跪谏"也算一种理性行为》，2011 年 11 月 4 日《南方都市报》。

光不算杀人,所以打耳光才成为如此常见的现象。因此应当决定:打耳光就是杀人。①

我在论证分析课上讲到这个案例的时候,曾有一位研究生提出质疑:"打耳光与偷拿林木有什么关系呢?这是用类比的方式,但相隔太远。我发现不了它俩之间的相关性和这种类比的正当性。你怎么能从后面一个命题的错误倒推出前边的命题也是错误的呢?"

其实,马克思反驳的不只是某个对象,而是一个原则,即:一件不应当出现的事情之所以发生,是因为没有严刑峻法来惩治。由此推出严刑峻法是解决一切罪与非罪问题的良方;不管人的行为的严重程度有多么不同,一律处以最严重的处罚。比如,不仅用死刑来防止谋杀,也用死刑来防止盗窃。很显然,这样的原则与"罪刑相称"的法治原则是相违背的。

显然,在这个归谬法的运用中,有一个抽象思维的过程,即将"正因为偷拿林木不算盗窃,所以这种行为才经常发生"这个判断抽象为一个错误的法律原则,然后再适用到"打耳光"这个不同的情境中去。同学的困惑,是因为只看到了不同情境的类比,却没有看到抽象的思维过程。

相较而言,"自抽耳光就算违宪"的归谬法,要比"打耳光就是杀人"的归谬法似乎更容易接受。这是为什么呢?

这可能是因为,"打耳光就是杀人"的归谬法,是把"正因为盗取林木不算犯罪,所以盗用林木才成为经常发生的事情"这个错误的判断转移到了一个不同的情境推导出来的。在转移的过程中,不仅有类比思维过程,更有抽象的思维过程。在类比的思维过程中,两种情境相距较远。这就要求读者更多地从抽象的层面理解,即更多地从两个判断同样的逻辑、原则方面来理解。难度因此而增大。

而在"自抽耳光就算违宪"的归谬法中,虽然也从"下跪"转移到

---

① 马克思:《第六届莱茵省议会的辩论(第三篇论文)》,《马克思恩格斯全集》第1卷,人民出版社,1995年版,第241页。

"自抽耳光"，换了一个情境，但这两个情境相距不远，如果抽象一下来说，它们都是一个人"自罚"或"自辱"的一种形式——没有离开一个人自己的行为。因此，这样的归谬法看起来更容易接受。

在这个分析中，我感到，虽然教科书把归谬法看作是"演绎反驳"[①]，但在归谬法的实际运用中，往往需要一种类比的思维过程。因为，只有通过类比，把论题的情境转移到另一种更接近、更容易看清楚的情境中，论题中所包含的荒谬性，也才更容易看得清楚。

而类比思维中，就存在着两个事物的距离问题。距离近的，理解起来就容易一些，可接受程度就高一些；而距离远的，理解起来就要难一些，还会被人认为是类比不当。其实，归谬法不仅依赖于具象层面的类比，还依赖于抽象层面的演绎。只是由于类比更接近人们的日常思维，更容易被人们看出来，所需要的理解力和精神投入较少，所以，归谬法中类比的特征可能会显得更为突出。

其实，只要类比，都需要抽象，即超越事物个别的特征，而找到同类之间共同的属性。两个事物距离较近，抽象的层次就会低一些；两个事物相距较远，所需抽象的层次就要高一些。自然，抽象度越高，理解的难度就会加大。就如把梨树和苹果树都抽象为"树"，就比较容易理解；而把课本和老师都抽象到"教育资源"的层面，理解的难度就要大得多。因为课本和老师之间的距离，比梨树和苹果树之间的距离要远得多。

（原载《新闻与写作》2012 年第 2 期）

[①]《普通逻辑》，上海人民出版社，1979 年版，第 274 页。

"活熊取胆"争议中的媒体失误

当代公众议题中的争论，时时出现说服行为，自然也难免出现与之相伴的逻辑谬误。这些谬误有的是有意识的，有的是无意识的，但经媒体传播之后，都可能对社会公众产生消极影响：其直接的影响，是对公众的关注产生偏离性的引导；其长远的影响，则是在社会中固化一些错误的思考路径。所以，在这个问题上，重要的并不仅仅在于分析和揭示那些处于舆论旋涡中的当事人的话语谬误，更在于揭示媒体操作中的认识误区。

一、"你又不是熊"的误区

在 2012 年初，从活熊体内抽取胆汁生产药用熊胆粉的福建药企"归真堂"谋求在国内创业板上市，引发舆论激烈争议。针对归真堂董事"它本身就是无痛的"的言论，有记者质问："你怎么知道它不痛？"归真堂董事则反问："那你怎么知道它痛呢？"[1]

这一段对话，在报纸的报道和后来的转载、引用中被加入了"你又不是熊"的前缀，不仅增加了话语的戏剧性，也由此让人们联想到庄子与惠子"濠上之辩"中"子非鱼，安知鱼之乐？"的反诘[2]——一个似乎千古无解的难局。

---

[1] 据 2012 年 2 月 27 日中央电视台《看见》节目"归真堂创始人哭诉：早知这样就不搞上市"实录。
[2] 《庄子·秋水》。

但实际上,加上"你又不是熊"这样一个"戏剧性因素"的报道是有消极的影响的,因为它不仅把受众的关注带入了认识误区,也扭曲了这一对话中存在的谬误的重点。此后网络跟帖中甚至出现了"你又不是人,你怎么知道……"的戏谑话语,正反映了"你又不是熊"带来的戏剧化接受效果。

尽管疼痛是一种当事者(无论是人、鱼还是熊)的主观感受;但它是否客观存在,其实并不仅仅依据主观陈述(显然,熊、鱼都缺乏这种陈述能力),而是可以通过客观的科学观察、检测确认的。比如,有评论指出,在美国人工流产的争议中,法院曾判决进行胎儿痛感测试。胎儿虽然与熊、鱼一样,是没有表达能力的,但是,"在对19周胎儿的实验中,胎儿受到针刺感到疼痛后会退缩。""成年人在感到疼痛时会分泌两种紧张激素,可的松和β-内啡肽。而胎儿在感到疼痛时所提取的血样中也发现了这两种疼痛紧张激素。"①

因此,报道把"熊疼不疼"的问题局限在"你又不是熊"的主体障碍上,本身就是一个认识论上的陷阱,即它以表达主体(熊)的能力问题置换和遮蔽了认识主体(人)的能力问题。它使我们倒退两千年,完全排除了人类当代认识能力的进步。

我们应该看到,针对记者的质疑,归真堂方面反问"你怎么知道它痛",实际上是在转移自己的论证责任,这才是其在对话和论证中谬误的本质。荷兰著名论辩学家爱默伦所列举的十项论辩规则的第二项即为"举证责任规则",它表述为:"如果提出立场的一方被要求为立场作辩护,他就负有辩护义务。"② 也就是说,问题的本质并不在于"你是谁",而在于"你有责任论证自己的主张"。而加上"你又不是熊",则在一定程度上遮蔽这

---

① 张田勘:《活熊取胆真的很舒服吗?》,2012年2月20日《南方都市报》。
② [荷兰]弗兰斯·H.凡·爱默伦、弗兰西斯卡·斯·汉克曼斯:《论辩巧智——有理说得清的技术》,新世界出版社,2006年版,第111页。

个谬误。

此外，如果以（记者）"不知道熊疼"这样一个论据，来论证"熊不疼"这个论点，这也犯了"诉诸无知的谬误"。所谓"诉诸无知的谬误"，"并不是诉诸一个人的愚蠢，而是诉诸没有证据'证明'一个命题为假的事实来表明该命题是真的，或者至少是被强有力地支持的。"[①]

当然，记者如果用"你又不是熊，你怎么知道熊不痛？"来论证"熊痛"，那么，也是犯了"诉诸无知的谬误"。只是，由于归真堂一方面对公众质疑，首先提出"熊不疼"的论点，因此，他们首先有责任论证"熊不痛"。而记者首先提问："你怎么知道它不痛？"其合理性的方面，是要求对归真堂对其"熊不痛"的论点给出论据；但其不合理的地方，就是太容易把人们带入"子非鱼"的认识误区，因这句话直接暗示的是人类个体的感性认识的局限。归真堂董事的反诘"你怎么知道它痛"，也正是在这种暗示下做出的回应——他们共同暗示给受众一条不通的认识之途。

"你怎么知道它不痛？"——一个本来对举证责任的合理要求，因为没有用清晰的话语表达出来，就这样被引向了一个话语僵局。这可能是因为，这句话显得更生动，更显得机巧，更有潜在的戏剧性。它的戏剧性预期，果然在后来的社会接受尤其是网络接受中得到了回报。但一条清晰的认识路径却被遮蔽了。

二、"痛不痛"缩小了议题

此外，"熊痛不痛"这个被媒体炒得很热的争议本身，实际上缩小了论题。而与此相较，"活熊取胆"或"无管引流"对熊是否有害，才是更接近要点的议题。因为"痛"，不见得有害；"不痛"却不见得无害。"痛"固然可以论证有害；但"不痛"却不能论证无害。从论证的角度来看，把

---

① 加里·R.卡比、杰弗里·R.古德帕斯特：《思维——批判性和创造性思维的跨学科研究》（第4版），韩广忠译，中国人民大学出版社，2010年版，第234页。

"是否有害"的争议缩小为"痛不痛",是有利于归真堂一方的,因为,这样一来,他们要"防守"的面就小得多了,其论证责任和难度也要小得多了。

归真堂邀请各界参观"活熊取胆"的公关策略,正是在"痛不痛"这个缩小了的议题之下进行的。结果,上百名中国境内记者在归真堂药业股份有限公司首个开放日实地探访,现场参观的记者表示:"熊爬进箱子里边吃东西,边被取胆汁,一声不吭,光顾吃了,一点没有痛苦的样子。"[①] 因为"痛不痛"更容易从更"直观"的角度得出结论。而"是否有害"则难以从直观的印象得出结论。

媒体对此不察,跟随着归真堂进入熊是否"疼"的争议,有的报纸甚至用"熊疼吗?"作为一版标题,可能是因为疼痛感能够引发读者的感性反应——疼痛是感性的,而"有害"则不是感性的。媒体在传播策略上贪图感性的接受效果,为此付出的代价却是:缩小了议题,在说服策略上做出了有利于对方的让步。同时也缩小了公众的关注视野。

(原载《新闻与写作》2012年第5期)

[①] http://finance.eastmoney.com/news/1344,20120222192788778.html.

选言判断中的论题迷失

今年春节期间烟花爆竹的大量燃放,将刚刚开始发布的北京市综合监测实验室 PM2.5 实时监测数据大幅推高。在去年末围绕着"PM2.5"空气监测标准所引发的环境焦虑背景下,燃放烟花爆竹的问题再次引起了舆论关注。其中有一篇评论《"喜气"和"毒气",不应是"两难"》①,在网上广为传播。但我读之后,总感到其中存在着评论写作中的某种普遍问题。在这里提出来与大家共同探讨。

文章以"喜气"指代燃放烟花爆竹所创造的节日气氛;以"毒气"指代燃放烟花爆竹所造成的空气污染。显然,人们面对的现实困境是:增加"喜气"就难免接受"毒气",而要减少"毒气"就难免减少"喜气"。这就是所谓"两难"。

在这个"两难"困境中,真实的问题是如何选择。从逻辑学的角度看,这是一个"不相容的选言判断"情境。所谓,"不相容",指的是两个"选言支"的关系是不相容的,比如,"要么是唯物主义,要么是唯心主义";或者生,或者死,不可兼得。在这里,表面上的"毒气"与"喜气"的难局背后,其实是"毒气"(即燃放烟花爆竹)与人们的健康不相容,与人民的长远利益不相容。解决选择性问题依赖于我们自己的价值判断。在"要么是'毒气',要么是健康"的不相容选言判断中,我们只能选择健康,而放弃"毒气"。我们也由此可能通过牺牲了一些"喜气",而解脱于"两难"

---

① 2012 年 1 月 25 日《新京报》。

之境。至于是由政府"禁放"还是人民自觉"不放",则是另外的问题。

而这篇文章提出的思路则是:

"这些'毒气'与老百姓需要的'喜气',是否只有'矛盾'一种结果,是否除了禁放就没有其他可以选择的余地了?"

从形式上看,作者显然怀疑人们所面对的是一个真实的不相容选言判断情境。对于不相容选言判断情境的怀疑,往往是有道理的。它正是批判性思维的一种能力。因为,我们生活中看到或听到的一些"要么……要么……"情境,可能是虚假的不相容选言判断情境,即并不是非此即彼,而可能两种选项共存,或者存在第三个选项——这被称为"非此即彼谬误",是附着于选言推理形式的"非形式演绎谬误"的一种。比如,"为了使顾客购买产品,推销员可能说,'打折今晚结束,要么你今晚买,要么就得付零售价值。我不希望看到那种情况发生。'推销员遗漏了很多其他选择:比如你可以等待这个商店的下次打折,你可以选择根本不购买这款产品,你可以去其他商店购买……"①

那么,既然那篇文章的作者似乎怀疑在燃放烟花爆竹的问题上,我们不一定面对的是真的选言情境,他给出的理由又是什么呢?

"首先,燃放烟花爆竹释放的'毒气',到底会给市民的身体健康带来多大影响,这是需要有关方面用详尽而通俗易懂的数据来解释和说明的。仅仅用PM2.5这样的数据,是很难让他们真正认识到其危害的。"

从上文看,这个思路,似乎是"禁放"之外的一种选项,其实它只是要求给"禁放"提供充足理由;或者说,它同时也是人们下决心自觉"不放"的理由。也就是说,政府的"解释和说明"以及人民对燃放烟花爆竹危害的知晓程度,其本身都不是"禁放"之外的选项,甚至可能与"禁放"无关。"禁放"与"不放"在强制性上虽有所不同,但它们都是放弃"毒气"

---

① 加里·R.卡比、杰弗里·R.古德帕斯特:《思维——批判性和创造性思维的跨学科研究》(第4版),韩广忠译,中国人民大学出版社,2010年版,第212页。

的选项,而不是在此之外的选项。

过去政府禁了又解禁,原因无非是人们为了"喜气",而宁愿为付出接受"毒气"的代价。即政府把选择权还给了人们自己。在燃放由火药制造的烟花爆竹的前提下,"毒气"本身是不可能解决的;需要做出选择的,也正是人们自己。在当代,涉及环境保护的问题,许多都是"不相容"的选择问题。选择本身不可避免。想要诉求某一种方法或某一种权威,以取消、绕开、解脱出"不相容"的选择困境,是一厢情愿的事。

作者提出的第二个思路是:

"这么多年来,有关方面、科研部门是否想过改善和优化的办法和措施呢?譬如推广'绿色烟花爆竹'等,这也可以将'毒气'与'喜气'紧密结合。"

所谓"绿色烟花爆竹",仍然是人们的选择问题。它实际上正是"不放"这个选项,是在人们做出了"不放"基础上的一种替代性选择。这个选项,实际上是放弃了"毒气",而并不是文章中的什么"将'毒气'与'喜气'紧密结合"。

从价值上看,如果人们愿意放弃"毒气"的话,"喜气"和"毒气"当然不会是"两难"。因为,人的身体健康和节日的欢乐气氛之间孰轻孰重是不难判断的。但是,如果你从一开始就把"毒气"界定为燃放烟花爆竹所增加的空气污染,而且并不认为这些"毒气"与老百姓需要的"喜气"之间只有"矛盾"一种结果,但到了后来却又提出一种根本没有"毒气"的选项来"解决"这种矛盾,从论证的角度来说,就是偷换论题了。它回避了由作者自己提出的,而且是现实存在的矛盾。因为,如果你"放"的不再是现在这样带有"毒气"的"烟花爆竹",也就不存在什么"矛盾",不存在你说的"两难"了。也就是说,你的认识对象已经不再是本来那一对具有矛盾关系的事物了。

在作者所设定的"两难"之境中,实际上是以"毒气"和"喜气"共同存在为前提的"两难"。如果"毒气"不存在,即人们已经放弃了燃放烟花爆竹，也就不存在"两难"之境了。但作者"解决"这个难局的途径，却恰恰是取消了这个前提，即以人们已经放弃"毒气"作为前提。

也就是说：当一个人提出"喜气"与"毒气"并不一定是一对矛盾这样一个论点的时候，他用来论证的理由，却是"喜气"与"非毒气"并不是一对矛盾。这不是偷换论题吗？"偷换"这个词听起来不太好，好像是故意的。其实作者不一定是故意的，而更可能是在论证是"迷失"了原来的论题。

虽然人们往往说评论写作要"提出问题，分析问题，解决问题"，但实际上，评论并不能"解决问题"，或者说，评论能够"解决"的只是"认识问题"。而实践中的问题仍然要在实践中解决，不可能期望凡是在认识中解决了，实践中就能迎刃而解。燃放烟花爆竹所带来的空气污染问题，正是这样一类问题。与此类似的，还有禁烟、戒烟的问题，都是知易行难。评论当然可以通过影响人们的认识来影响人们的行为。但是，如果把解决这个问题的前提悄悄——或不知不觉地——改换为这个问题"已经解决了"，这在逻辑上正是偷换论题，或者说是"论题迷失"。

这篇评论所得出的具体诉求本身是没有错的——包括政府应更为具体地宣传燃放烟花爆竹的危害，以及开发、推广烟花爆竹的替代品，等等。错在论证之中。这也是评论中比较典型的一种错误。长期习焉不察，就会让人们在不知不觉间接受一种错误的思维方式。

（原载《新闻与写作》2012 年第 3 期）

诉诸无知的谬误与举证责任的规则

近来媒体上关于方舟子质疑韩寒作品由他人"代笔"的论争，我并没有太多的关注。但不管真相如何，它作为一场论争，其中包含的论证因素，正是我们学习评论的人应当留意观察的。论争一方的学者彭晓芸的几篇文章，因为包含着逻辑学和批判性思维的敏锐辨识力，尤其引起了我的关注。但是，她的一篇《不要再犯"诉诸无知"的谬误了》①，却使我有些疑虑。我感到：她对"诉诸无知的谬误"的理解，从逻辑的原理来说是正确的，但是，彭文将其适用到方、韩之争的判断上，并由此认为"现在不要再拿缺乏证据作为证据来反驳了"，却似乎是有问题的。

从逻辑学的角度来说，"诉诸无知并不是诉诸一个人的愚蠢，而是诉诸没有证据'证明'一个命题为假来表明该命题是真的。……或者，相反，它表明有些东西是假的，或者可能是假的，因为没有被证明为真。但这样的推理是不合理的。例如我们不能证明天使不存在，但并不意味着它们存在。"②

彭晓芸女士将韩寒一方"只要你不能证明我是错的，我就是对的"的论证方法指为"诉诸无知的谬误"，这个判断本来不错，因为，"我是对的"这个论点，不能以"不知道我是错的"这样一种"无知"作为论据，而需

---

① http://pxyblog.blog.sohu.com/202739946.html.
② 杰弗里·R.古德帕斯特，加里·R.卡比：《思维——批判性和创造性思维的跨学科研究》（第4版），韩广忠译，中国人民大学出版社，2010年版，第234-235页。

要另外举出能够证明自己是正确的论据。但是，尽管如此，在论辩场上，需要证明韩寒是"错"的举证责任，却仍然在提出质疑韩寒的一方，而不能"倒置"给韩寒。在法律上，在论辩学中，遵行的原则是"谁主张谁举证"。

由此我们可以看到，逻辑学和批判性思维中的"诉诸无知的谬误"似乎与"谁主张谁举证"的举证责任规则相互对立。真的是这样吗？

实际上，作为一种谬误的"诉诸无知的论证"与"举证责任的误置"往往相连，它们是一个事物的两面。比如，有这样一个例子：

假设摩尔问帕克："嘿，你知道吗，如果你用红酒搓揉头部，你花白的头发会重新变成一头黑发。"

帕克当然会说："胡扯。"

我们再假设，摩尔接着说："胡扯？嘿，你怎么知道这没用呢？"

有学者认为："摩尔的问题很奇怪，因为举证责任在他，而不在帕克。摩尔把举证责任误置于帕克，这是一个错误，一个谬误。"[1] 同时，"摩尔"其实也犯一个典型的"诉诸无知的谬误"——即他以"不知道没用"来证明"有用"。

再比如：

比尔断定，"在这个国家，医疗费用激增的最大原因是不必要地介绍病人去做昂贵的医疗检查"。然后，芭芭拉要比尔解释为什么他相信这种情况。而比尔回答道："你能举出任何证据来否定它吗？如果你不能，那就是这样"。[2]

比尔被学者认为是犯了"转移举证责任的错误"。而他犯的其实也同样可以说是"诉诸无知的谬误"——即以（对方）不能举出这种说法为错

---

[1] [美]布鲁克·摩尔、理查德·帕克：《批判的思考》，余飞、谢友倩译，东方出版社，2007年版，第212页。

[2] [美]文森特·鲁吉罗《超越感觉：批判性思考指南》（第8版），顾肃、董玉荣译，复旦大学出版社，2010年版，第159页。

的证据来证明它是对的。

但是，如果更进一步认真思考的话，我觉得，"诉诸无知的谬误"所包含的逻辑学原理与"谁主张谁举证"的举证责任规则，两者分别产生于不同领域，也适用于人们处理纠纷的不同层面；当它们发生冲突的时候，需要我们结合具体情况，认真处理它们之间的效力关系。

我认为："诉诸无知的谬误"所揭示的论证规则，是普遍的，因为它反映的正是人类千百年来通过无数认识活动所摸索到的正确思维的规律：在任何情况下，不能把"不知道"作为"知道"的证据。它同样适用于任何辩论情境。

而"谁主张谁举证"的举证责任规则，则是适合于具体的辩论情境的公平原则。与"诉诸无知的谬误"所反映的人类正确思维的规律——它不以人的意志为转移——有所不同，"谁主张谁举证"的举证责任规则，完全是"人为"的制度安排，它着眼的是基于人的能力的公平考量，它也完全可以"人为"地改变。

比如，在行政诉讼程序中，法律就把举证的责任"倒过来"，不再是"谁主张谁举证"了，而是要求被普通公民告诉的行政机关来拿出自己没有做出普通公民告诉的行为的证据。这与"诉诸无知的谬误"所反映的认识规则并不冲突，因为，在认识上，虽然作为原告的公民一方不能以自己的"无知"（即难以举证）作为行政部门一方"有罪"的根据；但同样，行政部门一方也不能以公民的"无知"（即难以举证）作为自己"无罪"的根据。在这里，不适用刑法上的"无罪推定"。行政机构是否真的存在公民一方所诉的行为，在认识上是被"悬置"的；但是，在法律上却规定了行政一方承担举证不利的责任，即可能败诉。

正是因为法律一般适用于谁主张谁举证的举证规则，所以，在刑法中，当检察机关没有证据证明当事人有罪的情况下，当事人即被法律"推定"无罪，他无须承担证明自己无罪责任。这就是世界刑法中普遍适用的"无罪推定"原则。这个原则是一种倾向于保护公民权利的制度安排，尽管在认识上，不能证明当事人有罪本身，并不能证明当事人无罪。这里的"无罪"，并非是认识上的真理，而是法律的制度安排，即，它不是"认识性"的，而是"程序性"的。一个人到底有罪无罪的认识问题，因为可能没法搞清，其实是被法院悬置了，这不是对"事实"的认定，而只能是司法的认定。这个原则的确可能放掉坏人，但却在更大的可能上保护了无辜的人。所以，这是一项进步的司法原则，我国自 1997 年刑法修订以来已经采用。彭文说"无罪推定的逻辑基础其实就是诉诸无知"，容易造成人们对"无罪推定"原则的负面理解。

"谁主张谁举证"的普遍规则也反映在一般论辩规则上。荷兰著名论辩学家爱默伦所列举的十项论辩规则的第二项即为"举证责任规则"，它表述为："如果提出立场的一方被要求为立场作辩护，他就负有辩护义务。"而其第九项"结束规则"则表述为："立场辩护失败必然导致正方收回立场，而立场辩护成功必然导致反方收回质疑。"①

根据这两个规则，韩寒一方自然有理由说："你不能证实你的观点，所以你不能再说韩寒有代笔了！"而韩寒一方的这个理由，却被彭文指为"诉诸无知的谬误"。而在我看来，尽管从逻辑规则的角度来看，"缺乏证据"不足以作为"韩寒没有请人代笔"这个论点的论据，但从论辩规则的角度看，这完全可以作为韩寒一方要求质疑者承担举证责任的理由。

"诉诸无知的谬误"所包含的逻辑原理与"谁主张谁举证"所体现的举证责任规则之间的关系，本质上是人类思维的一般规律与人类解决纠纷的具体规则之间的关系。前者在任何地方也不能被否定，但在认识遇到困难时可以暂时悬置；而后者则往往被优先适用。这是因为，亟待解决的问题，往往是人与人之间具体的纠纷，而不是认识问题。

所以，分清楚这两个不同规律（规则）的来源与适用范围，我们就可

---

① ［荷兰］弗兰斯·H. 凡·爱默伦、弗兰斯卡·斯·汉克曼斯著：《论辩巧智——有理说得清的技术》，新世界出版社，2006 年版，第 111、132 页。

以看清"代笔门"论争中的不同规则之间的关系与相关各方的责任了：首先，质疑韩寒作品由人"代笔"，是方舟子提出的论点，那么，举证责任当然由方舟子一方来承担。如果这一方举证不利，则按照爱默伦的辩论规则，不应再坚持自己的论点了。在这里，举证责任不能倒置，不能让韩寒承担自己没有代笔的举证责任，因为这是两个平等的普通公民之间的论争——或者走到民事诉讼。上面我说过了，"举证责任倒置"只是行政诉讼程序中的特例，它缘于作为被告的行政机关和作为原告的公民个人之间在举证能力上的明显差异。

当然，从逻辑上说，韩寒也不能以别人不能举出自己"代笔"的证据来论证自己"没有代笔"。但是，这一逻辑原则就需要特别小心地适用了，因为它其实可以适用于所有人。在逻辑上，所有人都不能以别人不能举证自己作假来论证自己没有作假，否则，在形式上，就符合"诉诸无知的谬误"。那么，为什么在日常生活中大家不把这看作是一种"谬误"呢？因为，这正是一种普遍的社会规则，它叫做"信任优先"——就是在没有证据证明为假的情况下，我们首先"应当相信"为真。否则，所有人都会处于不被信任之中，每个人要为自己的真实性付出许多论证成本，社会心理就没有安定的一天了。在这里，我们已经接受的"社会规则"优先于"逻辑规则"，尽管我们不能否认，那个被我们忽略的"逻辑规则"其实才是更为正确的。

这个案例告诉我们的是：无论在评论中，还是在比评论更广阔的论辩情境中，除了"谁是谁非"的认识问题之外，我们还应当尊重"谁先谁后"的程序问题；在尊重"逻辑规则"之外，还需要尊重"社会规则"。

（原载《新闻与写作》2012 年第 3 期）

"正如"、"就像"起什么作用？

在新闻评论中常常可以看到这样一种方法：当作者对一类事物的关系做出判断之时，为了减轻读者理解的难度，便引入另一类与读者更为接近的事物加以说明。比如，前不久，《通用规范汉字表》面向社会公开征求意见，引发了一些争议，一篇题为《"板子"不应打向专家》的文章，其中有这样一句：

"专家就应该实事求是，一切按照真正的科学原则办事，不能因为社会上大多数民众已经习惯了一些错误的写法，就认可这种写法，正如专家不能因为许多人喜欢随地吐痰就证明随地吐痰有其合理性一样。"

在这一段中，前半段（专家是否认可大多数民众"写错字"）有争议，后半段（专家是否认可大多数民众随地吐痰）无争议。作者正是想用读者无争议的后一种情况来降低对前边那个有争议的判断的理解。但是，这两种情况其实是不同性质的，因为文字变革的历史规律中包括了"从众"的规律。这与认可随地吐痰的性质完全不同。

我国当代著名政论《实践是检验真理的唯一标准》中有这样一句：

"思想、理论自身不能成为检验自身是否符合客观实际的标准，正如在法律上原告是否属实，不能依他自己的起诉为标准一样。"

那么，这种议论手法是什么性质的呢？我认为，基本上是比喻，而不是论证，尽管在两类事物比较相近的时候，它看上去像是类比论证。这是因为：第一，这种手法中呈现的一般是两类不同事物的关系。作者为了方便读者理解，所选择的其中一个事物往往离读者更近，但却因此离他原来的命题更远。两个相隔较远的事物，不能互相论证。第二，在文章中，作者命题的成立并不依赖于这种手法，即：作者提出的命题或者因为可接受程度较高，因此无须论证；或者因为可接近程度较低，因此已在文中进行了论证。

比如，在上面列举的《实践是检验真理的唯一标准》一文中，"思想、理论自身不能成为检验自身是否符合客观实际的标准"这一句判断，是由其前面一段较长的论证得出的：

实践不仅是检验真理的标准，而且是唯一的标准。毛主席说："真理只有一个，而究竟谁发现了真理，不依靠主观的夸张，而依靠客观的实践。只有千百万人民的革命实践，才是检验真理的尺度。"（《新民主主义论》）"真理的标准只能是社会的实践。"（《实践论》）这里说："只能"、"才是"，就是说，标准只有一个，没有第二个。这是因为，辩证唯物主义所说的真理是客观真理，是人的思想对于客观世界及其规律的正确反映。因此，作为检验真理的标准，就不能到主观领域内去寻找，不能到理论领域内去寻找……

——这才是论证。可能正是因为这一段推理论证抽象程度较高，所以，作者才在这一段论证之后，适时地加入另一个情境——"正如在法律上原告是否属实，不能依他自己的起诉为标准一样。"这个情境太具体了，以它作为前提是不可能单独论证"思想、理论自身不能成为检验自身是否符合客观实际的标准"这样一个普遍的抽象命题的。

一般来说，在政论或新闻评论中，抽象的推理，往往辅之以形象的比喻，但是，比喻不能代替论证，在重要的判断和命题上，艰苦的论证工作，往往是省不了的。比如，本文第一个例子，它所面临的认识问题就是：如何看待大众应用与专家规范之间的关系，如何看待"通行"因素对文字标准的影响，这都要从字体发展的历史中寻找材料来论证，而不能以"随地吐痰"的是非来简单代替。

马克思在著名的长篇政论《第六届莱茵省议会的辩论（第一篇论文）》

中有这样两句：

"新闻出版自由不会引起'变动的局势'，正如天文学家的望远镜不会引起宇宙系统的不断运动一样。"

"法律不是压制自由的手段，正如重力定律不是阻止运动的手段一样。"

显然，马克思不可能用天文学家的望远镜和宇宙系统的关系来论证新闻出版自由，也不可能用物理学中的重力定律来论证法律与自由的关系。

（原载《新闻与写作》2009年第10期）

哪一种修辞没有论证性？

2012年年末，经济学者秋风发表评论《没有正当性的高效率，根本就不是效率》，文章借中央经济工作会议确定的"合理确定发展目标，……切不可盲目追求高速度"的精神作为新闻由头，批评了若干年来各地盲目追求速度所造成的社会危害。文中有一个段落修辞的效果耐人寻味：

在汉语中，"快"也有另一个意思：锋利。而锋利的东西是很容易伤人的。官员们运用手中巨大的权力拼命追求高速度增长，权力就必然与民众的权利、利益发生直接、广泛的关系。比如，在政府主导的城镇化进程中，为了在最短时间内改造城市面貌，提高GDP增长速度，一味以只争朝夕的精神，以最快速度制定规划，进行拆迁或征地，则被拆迁户和被征地农民的权利和利益很容易被忽视，甚至遭到侵害。这样的"快"就不仅仅是萝卜快了不洗泥，而是直接以锋利的权力之刀切伤民众。①

在上学期的评论课的期末考试中，我请同学们"分析这篇文章中的一个重要的修辞，并评价其效果"，一些同学注意到了这一段在全文结构和节奏中的特殊作用。

这是因为，在此段之前，文章都是在回顾多年来追求速度的行政传统。而在这一段之后，则重在论述这样一种行政传统造成社会紧张持续加剧的恶果。因此，这样一段修辞，实际上就起着议论层次的转移或递进的中介环节。从写作的角度来说，这显然是作者的一个精心的敷设。

---

① 见2010年12月16日《南方周末》。

还有同学评价说:"从节奏上看,一、二段速度很快;三、四段比较缓慢。在第五段运用这样一个生动巧妙和双关语,调快了文章的节奏,且调节了前文沉闷严谨的风格,在全文的节奏上来看也是一个亮点。"——这是很仔细的分析,触及到写作和阅读的动态过程。

然而,在我看来,这一段修辞本身在结构中的巧妙之处还在于:它利用了汉语词汇的多义性,由反映"快"的第一个义项——"速度高",转移到"快"其另一个义项——"锋利"[1]。由此引出了后面关于盲目追求高度发展对人民权利的伤害的议论。

问题在于,这样一个转移在认识层面上是否具有可理解性,即高速发展是否真的具有"锋利"的、乃至"伤害"的特征?显然,这在修辞的意义上是无法得到论证的,因为,在《现代汉语词典》中分别作为"快"的第一个义项和第六个义项,"速度高"与"锋利",作为对不同事物的不同性质的描述,其本身是不相关的,前者并不是后者的原因。两种完全不同的性质恰巧在汉语都可以用"快"来描述,纯属偶然。

因此,可以说,"快"的含义的转移,这样一个修辞意义上的语言手段,在这里仅仅具有结构层面的意义,而不具有论证的意义。如果作者要论证高速度一定会伤害人民群众的权利,也并非不可以,但是,他不可能通过词语的多义性解释来论证这一点。

正是在这个意义上,我赞赏少数同学在答卷中的这样一种看法:这里的"快"即使作为"锋利"的意思来理解,也并不一定意味着伤害,"伤害"是"刀"或者用"刀来比喻的行政行为在特定语境下、不当使用的结果"。用一位同学在试卷中的话来说,就是:"治理速度和刀子的功能不完全一样,且刀子锋利是好的,刀子伤人就不对了。而作者完全否定了速度的'锋利',而不是说明速度用错了方向。"这样的分析,表面上看起来比较"挑剔",但我觉得,它恰恰是考虑到某一种修辞表意功能的限度,反映了同

---

[1] 见《现代汉语词典》,商务印书馆,1997年版,第731页。

学批判性阅读的能力,应该给予肯定。因为同学有这样的批判性阅读能力,这正是我们评论教学期待的一种结果。

我们不能否认修辞在某些情况下的论证性,比如所谓"喻证法",就具有论证性。[①] 但是,从学习评论的角度来说,哪些修辞是具有论证性的,哪些修辞不具有论证性,应当辨识清楚。如果把不具有论证性的修辞误以为具有论证性的,那不是在扩大论证的疆域,相反,实际上是在侵蚀论证的疆域。而那些看似具有论证性而实际上不可能具有论证性的修辞,可能最容易使人对论证产生误解。而从写作的角度来说,则要警惕自己依赖那些不可能具有论证性的修辞来加强自己的说服力。

(原载《新闻与写作》2011 年第 3 期)

---

① 见《新闻与写作》2010 年第 3 期拙作《逻辑与修辞:谁在说服?——关于修辞是否有论证功能的思考》。

逻辑与修辞：谁在说服？

——关于修辞是否有论证功能的思考

我要在本学期开设一门新的选修课《论证与辩论分析》。作为一个在新闻学院讲授新闻评论的教师，我的这种选择有两个原因：一是因为，当代新闻评论已经成为不同观点的人们在公共问题上相互说服的工具，因此它越来越重视论证；二是因为：由共社会生活中的各种说服活动，已经超出了新闻评论作为"文章"的静态框架，呈现出更为丰富的说服手段和表达效果，这就使得一个过去一直"讲文章"的教师，出于好奇心和某种责任，不知不觉地走出自己原来的框架，开阔视野、广泛观察。

正是在"文章"之外更为丰富的说服性活动和说服性文本之中，我迎面遇到了一个过去被我"熟视无睹"的说服性因素：修辞——尽管它过去一直就在"文章"之中，只不过被逻辑推理的重要性给遮蔽了。比如大家都知道，梁启超那篇鼓动性非常强的名文《少年中国说》，全篇核心就是一个以人比喻国家的修辞。

修辞的说服或论证作用，长期以来在评论教学中被忽视，是因为，说到修辞，人们都会想到"排比"、"转喻"等"修辞格"，一般是在语言、风格的意义上来理解其功能的。在评论的教科书中，也往往把这些内容放在"新闻评论的语言"的章节中，而在"新闻评论的论证"的章节中，只讲逻辑——其实是只讲"形式逻辑"。然而，从古希腊亚里士多德和古罗马西塞罗的修辞学著作中可以看到，增强表达的语言特色，只是修辞的一种功能；另一种重要的功能就是说服，或者直说——就是论证。

比如，古罗马的西塞罗在《论公共演讲的理论》一文中，列举出几十种修辞手段，其中一些是文体学意义上的修辞格，如：转喻、夸张、"倒置"、"拟声构词"；还有的比如"突然中止"——这是追求演讲现场效果的手法；而另一些，则是论证方法，如"排除"——"这种修辞手法会给推测性的论证提供最强有力的支持。"① 亚里士多德和西塞罗之所以并不把逻辑与修辞严格区分，一方面是由于它们都是当时公共生活中的重要内容——论辩和演讲的实战武器；另一方面是由于，逻辑与修辞当时各自还没有发展到专业化、精细化的程度——而这是所有学科发展的必然结果。

从学科的历史发展看，逻辑学与修辞学之间有一个由合到分、由分到合的源流关系。简单说，从古希腊、古罗马发源的修辞学到了西方中世纪，与诗歌创作相结合，就已超出了演说论辩的范围。到了文艺复兴时期，修辞学家"拉米斯把觅材取材、构思布局划归逻辑学，把词源和句法划归语法，而只把文体风格、记忆和讲演技巧认作是修辞的研究内容。"② 修辞这个概念的外延由此缩小，修辞与逻辑分道扬镳。而到了 20 世纪，西方"新修辞学"崛起，远接古希腊、古罗马的论辩传统，更大地拓展了修辞学的领地，使一些修辞手段重新获得了论证、说服的合法性。比如，比利时学者佩雷尔曼，就将"修辞格也看作是省略的论证。例如，隐喻是省略的类比。""新修辞学并不是文学的一部分，它关涉的是所有领域中非形式推理的有效力的使用"。③

这样一种学术研究方向的变化，自然影响到了修辞在观点表达的论辩活动中的合法性。因为，在传统形式逻辑统摄观点表达领域的时代，修辞手段由于不符合形式逻辑的形式要求，不能得到认可。

---

① 《西塞罗全集·修辞学卷》，人民出版社，2007 年版，第 110 页。
② 从莱庭、徐鲁亚编著：《西方修辞学》，上海外语教育出版社，2007 年版，第 42 页。
③ 武宏志、周建武、唐坚：《非形式逻辑导论》（上），人民出版社，2009 年版，第 223、224 页。

应该承认，我自己就是被形式逻辑的规范强烈支配的人，并且至今被其支配。在我的《新闻评论教程》中，论证一章，只讲了"演绎"、"归纳"、"类比"等三种形式逻辑承认的推理方法，并以这三种"规范的"论证方法作标准，在实际的评论作品中寻找例子。至于在这之外还有没有其他的论证方法和说服性手段，则根本不在观察之中。这个教学框架，当然是狭窄的。

比如，有一种被我强烈地不认可的论证方法，就是"喻证法"，又有人称"比喻论证"。尽管长期以来被许多议论文和评论写作教材都谈到"喻证法"，但是，由于"喻证法"中的"喻"——比喻，是典型的修辞格，所以我不能接受，我觉得，"喻证法"这个概念是在侵害逻辑论证的严肃和严格的标准。其实，比喻，从古至今，正是一个顽强地存在于评论和论辩等说服性文本中的，具有一定说服性功能的语言手段和思维手段——不管你是否愿意把它称作论证。如果以"论证就是增加一个命题的可接受程度"[1]这个比较宽泛的定义作为标准，那么，比喻，往往就确实具有"增加可接受程度"的说服性功能，是一种"说服和使人信服的努力。"[2]

一篇采取喻证法的典型作品，是李大钊发表于1917年9月6日《每周评论》中的短文《最危险的东西》：

"我常和友人在北京市里步行。每过那颓废墙下，很觉可怕。怕它倒了，把行路的人活活压死。请问世间最危险的东西，到底是新的，还是旧的？"

如果按照形式逻辑和批判性思维的标准，文中的"旧墙"与李大钊要批判的旧的思想文化之间，就没有什么关系，属于逻辑学中的"不相干"。但这篇文章在当时却具有现实的说服性，因为作者无非是接通了人们的一个常识：大多数陈旧的东西才是危险的，并以此作为推理的大前提。

---

[1] 周祯祥、胡泽洪主编：《逻辑导论：理性思维的模式、方法及其评价》，广东高等教育出版社，2004年版。

[2] 武宏志、周建武、唐坚：《非形式逻辑导论》（上），人民出版社，2009年版，第223、224页。

理论研究的疆域变迁,虽然离实际的写作教学看起来比较远,但是那个疆域巨大的阴影在我们不知不觉间影响着我们的观察、思考和判断的标准。

正是因为缺乏对论证性修辞理论的源流及当代西方"新修辞学"研究背景的认识,像"喻证法"等一些修辞性论证方法,在我们的评论实际教学中得不到学理层面和系统性的说明,呈现出零散状态,它们与形式逻辑的论证方法之间的关系,也不能得到较好的说明。有的评论教材着眼于像"喻证法"、"例证法"、"反证法"等有效的实战说理方法,而不讲"演绎推理"、"归纳推理"、"类比推理"等规范属于形式逻辑的、具有普遍性的思维方法;而另一些教材,则因为囿于形式逻辑比较整齐严密的体系,而完全不提"喻证法"、"例证法"这类实用概念。

也是因为缺乏上述学术源流的认识背景,一些评论教学者对"喻证法"表述,也显现出一定的矛盾性。比如:范荣康《新闻评论学》中讲论证中的几种毛病,其中之一是"以喻代论",说"这是近年来新闻评论写作中的一种值得注意的偏向。本来,喻证法是一种论证的方法,通过恰当的比喻,能够使论证更加生动。但是比喻毕竟是比喻,可以用喻证法作为一种辅助的论证手法,却不能用比喻来代替论证。"[①] 在这一段话中,既承认"喻证法是一种论证的方法",又认为"不能用比喻来代替论证"——陷于自我矛盾之中。

应当说明的是,已故的范荣康先生在上世纪80年代还是比较敏锐地发现"喻证法"本身的尴尬困境的,但是他既不能否定许多人都承认的喻证法,又难以给喻证法合法的地位。这恐怕正是缘于我国评论实践者和教学者整体上学术视野的局限。

与形式逻辑严肃的理性面容和比较呆板的形式要求、复杂的规则相比,具有论证效果的修辞手段,确实有更为生动、形象、感性的特点。这是使

---

① 范荣康:《新闻评论学》,人民日报出版社,1988年版,第248页。

它们在从古至今的说服性活动中给人深刻印象和强烈影响的根本原因。尤其是在较短的篇章和较快的节奏之中，比如，前面列举的《最危险的东西》。再比如，如果听一场大学生辩论赛，我们就会更多地看到频繁使用的修辞手段。我曾问自己的一位研究生郁雅琴：这是为什么？她脱口而出："快啊！在辩论赛上，双方限时发言，来不及展开演绎、归纳，而修辞则张口就来。"

无论怎样，修辞现实地影响着人们的态度，作为一个研究人们的意见表达、交流与相互说服的学者，我即使是对它们持怀疑的态度，也不能完全无视他们。

我觉得，对于具有论证效果的修辞手段，既不能以形式逻辑的立场完全排斥，也不能完全放弃批判性思维的标准照单全收，而应当采取一种分析的态度：具体分析哪一种修辞是有说服效果的？在哪一种程度上可以被接受？而哪里是其有效性的边界？

"在劝说魅力的三分法中，亚里士多德倾向于逻辑。这种选择缘于他的幼稚的设想：大多数听众者是理性的。"[①] 然而，亚里士多德这种"理性听众"的假设，我们在今天也很难做出。所以，我们不能不使用、研究和分析批判那些现实地影响"感性听众"态度的说服手段：修辞。

---

① 从莱庭、徐鲁亚编著：《西方修辞学》，上海外语教育出版社，2007年版，第22页。

论媒介言论中具有论证性的修辞

对于新闻评论这样一种表达观点的作品来说，论证是其中重要的组成部分，是说服传播对象接受其观点的重要手段。"与其说评论是强调观点的描述方式，不如说评论是论证观点的描述方式。"① 而"不管新闻评论有什么特殊性，作为一种议论文体，它的论证过程，也就是逻辑推理过程。"② 这样的逻辑推理，具体而言，又往往被限定在演绎、归纳等形式逻辑的推理方法。

然而，在当代逻辑学界，论证的定义与标准本身已经发生变化，尤其是"许多非形式逻辑学家放弃真作为好论证的要件"③。如果以论证就是增加一个"命题的可接受程度"④这种比较宽泛的定义作为标准，那么，就无法否定，在形式逻辑的推理之外，另外有一个因素，在具体的说服效果中往往起到"增加可接受程度"的作用，这个因素就是修辞。

逻辑推理与修辞因素在新闻评论或其他说服性作品中到底是一种什么样的关系？在当代评论作品和辩论活动中越来越普遍运用的修辞，其说服性功能在学理上的合法性应当如何评价？要回答这些问题，一方

---

① 德国学者 Nowwag/Schalkowski，转引自来炯：《德语报刊的篇章理解研究》，中国人民大学出版社，2007年版，第114页。
② 范荣康：《新闻评论学》，人民日报出版社，1988年版，第229页。
③ 武宏志、周建武、唐坚：《非形式逻辑导论（上）》，人民出版社，2009年版，第241页。
④ 周祯祥、胡泽洪主编：《逻辑导论：理性思维的模式、方法及其评价》，广东高等教育出版社，2004年版，第63页。

面，应该在逻辑与修辞这两门学科的历史源流和发展线索中求得答案，即在学术理论层面考察修辞的劝服性功能的理论合法性；另一方面，则需面对文本对两种说服性手段做具体的对比分析，以考察修辞的论证机制。

一、"新修辞学"理论重建了修辞在论证方面的合法地位

长期以来，人们认为修辞与逻辑推理有着明显的距离。说到修辞，人们都会想到"排比"、"转喻"等"修辞格"，一般是在语言、风格和表现的层面上来理解其功能的。而逻辑推理则是思维严谨的认识过程。

但回溯修辞学与逻辑学发展的源流，我们会发现，修辞与逻辑推理两者有着共同的实践源头——古希腊、古罗马的公共演说。"古希腊时期，修辞主要是论辩。论辩修辞用于演说。哪里有演说，哪里就有修辞"①。而西方的逻辑学也产生于同一背景，即"演讲逻辑"。在论辩与演说这个实践语境中，逻辑与修辞，是目的相同亦相近的不同手段。正是在这个共同的平台上，亚里士多德既创立了最早的形式逻辑体系，也建立了他的修辞学体系。在亚里士多德那里，在演讲与辩论的共同平台上，逻辑推理（论证）与修辞方法是纠结在一起的。其实，在他的《修辞术》和《亚历山大修辞学》中都涉及了演绎推理和归纳推理的方法。也就是说，在亚氏的体系中，这些逻辑推理方法，包含在广义的修辞学之中。而古罗马的西塞罗在《论公共演讲的理论》一文中，列举出几十种修辞手段，其中一些是文体学意义上的修辞格，如：转喻、夸张、"倒置"；而另一些，则是论证方法，如"排除"——"这种修辞手法会给推测性的论证提供最强有力的支持"②。有学者认为，"亚里士多德修辞学思想体系的核心是修辞论证，或修辞

---

① 从莱庭、徐鲁亚编著：《西方修辞学》，上海外语教育出版社，2007年版，第11页。
② ［古罗马］西塞罗：《西塞罗全集·修辞学卷》，王晓朝译，人民出版社，2007年版，第110页。

式推论。"①

修辞学与逻辑学的分流,是公共演讲这一实践平台的衰落和这两门学科各自向专业化发展的结果。到了文艺复兴时期,当时三大修辞学派之一的"拉米斯把觅材取材、构思布局划归逻辑学,把词源和句法划归语法,而只把文体风格、记忆和讲演技巧认作是修辞学的研究内容。所以拉米斯派也叫分流派。"② 由此,修辞这个概念的外延有所缩小。修辞也与逻辑论证分道扬镳。

我们现在对修辞的一般理解,正是这样一个历史发展的结果。然而,这样一个学科分流的格局,却可能遮蔽了部分修辞手段实际存在的论证性功能。即由于学科的分立格局,使我们看不到(或者不承认)一些修辞手段实际起到的论证作用。这是因为,它们与已经在论证领域取得"正统"地位的形式逻辑的标准不相容。

这种情况,只是到了20世纪非形式逻辑学术背景下"新修辞学理论"的建立,才得到根本的改变。首先是英国学者图尔敏建立起"实质逻辑"体系,为逻辑学摆脱"形式"的束缚,重新回到日常说服活动的语用之中打开了大门;此后,一批学者接续古希腊修辞学传统,重新拓展和扩大了修辞学的领地和功能。其中佩雷尔曼创建的"新修辞学与现代传统(即纯粹的文学修辞学,最好被称为文体学,将修辞学归为文体修辞格的研究)是对立的,因为它与修辞的或审美价值的语篇的形式无关,而只关心它们是说服的手段"③。

起源于古希腊、古罗马论辩、演说活动的修辞,就这样经过一番漫长的历史离合之后,重新获得了劝服性功能的合法性——或者说,它作为一种论证方法的合法性地位。

---

① 陈汝东:《东西方古典修辞学思想比较——从孔子到亚里士多德》,《江汉大学学报(人文科学版)》,2007年第1期,第59页。
② 从莱庭、徐鲁亚编著:《西方修辞学》,上海外语教育出版社,2007年版,第42页。
③ 武宏志、周建武、唐坚:《非形式逻辑导论(上)》,人民出版社,2009年版,第212页。

二、当代中国变化中的观点传播格局是修辞性论证的土壤

当代新修辞学，在确认修辞的论证性的同时，确立了论证的柔性标准。比如："论证可以是无效的，然而是归纳强的或高度似真的"①。而其功能，不是主体独立的科学认识，而是主体在与普通受众的交流中实现说服。"依佩雷尔曼之见，如果论证获得了普通听众（他们全部由理性人组成）的认同，那么它就是合理的。"② 显然，非形式逻辑"放宽"了论证的标准。它使得一些长期以来在评论中实际运用的修辞手段的论证性，获得了学术检验的合法性。

宾夕法尼亚州州立大学哲学教授亨利·约翰斯顿在《哲学辩论中的合理性和修辞性》中写道，"哲学上所谓的真理不过是传播形式而已，'人们在哲学中所发现的真理是作为辩论的结论的。要了解你是否拥有真理，你得为自己辩论。如果你的辩论经不起反驳，你就没有真理。而组织论点并让它经得起反驳恰恰与传播（交流）有关。关键的并不是有没有人听，而是你声称的真理在原则上是不是可交流的。'"③ 这里，约翰斯顿提到的是修辞论证的标准问题，也就是说真理要经过辩论才能成立，而辩论必须要做到"可交流"，也就是以说服对方作为标准。这实际上是放弃了"真值标准"和"认识标准"，而把标准放回到实际的说服论辩中来，这也为新修辞学接受修辞的论证功能提供了佐证。

这与当代中国的传播关系和新闻评论的变化恰相契合。中国新闻评论，由于长期以来的宣传教化功能，论证不足。而反映在新闻评论中的传播关系，正在由一元化的、自上而下的观点传播，转变为多元化的、平等主体之间的观点传播。而评论的议题，由于汇入涉及社会不同利益群体的公共

---

① 武宏志、周建武、唐坚：《非形式逻辑导论（上）》，人民出版社，2009年版，第149页。
② ［荷］伊芙琳·T·菲特丽丝：《法律论证原理》，商务印书馆，2005年版，第47页
③ ［美］肯尼斯·博克等：《当代西方修辞学：演讲与话语批评》，常昌富、顾宝桐译，中国社会科学出版社，1998年版，第23页。

政策选择问题，而比以往更具有争议性。这种传播关系的深刻变化，使评论中的说服性和论证性需求明显上升。而平等主体间的相互说服，正是历史悠久的修辞术的擅场。

当代中国新闻评论在多种传播渠道中的形式创新，也突破了纸媒体独白式的文字写作，在广播、电视、互联网上多主体即时的、交互式的表达，更为论证性修辞的大量使用提供了土壤。

比如凤凰卫视2008年9月20日的《一虎一席谈》中，论题是"人肉搜索"该不该立法管理。刚开场，一位嘉宾就通过把"人肉搜索"比喻为菜刀——既可为善也可为恶，来论证其"人民有权使用"，而无需法律规制。而持相反立场的嘉宾，也借用这个"菜刀"这个比喻，来说明这个比喻有效性的狭窄，不足以论证"人肉搜索"。随后又有嘉宾提出"人肉搜索"是打错人和网络私刑等比喻，并且整个1个小时的节目中还多次出现设问、反问等修辞手法。修辞的密度非常高。

为了了解修辞在新闻评论中的使用情况，我们对《新京报》2010年1月的31篇社论进行了内容分析，统计每篇评论中的修辞使用情况以及修辞是否有论证功能。之所以选择《新京报》，是因为这是以评论见长的报纸。这里，我们以"论证就是增加一个命题的可接受程度"[①]作为修辞具有论证的标准。

通过统计，我们发现在全部31篇社论中，有22篇用到了修辞手法，占总数的71%，其中有14篇至少使用了两种或两次以上的修辞手法，由此可以看出修辞在新闻评论中的使用还是非常多的。

通过统计（见下表），我们发现使用最多的修辞手法是反问，10篇文章18次用到了反问；排名第二的是比喻，共有10篇文章14次用到；设问以8篇文章用到12次的总量排在第三位。

---

① 周桢祥、胡洪泽主编：《逻辑导论：理性思维的模式、方法及其评价》，广东高等教育出版社，2004年版，第64页。

起论证作用的修辞

Count		修　辞							Total
		比喻	排比	设问	反问	对比	拟人	通感	
论证	是	11	1	0	5	5	0	1	23
	否	3	1	12	13	2	1	0	32
Total		14	2	12	18	7	1	1	55

但是，并不是所有的比喻都有论证效果，我们在统计中也注意将没有论证效果的修辞和有论证效果的修辞区分开来，在总共55次修辞使用中，23次有论证效果，其中比喻占到了11次，是最多的。综合考虑使用总数和论证的数量，我们在下文的分析中将主要以比喻为主，同时这也是现在经常被使用到的一种具有论证功能的修辞手法。

三、以喻证法为例分析媒介言论中修辞的论证机制

"新修辞学"认为某些修辞具有论证效果。"佩雷尔曼将修辞格也看成是省略的论证。例如，隐喻是省略的类比。"[①]这样的解释，涉及的是修辞的论证机制问题。

长期以来，在新闻评论中比较普遍存在的一种修辞性论证，就是所谓"喻证"。我们在这里尝试分析一下这种修辞的论证机制。

作为修辞格的比喻，其所具有的论证效果，是被许多新闻评论的教科书接受的。比如吴庚振的《新闻评论学通论》中表示："运用比喻证明论点的方法叫'喻证法'。"[②]李法宝对喻证法进行了详细的介绍，他在《新闻评论：发现与表现》中提到："喻证法，即比喻论证，它是用比喻来阐明道理的方法。有的问题道理比较抽象，直接说明不容易把问题讲清楚。这时如

---

① 武宏志、周建武、唐坚：《非形式逻辑导论（上）》，人民出版社，2009年版，第223页。
② 吴庚振：《新闻评论学通论》，河北大学出版社，2001年版，第97页。

果用一个恰当的比喻,即用人们容易理解的浅显的道理来说明不容易理解的深奥的事物或道理,那么,'巧喻而理至',就能生动地把道理讲得深入浅出,给人以鲜明的印象。"①

胡文龙、秦珪、涂光晋在《新闻评论教程》中这样评价喻证法:"比喻是形象说理常用的方法。巧喻善比,通过形象的比喻,可以使人们由近及远,由实见虚,由感性到理性,由浅显而熟悉的情况了解深刻的思想。"②

此外,研究德语报刊评论的学者来炯也认为:"喻证是指用隐喻的方式来阐明事理。""隐喻不仅是一种修辞格,是修辞话语的手段,更是演绎推理的重要方式之一。"③

然而,一些形式逻辑和批判性思维的著作,对于通过修辞影响人们态度效果往往有比较消极的评价,并提醒人们保持警惕。

比如,20世纪英国逻辑学家斯泰宾在文章中这样写道:"一个隐喻引出来的论据必然是一个很坏的论据,如果这个隐喻是一个很妙的引喻。"④"如果拿'国家之舟'这么一个修辞格里所包含的类比作为论据,那么这个论据的逻辑力量就完全要看:一方面,政府的地位是否可以比作船上的员工;另一方面,选民是否可以比作船上的乘客。在我看来,在这些互相比较的事物之间并没有什么有意义的相似之处。"⑤

形式逻辑和批判性思维方面的学者,往往否定修辞的论证效果。这种明显的差异,其实反映的是不同学术群体的标准问题,即学术的合法性问题。"非形式逻辑"正是通过大量的学术生产,在形式逻辑之外,建立了自己的合法性标准。

本文试图正视这些来自不同学术背景的标准间的差异,通过对具体案

---

① 李法宝:《新闻评论:发现与表现》,中山大学出版社,2005年版,第130页。
② 胡文龙、秦珪、涂光晋:《新闻评论教程》,中国人民大学出版社,1998年版,第176页。
③ 来炯:《德语报刊的篇章理解研究》,中国人民大学出版社,2007年版,第173页。
④ 斯泰宾:《有效思维》,商务印书馆,2005年版,第99页。
⑤ 斯泰宾:《有效思维》,商务印书馆,2005年版,第105页。

例的分析，展示喻证法的效果和限度。

我们选择李大钊1917年9月6日在《每周评论》上发表的一篇短文《最危险的东西》作为分析案列，这是一篇采取喻证法的典型作品。全文如下："我常和友人在北京市里步行。每过那颓废墙下，很觉可怕。怕它倒了，把行路的人活活压死。请问世间最危险的东西，到底是新的，还是旧的？"

如果按照形式逻辑和批判性思维的标准，旧思想的危险，应当以与旧思想相关的具体论据来论证，而不可能用"旧墙"的危险性来论证。因为，在"墙"与"思想"之间，并没有实际的关系性。它们只在"旧"这个标志着时间、状态的形容词性的概念上有关联。除非李大钊做一个规模庞大的归纳推理，证明所有旧的东西都是危险的，由此再以这个前提做演绎推理，得出旧思想也是危险的。但是，从无数事物中归纳，做出"所有旧的事物都是危险的"，这个工程量显然太大了，不可能完成。所以，从旧墙的危险性，不能推导出旧思想是危险的。换句话说，旧思想可能确实危险，但按照形式逻辑，无法从旧墙的危险性中推导这个结论。

但这篇文章在当时却具有现实的说服性，因为作者无非是接通了人们的一个普遍的生活常识：大多数陈旧的东西才是危险的，并以此作为推理的大前提。而这个大前提虽然并不必然具有真理一样的正确性，但却具有一般公众经验的正确性——他们可以接受为前提。这符合新修辞学可以接受的标准。图尔敏在《论证的使用》中认为："论证必须和它们的语境联系起来得到评价。"① 而人们普遍的生活经验，以及清末以来中国传统思想在西风东渐背景下的败落之势，再加上新文化运动所建立的新旧对立的认识框架，都构成了这篇文章中的"喻证"具有现实的论证效力的语境。

当然，修辞的论证性也有其限度。这种限度，一些新闻评论学者也有所警觉。比如：范荣康《新闻评论学》中讲论证中的几种毛病，其中之一是"以喻代论"，说"这是近年来新闻评论写作中的一种值得注意的偏

---

① 武宏志、周建武、唐坚：《非形式逻辑导论（上）》，人民出版社，2009年版，第160页。

向。本来，喻证法是一种论证的方法，通过恰当的比喻，能够使论证更加生动。……但是比喻毕竟是比喻，可以用喻证法作为一种辅助的论证手法，却不能用比喻来代替论证。"① 在这一段话中，既承认"喻证法是一种论证的方法"，又认为"不能用比喻来代替论证"，似乎陷于自我矛盾。这种"矛盾"的态度，一方面反映出：由于缺乏"非形式逻辑"和"新修辞学"在学术合法性上的支持，我国新闻评论的研究者既不能否定喻证法，又难以给喻证法合法的地位；另一方面也反映出：喻证法本身的论证效力存在着边界。

我们以第十一届中国名校大学生辩论邀请赛的一场辩论为例进行分析。正方论点是负翁的生活幸福大于辛苦；而反方论点是负翁的生活辛苦大于幸福。正方一位辩手使用喻证作出了以下陈词：

"普通人与负翁最大的区别在于什么呢？打个比方，就好比说负翁和普通人他们心中的目标都是苹果，而普通人只是心里想着要追求这个苹果；但负翁呢，负翁则是一边吃着这个苹果一边去追求。"②

这个修辞的论证效果，就是强调已经到手的目标，其幸福感大于仍在想望中的目标。在这一点上，它是有说服效力的，观众可以接受。以苹果来比喻，更有直观、简化和感性的效果。

然而，在本案例中，苹果对应着的客观事物应该是住房。以苹果比喻住房，这里面就有很大的问题。因为住房才是需要负债提前享用的；而吃苹果却不需要负债。因此，在苹果的比喻中，不能反映本案例中负债这个重要事实。而这个事实恰恰是影响幸福感的。从另一个角度看，直观和简化，也不能反映本案例的复杂性和争议性。

在比喻上，"一边吃着这个苹果一边去追求"（这个苹果），是难以想

---

① 范荣康：《新闻评论学》，人民日报出版社，1988年版，第243页。
② 张德明主编：《巅峰对决——第十一届中国名校大学生辩论邀请赛纪实》，复旦大学出版社，2008年版，第150页。

象的情况。而一边（提前）享用着住房一边紧张地还贷，这是可以理解的生活常识。这恰恰是这个问题的特点。"苹果"不能反映出这个特点。苹果不能反映出人们负债的压力——不幸福。

"新修辞学中论证之目的，在于引致或增进听众对说话者所提见解之认同。此一目的中，蕴含着一个前提，即假定说话者与听众之间具有某种共识，而能接受其论点。只有对话双方有一共同的出发点，对话才可能产生并有效地进行下去。佩雷尔曼认为，对听众的有效说服，是能够'引致或增强听众的认同'，而非改变听众心中原有的观点，说话者与说服对象的共识是论证的出发点。"[1] 而把住房比喻成苹果显然已经超出了人们的常识，正像上文中提到的，一边吃着苹果一边去追求是难以想象的。因此这个比喻的论证效果也就大打折扣。

所以，我们认为，对于"喻证法"等具有论证性的修辞手段，不能完全无视或排斥它的论证效果。但是要指出它在论证中的局限。

不仅仅是一个"喻证法"。如果我们参照的是多重的，而不是单一的学术标准；如果我们参照的是发展变化的，而不是静止的学术标准，那么，在新闻评论论证方法的整体框架中，我们就可以接受并直接面对形式逻辑之外更多的论证方法和更多的论证现象。正是在这样的学术背景之下，我们有理由接受在新闻评论中广泛存在的修辞的论证性，并且在今后的研究和使用中更深入地寻找其规律。

（原载《国际新闻界》2010年第5期，与刘铮合作）

---

[1] 侯学勇：《佩雷尔曼修辞论证理论研究》，《法律方法（第4卷）》，2005年，第507页。

评论语言中强化情感的修辞

像以往灾难之后的评论一样，青海玉树震灾之后的媒体评论，也有大量使用情感化的语言的倾向。这与中国人民当时的心理情感是相应和的。在情感化的语言中，明显可辨的是修辞倾向。比如4月18日《青年时报》一篇评论的开头的一段：

汶川未远，玉树又至。一条震带像一条悲伤的河流，以一种山崩地裂的方式向我们倾覆过来。在这样一个乍暖还寒的时节，在汶川地震两周年之际，曾经无数次地想，我们真的能走出汶川吗？真的已经能够用一种平静而欣然的语气，再次谈论关于"5·12"的一切吗？因为显然，我们面对的，从来不只是一个民族命定的苦难，而必应是一个民族的承担与反思，以及从苦难中汲取力量的方式。但是或许，我们仍没能走出汶川，却又不得不走向玉树，那片疮痍之地，那个血泪之城。

在这一段文字中，开头的"汶川"、"玉树"由于与"未远"和"又至"这两个具有动态词性的词汇搭配，已经不再是实指四川省和青海省的两个地名了，而是指代灾难，而且进行了拟人化的修辞：把"行走"——生命的属性赋予了这两起灾难。由于修辞，仅有八个字的一个短句，就交代了这篇评论的特殊的语境，即中国人民面对相距不远的两次严重震灾的特定心理，一方面使语句生动，另一方面使语句（在表达内容上）更有效率。

这个例子反映了修辞的一个特征：具有偏离日常表达经验和事物本身属性的倾向。

接下来一句，"一条震带像一条悲伤的河流，以一种山崩地裂的方式向我们倾覆过来",是典型的直喻:首先以"震带"来指代灾难,然后借用"震带"在形态上与河流的相近性特征,把河流才具有的动态特征——"倾覆",间接传递到灾难上来。实际上是把河流的这种直接的"冲击性"赋予了人们心中抽象的"灾难感"。即,通过修辞,使人们内在的"灾难感"具有了外在的、感性的形态。

顺便提到,把一句事物的特征转移到另一种事物上去,把动态感赋予静态的事物,在我国古代诗词中有悠久的传统,比如宋代著名词人辛弃疾《沁园春 灵山齐庵赋,时筑偃湖未成》中的"叠嶂西驰,万马回旋,众山欲东"——把跃动的属性赋予了山这个"不动"的物质。仿佛不是人在动,马在动,而是山在动。

为什么这篇评论会倾向于给本来"不动"的自然事物赋予动态感呢?我想是因为,"动",其本身就是撩动情感的因素,或者说,它是与情感相应的节奏——人的内心情感是"动"的。在自然物之动与人的内心情感之动之间,有一种"同构"的隐喻关系。作者试图以外在事物的"动"来调动、应和、表现内心世界的情感。

最后一句,"那片疮痍之地,那个血泪之城",是典型的用来强化印象的修辞手段,通过重复使用的"那个",一个灾难中的城市在客观上(疮痍)和主观上(血泪)的两个方面的印象,不是"一起",而是"分两次"呈现在读者面前,以此强化("延长")了读者的感受。

这种手法最极端的例子,是鲁迅的散文《秋夜》的开头:"在我的后园,可以看见墙外有两株树,一株是枣树,还有一株也是枣树。"

总的说来,虽然有各种修辞格和修辞手段,但修辞在本质上不外是"换一种说法"——有学者说"主要是同义选择手段"[①],来取得平实的表达所不具有的效果。当然,修辞也有风险:一方面,修辞可能遮蔽本意。另一方面:过于繁密的修辞可能会使文章失去朴实。当然,修辞是否能够得到

[①] 从莱庭、徐鲁亚编著:《西方修辞学》,上海外语教育出版社,2007年版,第434页。

二、什么影响着说服的力量 | 123

有效的理解,还取决于读者对修辞"偏离"于日常表达经验的宽容程度和读者自身在阅读中积累的接受经验。因为修辞与我们日常的表达常常是有距离的。

由此谈到评论中的情感化语言。应当承认,它一方面,是作者真实的情感表达;另一方面,也是表达的技术,其中就包含修辞。因为评论中的语言,并不是作者的一声哭泣,它不仅要直接表达作者的情感,更要准确、有效地捕捉、调动、反映读者的情感,因此不可能是没有技术性的。

(原载《新闻与写作》2010年第6期)

报道和言论中的粗直语

今年四月清明节前后关于"墓穴20年后再收费"的消息，引发了社会的关切和媒体的争议。人们不免由死者的尊严、生者的权利问题议及殡葬文化和殡葬观念。著名评论人刘洪波在一篇题为《这个视死者为麻烦的时代》的专栏中写道：

……现在，确实有人连"入土为安"都觉得是一种落后的观念了。有的媒体就说，人们存在着"入土为安"的观念，使草坪葬、树葬、花坛葬、海葬等"绿色殡葬"不能推广。殡葬是一种文化，"入土为安"并非中国特有的观念，包含着人们对生死的理解。敬事生死，无所谓"落后"。"绿色殡葬"很好，但还不能说人只有客观唯物视死者就是"一具臭皮囊，埋了好肥田"才算先进。①

"一具臭皮囊，埋了好肥田"这一句话，表面上看起来是一句随口说出的"气话"。但从修辞学的角度来看，这是一种有意为之的修辞手段。这种修辞手段，叫做"粗直语"。实际上，这样的语言，在评论中常常可以见到。只是当我理解了粗直语作为一种增加表达效果（乃至说服效果）的修辞手段的特定规律时，我才会更深地体会这样表达的特定动机和效果。

也就是说，上面那一句"粗直"地表达了对死者和人的尸体的不敬的话，是作者有意选择的，作者虚设了一个说这句话的主体，用来代表主张取消"入土为安"的观点。主张取消"入土为安"的观点本身不会表达得

---

① 2011年4月5日《南方都市报》。

这样"粗直"。但是作者却选择了这样一句粗直语"显示"出了其"粗直"的一面。即他要通过特定词语的修辞效果，使这样一种观点让人感到更不舒服。这种修辞技巧，当然是不利于对方的。而这种倾向性，正是说服性文本中修辞的一般功能和一般规律。

有一本批判性思维教程这样定义粗直语：

委婉语的反面是粗直语。粗直语被用于对听众或读者对某事的态度制造负面影响，或者降低其可能含有的积极联想。①

一般说来，粗直语是与委婉语相对的。但它们并不一定两两对称。比如，"洗手间"是"厕所"的委婉语。但"厕所"相对于"洗手间"却不一定就是粗直语。"解手"是"排便"的委婉语，尽管"排便"本来就是"拉屎撒尿"的委婉语。但是，当医生在医院里给你看病时说到"大小便几次"的时候，"大小便"并不是粗直语，而当有人在网络论坛上骂人，对方说"不要随地大小便"的时候，"大小便"就是有意选择的粗直语了。

由此可见，委婉语和粗直语都是对事物选择性的指称，因此，从"增强语言表达效果"和"对各种不同程度的偏离的同义选择"②的特征来看，都具有修辞性，尽管它们的方向和效果相反。其实，委婉语作为一种修辞手段，也往往有故意遮蔽事物的性质，有利于说话者的立场的倾向，但一般来说，它是说话者的心理、情感和对语境的反应。它会使说话者显得更文雅、更关爱。比如我们问："洗手间在哪里？"来代替"厕所在哪里？"我们用一个人"不在了"，来代替说他"死了"。只是因为粗直语的表达效果更为强烈，因此可能比委婉语更具有修辞性，即被人更为有意地选择来实现某种表达效果。

在课堂上，我列出"死亡"、"死了"、"逝世"、"故去"这几个词，让同学们辨识：哪个最委婉，哪个最"粗直"？有同学说："死了"最粗直；"故

---

① ［美］布鲁克·摩尔、理查德·帕克：《批判的思考》，东方出版社，2007年版，第140页。
② 从莱庭、徐鲁亚编著：《西方修辞学》，上海外语教育出版社，2007年版。

去"最委婉。我问：那么，"死亡"呢？同学答：'死亡'是正常表达。

没错，几十年前，我国报纸曾经报道苏联国家领导人逝世的消息，标题为：《赫鲁晓夫死了》，就是典型的粗直语。当时中苏关系敌对。

与许多修辞手段一样，有意选择使用的粗直语不是描述性的，而是倾向性的，进而言之，甚至是批判性的。

粗直语在媒体的报道和评论中往往多见。比如，去年北京郊区试点对流动人口较多的村庄进行封闭性管理，于是，在一篇评论的标题中，这些村庄被称作"碉堡村"。这当然是一个负面的修辞，表达了作者不赞成这种管理方式。今年2月间，有一位政协委员在政协会上提出减少对馒头生产企业的征税的建议，结果在媒体中出现了一个新词："馒头税"——仿佛这是一个特殊的税种。这个修辞性的新词隐含的倾向在于：使人们认为这是一个"苛税"——连对馒头都要特殊征税，刚好应和了批评国民税负过高的舆论和民众心理。以至于在一场媒体热议的轩然大波之后，那位政协委员在报上公开辩白："'馒头税'这个说法，是媒体对我提案的一种误解。"①

更早的时候（1999年），沈阳发布《沈阳市行人与机动车道路交通事故处理办法》，规定在行人、机动车通过有交通信号控制的路口时违反交通信号控制规定而与机动车发生交通事故的，行人和非机动车将负全部责任，机动车不负责任。这被老百姓和媒体概括为"行人违章，撞了白撞"。"撞了白撞"遂成为反对这一法规的修辞性表述，因为这四个字本身就使人产生一种强横之感。一位评论者陈杰人认为："'白撞'的'白'字用得不妥，因为'白'字本来就容易使人想起亏了的概念。如果改成，事故双方按照各自的过错，承担相应的责任。这一点，也反映出我们的媒体在讨论问题时，随意使用口语，会导致舆论误导和感情偏位，值得媒体的注意。"

---

① 《馒头税？我不是这样提的》，2011年2月23日《北京晚报》。

与"馒头税"相似,《批判的思考》一书,曾列举过"死亡税"的说法:

> 遗产税(一种向被继承的财产征收的税)的反对者为此税创造了一个新名词:"死亡税"。华盛顿特区的美国人支持税收改革的领袖罗弗·诺奎斯特在该组织举办的一个新闻发布会上说:"超过70%的美国人反对死亡税,他们理直气壮。死亡税是双重征税的最坏形式,在你被征了一辈子税之后,政府决定在你死时甚至还要再巧取豪夺。"

当然,"死亡税"是粗直语。就像很多粗直语一样,它是被用来误导读者或听众的。财产税并不是向死者征收的,而是向被继承的财产征收的,在一个人死亡的时候征收的。纳税人不是死者,而是继承人,他从未为该财产纳过税。①

在实际使用中,粗直语的修辞往往伴随着比喻或者类比。比如,在一篇评论中有这样一段:

> 针对某些经适房的问题,最近正在起草的《住房保障法》中拟规定,将由出资的地方政府和保障对象共同拥有经济适用住房产权,出资比例主要根据土地使用和建筑及安装费用比例确定。就是说,经适房的产权将是业主与房主共同拥有,经适房的房产证看上去估计就像个结婚证了。但相信住进去的业主对这个办法未必情愿,一方强制而一方不情愿的结婚证,大致该叫做强奸证吧。②

其中,"强奸证"是典型的粗直语。在它出现之前,是先拿"结婚证"来比喻业主与房主共同拥有的房产证,因为一方有可能不情愿,便断定有强制因素,所以才推出"强奸证"这样一个粗直语。其实,正像结婚是双方自愿的结果一样,有人因为经济条件的原因而与他人(政府)共同拥有房产(且不说它是否符合法律规定),也肯定是自愿的,不可能从中推出强制性来。所以,"强奸证"的前置推论和比喻,是弱的,或者说,并不

---

① [美]布鲁克·摩尔、理查德·帕克:《批判的思考》,东方出版社,2007年版,第138页。
② 《你共享我的产权,我共享谁的产权?》,《南方都市报》2010年2月4日。

成立。因为只有双方同意形成的（共同拥有的）房产证，才能勉强用结婚证来比喻，"同意"正是比喻的基础。如果有强制，那就根本不能用结婚证来比喻。你不能先承认是"同意"，后面又说是"强制"。等于自我矛盾。

这样看来，"粗直语"是否都有不好的效果呢？一般来说，批判性思维教程对于修辞都持有"敌视"的态度；而其所选案例，往往也都是负面案例。正如非形式逻辑学家图尔敏所言："与逻辑的'形式证明'相对照，对修辞学的损害名誉的描述是'不诚实的说服'"。[①] 但其实，只要不是有意扭曲事实，为了突出某种表达效果，适当选择"粗直语"，还是一种可以接受的修辞手段，正如评论中叙事的倾向性语言是可以接受的一样。但报道应当避免使用粗直语，因为这种修辞的倾向性会影响报道的客观性。

我们需要注意的是：一方面，了解粗直语作为一种修辞手段的规律，尤其是它的选择性和倾向性，积极地使用这种修辞方法增强自己的表达效果。另一方面，对于这种修辞可能遮蔽和扭曲事实的可能性保持警惕。

（原载《新闻与写作》2011年第6期）

---

① 引自武志宏等：《非形式逻辑导论》上，人民出版社，2009年版，第160页。

三、
什么影响着具体的阅读效果

辨识评论语句间的层次关系

作为一名讲授评论课的教员，我时常会面对这样的问题，为什么相对报道来说，评论是比较难于阅读的呢？（而一些新闻学院的学生和新闻媒体的从业者则常常会问：为什么我会觉得评论更难写呢？）

我觉得，除了产生观点的判断力和论证观点的知识经验、逻辑素养这些因素之外，评论文本中语句之间的关系，也比报道中的语句关系更为复杂。

首先，评论语句中的内容因素就比报道复杂：报道中只有事实因素。而评论中却有事实与观点两种因素。别看只增加了一种因素，关系却复杂得多了。这是因为，报道中的所有事实因素，其语句的抽象度一般来说是一致的——抽象度一般较低，也就是尽可能具体。这样，报道中语句之间的关系，是并立的——报道了事实的这一面，再报道事实的另一面；报道完了那个事实，再报道这一个事实。但评论就不一样了，不仅观点表达的抽象度有不同的层次，而且观点的可接受程度（争议性）有所不同。

实际上，评论就是由观点与事实（判断与陈述）交织，抽象度和可接受程度高低错落的语句共同构成的语篇。

尽管评论中内容因素这样复杂，却有一个确定的、统一的关系：论证性关系。而这种论证性，是单向度的，即：可接受度高的语句，论证可接受度低的语句。相应的，抽象度低的语句，论证抽象度高的语句。

比如，以今年10月28日《京华时报》评论《用市场导向冲淡限购行政色彩》一个段落为例：

从一线城市扩展到二三线城市的限购政策，对本轮楼市调控起到了至关重要的作用。市场准入的行政门槛，在资金层面阻断了游资进入楼市炒作的通道；问责制在行政框架层面抑制了地方纵容楼市虚火旺盛的冲动。最重要的是，行政式调控向市场发出了一个鲜明信号：楼市调控将不惜采取最强硬手段，由此彻底改变了人们对后市的预期。必须承认，当下楼市闪烁的微弱拐点信号，是市场和行政手段叠加的综合结果。如果仅以单兵突进式的手段进行调控，取得当前调控效果的可能性微乎其微。

在不久前我为北京地区网络培训班的讲座中，一位男学员认为：第一句话是由后面两句话论证的观点。而"必须承认"以下的句子在本段中并没有得到论证。

按照他的判断，这一段的第一句中"至关重要的作用"这个较高抽象度的判断，在后面的两句中得到了论证。也就是说：在这一段中，除了"必须承认"以下的句子，第一句抽象度最高，可接受的程度最低，它要得到读者的理解和接受，需要作者在后面的句子中使用较低抽象度的事实材料和判断（观点）加以解释或论证。而辨识它们之间关系的根据，在这里，除了事物之间内在的"事理"的关系之外，就是抽象度和可接受程度，没有其他更明显的标识。由此可见，理解评论中语句之间的关系比较难——需要更多的精力注入。

然而，另外一个女学员却认为，这一段中的核心观点是中间"最重要的是……"一句。我想，这可能是因为，"最重要的"这个提示语对她的判断产生了影响。

当我对前面那位男学员问及"最重要的"一句处于什么地位时，他答道：它只是表示，在论证第一句所提到的限购政策的重要作用的三个理由中，"行政式调控向市场发出了一个鲜明信号"这个因素，是"最重要的"。

由此我也想到：在抽象度层次错落不一的新闻评论词语的密林中，正是因为可能"迷路"，新闻评论的写作者也许更应该有意识地注意敷设"路标"。同时需要注意，利用段落调整手段，帮助读者更方便地把握语句间的关系。比如，上面那一段中"必须承认"以下的句子，其实超出了第一句涵盖范围，是另一个观点，放在这一段，容易干扰读者对上面语句之间关系的把握，不如另起一段。这是通过"外在的"显性的手段，帮助理解语句间内在的、隐性的层次关系的方法。

评论谁都读过，但许多人对句与句的层次关系习焉不察。观察和把握这种层次关系，并不是为自己找麻烦，这是把握评论写作特点的一个基本功。

（原载《新闻与写作》2011年第12期）

评论中的过渡性语句

我是在讲授新闻评论中的"连贯"问题时更多地观察到过渡性语句的。过渡性语句是实现评论内部连贯性的一种语言手段,同时,它也直接反映着评论内在的层次关系和结构,从而体现了评论在认识上的某些一般规律。

初学者有意识地观察、体会评论中那些往往习焉不察的过渡性语句,可能会对学习新闻评论,提高新闻评论的实战能力,具有明显的效果。

先举一个例子。今年是9·11事件十周年,在9月11日这一天,《纽约时报》发表纪念社论《Loss and Hope》。它的第一段这样写道:

"回望那一天,回望那第二座塔楼倒下之后留下的深坑,我们的心中充满痛苦与困惑,眼中只有那片大火仍在燃烧,不知道有多少人丧生。下曼哈顿在庞培古城的残灰一样的尘埃中喘不过气来。那个早晨的可怕事件给当代世界划出了一个界线,一个我们从未想过跨越的界线。它似乎意味着:任何事都被改变了。"

显然,第一段与其说是情境描写,不如说是心境描写、情感描写,它使用"过去进行时",就是要唤醒人们处身于当时、当地的感觉。这是历史事件的纪念性的评论往往采用的笔法。尤其是考虑到9·11事件给美国人民普遍的心理和情感的冲击,社论以这样的段落开头,是比较贴切的。

而它的第二段则是这样写的:

"几乎就在事件刚刚发生的时候,我们就理解了9·11的早晨如何将会改变我们的未来。十年之后,我们仍然在理解,回望和前瞻。仅仅回忆和悲伤是不够的。"

如果仔细体味，读者也许能够从第一段到第二段之间体会到自然的、似乎不着形迹的过渡，即由情感层面到认识层面的过渡。但第二段的最后一句"仅仅回忆和悲伤是不够的"，却是更为明显的过渡性标志语。它用"不够"，来结束情感方面的书写，进入认识方面的书写。

实际上，如果我们在阅读评论时总是留心观察的话，那么可能会发现，类似的句子，普遍地出现在新闻评论之中，如："不止这么简单"，"仅仅那样还不够"或"除了什么之外"之类的语句来实现，由此引出更深一层的认识或者评论真正要议论的内容。一篇评论不只是用来表达情感的，更主要是表达认识的。即使是这种9·11纪念社论，也是如此，应当尽快从情感性内容过渡到观点性内容。而这篇社论，正是在纪念9.11的情感氛围中，表达了对美国十年反恐的反思。

再比如，在2010年9月10日教师节这一天，《南方都市报》发表社论《祝老师节日快乐　愿教育更加公平》，其中第二段有这样一句话：

"尊重老师，重视教育，从来不是9月10日这一天时间就能够淋漓尽致得以展现的作为，当然更不能够只擅长和只剩下那些习以为常的应景举措和震天呐喊。"

其第六段有这样一句话：

"教师节，是一个表达感念和谢意的日子，更应该是一个关注教育质量与教育公平的日子。"

——这两句都是明显具有过渡功能的句子，即由此结束了评论开头"表达感念和谢意"的意思，而渐次进入了评论的核心议题——"关注教育质量与教育公平"。其中两句话中的"更"字，是一个显示价值的标记词，它显示的是：这篇文章的核心内容不是"表达感念和谢意"，而是"关注教育质量与教育公平"。

评论中有时还需要一些过渡性的语句，把读者从更为开阔、广泛的认识空间引入到作者所选择的更为具体的认识框架中去。这是因为，限于作者自身的认识能力和观点传播（包括接受）的效率要求，一篇评论不可能面面俱到，只能选择有限的对象、目标、线索来表达自己的观点。

比如，2010年9月26日新京报社论《菜篮子工程更需要制度保障》第二段是这样写的：

"造成菜价上涨的因素有很多，其中有市场的力量，也有非市场的力量。遏制菜价的过快上涨，城市政府也并非无所作为。在新一轮菜篮子工程建设中，政府除了投资于一些菜市场以及农田基础设施之外，更重要的作用就是提供政策支持和公共服务，从生产、运输、销售环节让菜价'虚高'的部分降下来。"

在这个段落中，每一句都将认识范围进一步"收缩"，即：在市场因素和非市场因素两者之中选择了议论非市场因素——即政府的影响因素。而在政府影响的多种因素中，用"除了"一句，把投资菜市场和农田基础设施等问题排除在本文议论范围之外；然后用"更重要的"这样一个提示语，最终将认识集中到政府对"生产、运输、销售环节"的服务。其中收缩议论范围的语言手段分别是："二者择一"、"排除"和使用"更重要的"提示语。

"更重要的"这个提示语内在原理在内：一篇评论，总是选择作者自己认为"更重要"的问题来议论。因此，"更重要的"这个提示语，往往暗示着作者自己的议论范围，不可在阅读中轻易忽略过去。

宋代《论学绳尺·论诀》所言"看论须先看主意，然后看过接处"，正是提示议论文的学习者在把握论点的前提下关注议论在不同层次间过渡的语言处理方式。

已故著名作家叶圣陶也曾指出：

"看一篇文章，要看它怎样开头的，怎样写下去的，跟着它走，并且理解它为什么这样走。比如一篇言论文，……第二句跟头一句是怎么连接的，第三句跟第二句又是怎么连接的；第二段跟第一段有什么关系，诸如此类，都要搞清楚。这些就叫基本功。"

我从来认为，学习写作的人阅读评论与一般读者是不同的：一般读者读过之后，可能只会记住评论的观点，那篇评论的效果也就实现了。所谓"得意而忘言"。但学习写作的人阅读评论，却不仅要注意作者的观点——甚至主要的不是记住作者的观点，而是要关注作者是怎样表达观点的。而过渡过性语句，虽然一般并不直接表达观点，但它们是评论中进入表达观点阶段的必要的语言手段。

（原载《新闻与写作》2011年第10期）

把握新闻评论中的语用倾向

新闻评论写作中的语言运用，当然需要正确地使用语法。因为正确地使用语法，才能准确地表达自己的观点，反映事物之间的关系，方便读者正确理解。但是，从另一方面看，准确地表达和准确地理解，也取决于作品具体的语境——它包括作品内部的语境，即"上下文"；以及作品外部的语境，即作者与读者所共同拥有的与作品相关的事实、知识背景。它还取决于在长期的语言使用（写作）和理解之中，作者与读者共有的某种"默契"。这是新闻评论写作在语言使用方面更为微妙之处，需要仔细观察、揣摩。其中的规律性，也需要实证研究。

2012年4月间，为保卫我国渔民和宣示我国对南海黄岩岛的主权，我国海监船与菲律宾军舰紧张对峙。《人民日报》海外版有一篇评论《解决南海问题不能只靠一手》涉及对形势发展的判断。其中第二段的语句关系引起了我的注意：

黄岩岛海域出现中菲舰船对峙的局面，是中方不愿看到的。但事情走到今天这一步，既标志着持续不断的紧张在升级，也可能意味着推动紧张缓解会出现转机。事实上，有很多边界冲突和纠纷都是在碰撞与摩擦之后，才开始逐步缓解并获得解决的。①

这很短的一段只有三句话，其间的关系却耐人寻味。其中第一话表达态度；第二句话涉及判断；第三句话则为第二句话提供依据。显然，第二

---

① 2012年4月17日《人民日报》海外版。

句话表达的是观点。

但是，值得注意的问题在于：第二句话是以"并列"的句式（"既……也……"）表达了对局势发展的完全不同的可能性的判断。而紧跟着第二句话的第三句话，作为事实性陈述，则只为第二句话中提到的第二种可能（"转机"）提供依据。

这是为什么呢？它暗示了作者什么样的心理倾向和认识倾向呢？它会对读者的理解产生什么样的影响呢？

在当天的评论课堂上，一位女生谈到她的理解。她认为：

从评论的标题来看，这篇文章是着重于谈解决南海问题的"另一手"的。前面一手可能是对峙；而"另一手"，应该就是第二句话谈到的后面一种可能性——即谋求缓解紧张局势，寻求转机的可能的措施。所以，在这一段的第三句话就侧重只提供与"另一手"相关的材料。

而一位男同学则直接把第二句话的含义概括为：

在两国关系发生冲突的情况下，往往有转机的出现。

尽管在课堂上，我只给同学们展示了这一段。但从全文看，他们的理解是准确的。也就是说，作者在第二段虽然用并列句式似乎表达了两种不同的判断，但作者的倾向，或者说全文的线索，还是被这两位同学准确地预测到了。这是成功的传播，而这种默契正是评论写作应该把握到的层面。它反映了运用材料的微妙之处。

那位男生后来在我的博客上谈了他对那一句话的感受：

关键就在于"既"和"又"的句式似乎在一些情境，比如下文有对其中一方的支持时，有顺序轻重的微妙差别。我觉得，"又"重于"既"。这两种可能性的叙述只是一种侧重其一的论述，但是又不能舍弃另一个的原因了。我之所以觉得"转机"是作者的论点，而不只是陈述可能性的体会，就是因为觉得作者罗列两面，重在其后，而前一种可能性更多的是要树立文章全面考虑的思维形象。

显然，他是在谈到自己的一种阅读经验，即他的"语感"。那么，这种"语感"是否可靠,是否具有普遍性呢?

在几天之后《环球时报》的社评《从朝鲜到巴基斯坦,沟通的困局》中,出现了一段与上文使用情况几乎相同的表达:

对新发展战略打击能力的国家,外界一方面要尽力劝阻、反对,另一方面也要探究它们形成这种不顾一切愿望的原因。只有消除它们的战略不安与劝阻同时进行,才有可能形成持久的效果,缓解地区紧张。

显然,与《解决南海问题不能只靠一手》的那一段一样,在这一段中,对于语法上并列的两种选择,作者在紧跟着的一句中只为后一种选择提供了根据。通读全文,这篇文章的论点果然是强调后一种选择的。那位同学的"语感"似乎得到了验证。

然而,从具体的、个别现象中感受到的语言倾向,毕竟难以得出普遍性的结论。那么,怎么办呢?从研究的角度来看,没有其他讨巧的办法,只有通过较大样本的量化研究。因为从个别到一般,本质上是一个归纳推理的过程,样本越大,可靠性越大。

以胡适研究古文中"吾""我"——两个在今天看来完全是同义词——的差别为例:章太炎因为看到《庄子》中有《庄子》"今者吾丧我"一句,由此得出结论:"吾""我"两词为"同训互举"。但胡适却对这个结论表示怀疑,"因检《论语》中用吾我两字之句凡百余条,旁及他书,得数百条,参伍比较,乃知古人用此两字分别甚严。而太炎先生所谓同训互举者,非也。"[①]

显然,胡适从数百个包含着"吾""我"两词的古文案例得出的结论,自然比章太炎从一句话中得出的结论更靠得住。

其实,这种从大量的使用实例中发现语言含义的方法,与语言本身的一种规律暗合,它被当代语言学者概括为"语用频率效应"。它指的是:因词语及句式在语用中出现次数的多寡而对语言的意义、结构等产生不同影

---

① 《胡适学术文集·语言文字研究》,中华书局,1993年版,第128页。

响。① 比如，学者从大量语言现象中发现的"中性词的语义偏向"，以方位词"里"、"外"在实际使用中的不对称现象等，都反映了"语用频率效应"产生的意义倾向。比如说某人"有水平"，"水平"本是中性的，但大量的实际使用中，"水平"在这类话语中就偏向于"高"而不是"低"。这是传播双方都会有的默契。

依我的理解，语用频率效应的语言学根据是：语言的实际意义，以及在通常含义之外的实际倾向，正是大量使用中形成并确定下来的。因此，通过较大样本的观测，可以为语言使用的规律做出实证性概括。从研究方法的角度看，它既是量化的研究，也是文本分析的研究——因为它必须回到具体的语篇、语境之中理解一种词语使用的效果。

所以，有学者认为："通过语用频率研究效应研究，我们进一步认识到，语言中的很多问题是不能靠苦思冥想、坐而论道去解决的，必须靠调查分析得出实事求是的结论，谁更多地掌握了事实，谁就更多地掌握了真理，因而也就更多地享有发言权。"②

语言的这个规律，对于新闻评论的写作和研究非常重要。因为新闻评论作为传播观点的文本，本身就是有一个倾向的。这种倾向自然会体现在语言的使用、选择方面。新闻评论也是有一条议论线索的，这个线索也会体现在语言的使用和选择方面。怎样利用语言在实际使用中被广泛接受的倾向性表达作者的倾向，展示自己的议论线索，实际有效的传播，是评论写作者应有的写作意识和技巧。从另一方面来说，它也应当是评论教学中评论阅读训练和作品分析训练的一个着眼点。

这个案例和这个认识过程也使我感到：在新闻评论的写作、教学和对新闻评论的研究之间，有一线"实用"的联系。那就是：从"语感"到实证；从个别到普遍；从现象到规律。这个过程就是从"不自觉"到"自觉"的

---

① 邹韶华：《语用频率效应研究》，商务印书馆，2001年版，第1页。
② 邹韶华：《语用频率效应研究》，商务印书馆，2001年版，第4页。

过程。从个人的"缄默知识"到可以用来普遍交流、传播的知识。新闻评论的写作、教学和研究，在整体上面临着这样的任务。而这样的任务，也可以把新闻评论的写作、教学和研究有效地联结起来。

再比如，针对"但是"这个转折连词所暗示的倾向，有同学在阅读分析中谈道："但是"之后才是作者自己的观点，而"但是"之前则往往表达的是作者反映的观点。如果是这样的话，那么，"但是"这个转折连词就成了在评论作品中辨识作者观点的标志语了。这样一个经验，当然对于我们的评论教学是有用的。然而，关于"但是"的这种语言经验，真是一种表达的规律吗？或者，它只是陈述矛盾现象和矛盾观点时一种中性的语言标记？

我觉得，我们对它的规律可能还缺少把握。这需要阅读较多的文本，进行较多的观察和比较。这些都是评论写作和教学值得关注的语言现象。它们对于理解评论内部的动态联系，理解作者与读者之间的暗示与默契有着一定的意义。成功的写作、有效的传播，可能与这种默契直接相关。

（原载《新闻与写作》2012年第7期）

从传播效率的角度论新闻评论的开头与结尾

新闻评论的开头与结尾，属于新闻评论的结构问题，它们体现着新闻评论的特殊规律。对于新闻评论开头的特殊规律，人们一般有个说法，叫做"开门见山"。但是，"开门见山"只是一个形象的比喻，在具体写作中还会遇到具体的问题：到底把哪一种要素放在最前头？这时，就不能满足于"开门见山"这种简单的法或规范，而要从更根本的问题中寻找答案：新闻评论的形式有着什么样的特殊规律？它对新闻评论的结构，提出了什么样的要求？

新闻评论作为议论文的一种，它与同属于议论文的其他议论文体（如古代论说文、近代政论）之间的区别，就包含着它的特殊规律。议论文的一般结构规律，常常被归纳为"提出问题，分析问题，解决问题"，或者"总论—分论—结论"。也有人称这种结构为"三段论"。按照这样一个结构规律，开头自然是"提出问题"或"总论"。但是，这样一个结构规律是否符合新闻评论的特殊规律，则是一个问题。大家想一想，如果一篇新闻评论，人家读到最后才看到作者自己的看法，岂不是太迟，你等得了吗？

新闻评论区别于其"议论文兄弟"的特性，其实正是它在另外一个"兄弟圈子"——即新闻文体中的共性。以报纸、广播、电视、网络等大众传播媒介作为传播渠道的新闻文体，是特别讲求传播效率的文体。这种效率包含这样几个方面：

一是信息的量——限定空间（包括字数）之内的信息量。

二是速度——受众的接受、理解速度。

三是给读者留下的印象的深刻程度。

四是表达的确定性程度。

其实，这种效率最首要的一点还在于：它们是受众是否选择接受的条件。受众是否选择，取决于文本的传播效率，更具体一点，取决于有效率的传播结构。

传播学中有这样一个公式，是美国传播学者施拉姆表述的：

选择的或然率＝所偿的保证／费力的程度。

这是一种接受规律。新闻评论的结构也受这个规律支配。我们想一想，如果报纸版面把最重要的消息放在内页的下角，如果消息把事件的最终结果放在最后，那么就增加了受众"费力的程度"，从而降低了读者对这条消息"选择的或然率"。

这种效率当然也体现在作为文本形式结构的开头。比如，消息中常用的"倒金字塔"结构，就是按照新闻事件不同要素的价值大小顺向排序，把最重要的、属于事件结果和高潮的内容放在开头——哪怕按照时间顺序来说它是最后产生的。那么，新闻评论的最重要的要素，它的"高潮"和"结果"是什么呢？新闻评论是对新闻事件的认识活动，这个活动的"高潮"和"结果"当然是认识的结果。认识的结果就是论点，就是评论作者对新闻事件的判断。

在这里面，我们应该认识到人的"认识的结构"与评论的"表现的结构"的差别。"提出问题，分析问题，解决问题"这样一个模式，应该说是对认识活动结构的实际描述，就像"发生、发展、高潮"是对实际新闻事件过程的描述一样。但是，新闻报道最有效率的形式——消息不会按照这样模式去写。它要重新创造一个"表现的结构"——"倒着"来写。同理，对于新闻评论来说，认识的"起点"，的确应该是已被受众接受的前提和论据。但是，文章表现的起点，却应该是论点即结论。这正像消息报道的倒金字塔结构要把最终发生的事写在导语中一样，新闻评论要把认识过程最后得出的结论——作者的判断尽快写在前头，最好是能够在复述完评论对象后立即说出来。在认识上，从前提开始，这是认识的基本规律；在表达上，从结论开始，这是新闻评论写作和阅读的有效率的结构。

当然，这只是从逻辑推演出来的一般的认识，不能成为新闻评论开头的硬性框框。新闻评论与新闻报道也有不同点，它要根据读者的经验与接受规律在评论的各种要素中统筹安排。但是新闻评论开头是否具有效率性，的确可以从这样一个角度来进行考察。在这个意义上，新闻评论结构中的所谓"开门见山"，无非是有效率地传达。

新闻评论前辈，原《人民日报》评论员范荣康在其所著《新闻评论学》第十章《新闻评论的结构》中列出"开门见山"六种方法：

1. 从新闻由头说开去

2. 先摆情况

3. 先把问题摆出来

4. 先把要批驳的论点摆出来

5. 把结论摆在前头

6. 从经典著作中引出一段话来说开去

其中第第5种"把结论摆在前头"就是论点。但第6种"从经典著作中引出一段话来说开去"则属于较为纡缓的形式，类似于消息中的延缓性导语，不是有效率的表达。

也是《人民日报》评论员的于宁、李德民在后来的《写会写新闻评论》一书中把范荣康的六种缩减为三种："摆事实，亮观点，提问题。这也和新闻导语一样，把最能引起读者兴趣，最能引起读者关心的事实、观点和问题放在前面。"

我国台湾学者林大椿在其所著《新闻评论学》中也谈到开头的种类：

"有叙事开端的，有设疑开端的，有下断语起句的，也有以预测骇世的。"

其实，可以理解得更简单一些：摆在前头的，无非是两类：一类是叙事（作为评论对象的新闻事实与作为由头的新闻事实、归纳出的问题、要批驳的别的观点，都属叙事的性质）；另一类是判断（结论、预测，都属判断）。

在新闻评论的开头首先叙事，通常是不可避免的办法。20世纪初，我国第一位新闻学教授徐宝璜先生在《新闻学》一书中写道：

"社论既以批评新闻为事，故其结构，普通宜分为三部。首先特此多数阅者所注意之最近事实，简明叙出，以为批评之基础。次以种种理由而批评之。最后为结论。"

但是，应该认识到，新闻评论中的叙事本身，不可能像消息中那样吸引人，因为它们往往是已经报道过、读者已经看过的事实。这就需要尽可能地由叙事这种客观性信息转入主观性信息：论点、判断。

如果说，新闻评论把事实摆在前头如果总是不可避免的话，那么，把结论（判断）摆在前头，是除此之外更为普遍、更合乎效率原则的一种开头。实际上，一个表明结论的判断句本身，往往就包含了判断的对象（事实）和对这个事实本身的判断。这种开头也为近代以来许多新闻评论作品所证明。

比如：我国早期报纸评论家王韬在《旺贸易不在增埠》一文中，第一句话就说：

"呜呼！吾窃谓英人增埠之计左也。"

1904年《东方杂志》第1期发表评论日俄战争局势的时评《马加罗甫死》，第一句话即为：

"呜呼！马加罗甫死，而俄国极东之运命尽矣。"

毛泽东1944年10月11日为新华社写的评论《评蒋介石在双十节的演说》，第一句话就是一个判断句：

"空洞无物，没有答复人民所关切的任何一个问题，是蒋介石双十演说的特色之一。"

当然，从结构的多样性与丰富性来说，是否一定要"开门见山"，是否开头一定就是"总论"，也是一个问题。比如，美国佐治亚大学新闻学者康拉德·芬克在《冲击力：新闻评论写作教程》)一书中归纳出的"瓶颈结构"和"你结构"，就并非如此。"瓶颈结构"是以讲一个真实的故事开头的；而"你结构"则是把论述的宏观问题"换算"成与读者"你"的具体关系来开头的。这些个性化的结构模式，反映了国外评论写作的文体特征，可以借鉴。这里，我们只探讨新闻评论结构的一般规律。

结尾是新闻评论结构中的重要内容。在一般议论文"总论—分论—结论"的篇框结构中，结尾的内容当然属于"结论"。但这只是抽象的、含糊的说法。当我们已经按照效率的原则在开头说出的"结论"，结尾怎么办呢？因为实际写作中无论是论证材料与文字表达都是不能重复的。因此，结尾的问题，实际上涉及的是论证材料与文字表达的分配布置问题。把什么放在结尾，也要符合意见传播的效率性要求。在这一点上，两位美国学者 Edward S. Inch 和 Barbarrw Warnick 在《批判性思维与传播：论说中的推理应用》(CRITICAL THINKING AND COMMUNICATION: The use of Reason in Argument) 一书中介绍说：

"对此问题感兴趣的人们研究了认识的过程，并且重建了他们对论证的反应图式，发现，受众最易记起的就是在开头和结尾出现的论证。这叫作'首尾效应'(primacy-recency effect)。是否把最强的论证置于文本的开头和结尾还要看具体情境和其他因素。但是总起来讲，我们建议论者把他们最强的论证或者放在开头，或者放在结尾。"

传播学中的一种"概略理论"，说的是人们在处理新闻时，倾向于将结论储存起来，而不是将证据储存起来。判断就是一篇评论的"概略"。"概略"的效应，加上"首尾效应"，是新闻评论把观点、判断、以至结论放在评论的开头与结尾的理由。

我们来看一篇评论《质疑高水平运动员上大学的政策优惠》(2004年11月27日《新京报》)的开头与结尾的分配：

开头：优秀运动员在报考大学时得到一定照顾，可以比一般考生低一些的分数录取，这是正常和可以理解的。但这种照顾应有一个合理的尺度，不然的话，既违反公正原则，也会对年轻人的价值取向和奋斗方向造成误导。我认为，我国近年来实行的照顾和倾斜政策有些过头，从教育部刚公布的《关于做好2005年普通高等学校招收高水平运动员工作的通知》来看，这种过分照顾的趋势愈演愈烈。

结尾：如果我们的政策是对强者照顾再照顾，而很少想到一般人，尤其是弱者，比如残疾人的处境和需要，比如刚发生的残疾女大学生朱慧锦被取消入学资格事件，这只能增加我们深深的忧虑。为政者应当知道，创设公平的竞争环境，比为强者锦上添花重要。

显然，这篇评论在开头简单叙事之后就做出了明确的判断（结论）；而在结尾，则是对这个结论更为具体、强烈的表达。

（原载《新闻与写作》2005年第2期）

可以呼应观点　不要扭曲事实

——谈新闻评论中的叙事成分

在一个月前关于邓玉娇案的媒体争议中，有一场笔墨官司是由一篇评论中的这样一段叙事成分引起的：

"洗浴场所的女工邓玉娇在工作期间，与当地官员发生肢体冲突，愤而刺死、刺伤官员。"

这段叙事有什么问题吗？这段叙事麻烦大了。有评论者通过仔细比照此案情节的疑点、争议点和警方侦结认定的事实，认为从这段叙事中，"文盲都看得出，女工是故意杀人，该当死罪。"由此得出结论：这篇文章的作者是"用笔杀人"。以至于那篇文章的作者一时之间陷于网民的口诛笔伐之中。

其实，上面那一段叙事，在一篇题为《邓玉娇案件中的新闻传播问题》的评论中，是很容易被忽略过去的，因为它并非议论邓玉娇应该如何判决。我觉得，也难以据此确认作者就有"用笔杀人"的故意。但是，这样一场由评论中的叙事引发的风波，还是再一次使我意识到：对评论中的叙事性内容不可不慎；人们对评论内容的关注，已经不再仅限于评论中的观点，而且扩展到评论中的叙事细节，特别是在观点多元——往往形成观点交锋——的当代评论环境之中。对评论中叙事性内容的关注，从积极的方面来看，应当看作是新闻评论作者和读者的媒介素养共同提高的一个表征。

涉及邓玉娇案的事实陈述也许特殊了一些，因为那个案子的舆论争议和判决依据就在于事实的细节，人们对评论中涉及事实的陈述自然极为敏感。那么，一般情况下，对于新闻评论中的叙事，有没有得到共识的规范呢？恐怕现在还没有。我们可以通过交流和批评逐渐达到共识。

在新闻评论中，包含两类内容：一类是表达观点的内容；另一类是陈述事实的内容。其中，陈述事实的内容，与新闻报道有所不同：其一，它们与观点性内容往往相互交融，为表达观点服务；其二，也正是因为上述原因，这些叙事性内容并不像新闻报道中那样完整、全面，它们往往是作者在全部事实中选取与自己观点相关的一个方面，而放弃无关的其他方面。其三，评论中陈述事实所使用的语言，一方面可能概括性比较强，用字节省，不会像报道中那样详细；另一方面，也往往因作者的观点而存在倾向性，不像新闻报道中那样尽可能采用中性的语言。

基于上述三点，可以得出两个结论：其一，我们不大可能用新闻报道的标准来要求一篇评论中的叙事性内容；其二，一篇评论中的叙事性内容，有可能因为作者对事实的选择、语言倾向以及受观点的影响，给读者造成偏离于客观事实的印象。

怎么看这样两个结论呢？

我认为，新闻评论对客观事物不同方面的选择，以及陈述语言的凝练浓缩，是不可能避免的，这是由新闻评论的功能以及它在传播中的经济性、效率性决定的：人们阅读一篇新闻评论，目的是要看别人的观点，而不是要了解全部事实。后者是新闻报道的功能。新闻评论中的叙事性内容，只是方便读者的同一篇章中能够随时"回到"事实的一个简要的提示。事实上，新闻评论往往假定读者对事件有所了解，或者事先看过报道，或者看过评论之后再去看报道。（据中国人民大学新闻学院 2005 级硕士生牛娟娟的一项调查：在回收的 157 份问卷中，有 51.6% 的受访读者习惯于先看新闻报道再看评论，有 19.7% 的受访读者习惯于先看评论、需要了解新闻时再看相关报道。）从道理上说，读者可以循着作者在评论中叙事性内容的提示，回到报道中加以审核——如果他确实生疑并且用心的话。

在评论中叙事性内容的选择性方面，学术界已有一些共识。比如，来炯著《德语报刊评论的篇章理解研究》一书中就认为："与消息和报道不同的是，评论不是对事件的完整描写。而是按照篇章的立场和态度，有所选择地对事件进行刻画和描述。"

那么，如果评论作者对事实的叙述，扭曲、偏离于客观事实或新闻报道，该怎么办呢？我认为，这里就需要读者的反馈和专业性的媒介批评。如果一个作者长期在评论中犯有扭曲事实或报道的毛病，那么，读者的反馈和同行的专业批评将使他将在言论界无法立足。这是一个底线。人类交往活动，有一个虚置的前提条件，就是相信。所有的领域，人们的行为规则都只能在这个前提之上来设计和预期。否则，如果所有的人、所有的事都要怀疑，都要审验其真实性，那么，包括阅读在内的人类交往，将不堪其累。那么，如发生了底线之下的事情，证明"相信"这个前提条件是不存在的，怎么办呢？这时候，就应该用特殊规则和方法来处理。揭露评论作者扭曲事实的读者的反馈和媒介批评，就是针对评论叙事触犯底线的特殊规则和方法。

那么，怎么看待在评论中叙事的语言倾向呢？

我觉得，这取决于读者对评论的阅读期待，及其审美倾向对评论中叙事语言的宽容程度。

其实，评论中最客观的叙事方法，就是把报道中的相关内容"粘贴、复制"到评论之中。这是完全没有倾向的叙事语言。我觉得，评论中关键的论据，那些对事实细节敏感度高的刑事司法事件，往往应当采用这种方法，以避免在基本的事实层面产生争议。本文开头提到的那段关于邓玉娇案情节的叙述，就适宜采用这种办法。根据警方侦结报告："邓玉娇在遭受到黄德智、邓贵大强迫要求其洗浴，被拒绝后又拉扯推搡、言辞侮辱等不法侵害的情况下，持刀将邓贵大刺死、黄德智刺伤。"认定邓玉娇"自卫"的根据，就在这些细节之中。这是所有关于此案议论的基础。

但是，人们通常也会觉得，简单的"粘贴、复制"，不仅表达效率较低，也会削减评论语篇的美感和作者的风格,味同嚼蜡。因为,在读者已经了解基本事实或已经看过报道之后,再把报道内容重看一篇,是难以忍受的。因此,人们往往也会接受"含议性叙事"——这是方武《议论文体新论》一书中使用的概念。来炯《德语报刊评论的篇章理解研究》也说:"在语言特征上,这一部分不需要尊从严格的时效性和中立性原则,而是在遣词造句中多多少少体现出作者的评价。"

下面这段文字列于一篇评论的开头:

"一向寂寞的诗坛忽然热闹起来,不是因为出了什么大师或传世之作,而是因为文人忙于'内战'了:除了韩寒痛斥沈浩波等人的'下半身诗歌',导致双方多轮混战外,女诗人赵丽华在网上遭攻击,诗人杨黎发起的'支持赵丽华保卫诗歌'朗诵会近日在北京举行,结果以诗人苏菲舒脱光衣服而被勒令终止。"

显然,这段文字属于评论中的叙事性内容,但是,它不是从任何一篇报道"粘贴、复制"过来的,而是概括性的、提示性的;信息密集,也具有效率性。同时,作者对所有这些行为的不屑态度,也"溢于言表"了——实际上为读者接受其后面提出的论点做了暗示性铺垫。如果上述事实都存在,没有一个是捏造的话,那么,评论就可以这样开始了。如果其中有一个是捏造的、没有根据的,那么,按照我上面所言,那就是另外的一个严重问题了,即评论者的基本信用问题、新闻伦理问题、评论伦理问题。

再看下面这段:

"清明扫墓,寄托哀思,可谓是我国几千年来保留不变的对死者的敬意和作为子孙的孝廉之道。然而,今年广州新塘中华墓园推出了'代客上香'、'定期抹碑'、'鲜花伴故人'等'代人祭祖'的服务项目,却让本来纯洁的思念之情带上了商业气息。有人说这是商业社会人性化的体现,而我却认为,倒不如说是对仁性传统的商业化冲击。"

这一段其实是把新闻事实的交代融入自己的议论之中了。因为叙事成分并不独立,所以读者对这一新闻事件的印象,最容易直接受到评论的影响。但是，如果文中所提到的基本事实本身是存在的话，那么，这样的叙事方法仍然是可以接受的。

　　新闻评论就是传达人的观点的，而这种观点是"及物"的——涉及事实。因此，难免会对读者关于事实的认识产生影响。评论作者应当谨守在不歪曲事实的前提下，依靠自己的论据、论证来影响读者。而评论的读者如果想要保持自己独立的判断，则一方面应提高自己对评论文本的阅读经验和媒介素养，至少认识到评论并非报道；另一方面则需开阔视野、广泛阅读——包括不同倾向的报道与评论。开放与多元——当代新闻传播已经呈现的这个特征，总是会帮助我们接近真实。

（原载《新闻与写作》2009年第8期）

评论中人称代词的特殊效果

今年5月国内媒体的一个热点议题是这样一个冤案：河南商丘农民赵作海因"杀人"被判死刑，服刑11年后又因"死人现身"才获清白。这件冤案的重要成因之一是警方的刑讯逼供。在一篇题为《要能容忍根除刑讯逼供的副作用》的评论中有这样一段文字：

"……或者假如警方将赵作海起诉到了法院，法院以警方对赵作海刑讯逼供为由将赵作海无罪释放，你能接受吗？

当然，你会说你能接受，但这是在你知道了案件真相前提下做出的答案。刘涌案可以验证你的真实想法。……"

这段文字之所以特别引起我的留意，是因为它连续、集中地使用了第二人称——"你"，并且使作为读者的我有当面交流、直指内心的挑战感。

我注意到，在对赵作海冤案的诸多评论中，人们已经从对司法机关相关责任者的批判（警察贪功枉法、检察官和法官未能坚守程序正义），进而深入到对我国法律文化和与之相应的社会心理、社会舆论的反思。这篇文章正是这样一种认识的代表作。它所密集使用的第二人称，是与这种思考的维度是相适应的，即：作者并不是要与读者一起批判他们两者之外的第三者，而就是要触动和影响读者的观念。

就评论中出现的人称代词来说，第一人称（我、我们）一般指涉观点表达的主体：作者自己或者作者所代表的群体——比如社论中的"我们"就代表媒体编辑部。比如2002年3月30日《纽约时报》社论《武力的限度》有这样一段：

谁能责怪以色列人动用武力呢？他们的土地上充满了葬礼，死者都是巴勒斯坦恐怖袭击的目标。在这种情况下，沙龙总统昨天派坦克进入拉马拉，并征集数千士兵。我们理解以色列的愤怒。我们对此持保留观点，并不在于以色列军事反应的冲动；而在于他们过于依赖武力的政策在长时段内的效应……

以上都是第一人称指涉确定的使用方法。还有一种复数第一人称"我们"指涉不确定的使用方法，即包括作者和读者在内的不确定的人群。本文在后面具体论述。

评论使用的第三人称（他，她，他们）则是叙事的对象，这与报道中使用的第二人称相同。

而评论中出现的第二人称则是观点传播的对象——报刊的读者，广播的听众，电视的观众。如果说评论是一个说服性的作品的话，第二人称则代表的是说服的对象。它在新闻报道中一般也不会出现。尽管评论的受众和报道的受众一样，都是"不确定的陌生人"，但是，当一个"你"在文本中出现的时候，某个具体的"受众"就被暂时"确定"了——他（她）似乎被"锁定"在与作者一对一交流的位置上，躲避不开。这就是语言特定的暗示作用。"你"这个第二人称之所以不会在报道中出现，因为它在突出对象的同时，也会把与"你"相对的"我"这样一个主观色彩的角色暗示出来。

由于大众传媒的传播对象实际上是"不确定的陌生人"，所以，评论中出现的第二人称"你"，就必然承载着实际的不确定性与"假定的（或临时的）确定性"之间的矛盾，即，某个具体的受众，可能在观点、知识结构等方面与你假定的传播对象相契合，但也可能不相契合。所以，美国佐治亚大学新闻学教授康拉德·芬克在《冲击力：新闻评论写作教程》中认为，"如果读者不容易辨认出你的社论中的'你'，那么你就会在仓促间失去读者"。他认可《今日美国》报一篇社论开头的"你想尝试用每年8840美元养活一家吗"的处理方法，却不赞同在评论中写出"你想尝试用每天用2.98美元饲养一头肉牛吗",因为前者涉及美国最低工资法案,至少有许多人关心,但后者则"把读者中的大多数都排除在外了"。

评论中的"你",也可能是指涉某个确定的对象。比如,2008年6月1日,在汶川大地震之后的第一个儿童节的当天,《南方都市报》社论《孩子,节日给你,哀伤给我》这样写道:

"孩子,今天是你的节日。地震灾区的孩子,今天是你的节日。无论你在家与否,也无论你是否还在病床上,今天的阳光都为你存在……"

在这篇评论中第二人称的选择策略,是为了突出一种直接的倾诉感。因为第二人称所暗示的那种"你/我"结构的直接性,特别适合于情感表达。它以表面上排除了更多读者的代价,强化了灾区孩子的突出地位,也强化了对灾区孩子的情感表达。但是,这篇社论难道真的只是给灾区孩子阅读的吗?这张报纸难道真的暂时缩小了自己的目标读者了吗?实际上,更多的成人读者在对这篇作者的阅读过程中会自觉地进入到"我"的情感角色之中。

当然,评论中有一些第二人称的使用效果也值得斟酌,比如,2010年4月11日《北京青年报》社评《你应该为富士康"跳楼门"感到羞愧》,这个标题与读者迎面相撞,就有一点"逼人"之感了。那么,为什么"我"应该感到羞怯呢?原来,文中是这样说明的:

"一个工人不是机器,也不仅仅是可以奉献出利润的劳动者,他还是某人的儿子、某人的父亲或兄长。每一起坠楼事件的发生,所了断的并不仅仅是当事人的生命,还有一个家庭的幸福和欢乐。它伤害的不仅仅是亲人和朋友,也严重打击了人们对一个物质极大丰富的时代的美好想象,它在整个社会的文化肌体上留下了创伤。如果我们明知还会有人从富士康的楼上跳下去,却不做任何努力去阻止和挽救,难道我们不该感到羞愧吗?"

在这篇文章中使用的"我们",并非作者所代表的确定的报纸编辑部群体,而是包含着广大受众在内的不确定的社会公众。这也是评论中复数第一人称常用的方法。但是,当文章把通过复数第一人称表达的一种较高标准的、模糊的、一般性的道义责任，在标题中转化为由单数第二人称"你"承担的具体的责任时，就有一种迎面逼来的"强加"之感，可能会让读者不舒服、不适应。这是由于在文中的"共同分担"的语境还没有营造出来，读者就会有一种"独立承担"的感觉。

实际上，这样一种在评论中通过复数第一人称"我们"将某种责任"普遍化"的处理方法，在许多评论中都曾出现。这是否能够达到提高全社会普遍的责任意识的效果，就恐怕要看，在评论中由"我们"共同承担的普遍责任，在具体的读者（"你"）估计，是否是一个可以触及、可以承担具体责任。

在2006年1月13日在红网发表的个人评论《让全社会都来抓胡氏兄弟的"生死阄"》中有这样一段：

这可不是人们杜撰出来的故事，而是活生生的现实，而且现在中国红十字会已经给这对让人敬佩的兄弟募捐，虽然现在筹的钱还远远不够胡氏兄弟的治病费用，但至少让我们看到了一线曙光，面对这样的兄弟，面对这样的家庭，面对这样感天动地的事情，如果我们还无动于衷，还眼睁睁看着他们生离死别，那么我们都将蒙羞，都将无法面对"人"这个感情动物的名字。

这一段文字在后来的网络评论评选中引起争议，评委童大焕认为："不管你自己为这对苦难兄弟做了什么，哪怕你为他们倾家荡产，你都没权力要求别人效法你。这就是权利和权力边界。"

在一篇1987年获得普利策社论奖的社论《复活节边境日出》中，有这样一段：

法院必须判定碾压了那些外国人的那名边境队执法人是否出于粗心。但是那辆驶过他们身体的卡车是由我们美国人民开的。我们制定了移民法；我们雇用了那些必须像被追捕的动物一样越界的外国人，为的是修筑我们的道路，收割我们的作物，清扫我们的店，在华盛顿的政客们举行宴会时当侍者。

三、什么影响着具体的阅读效果

国会，洗掉我们的罪责吧。在边境上停止让非法的外国人像耶稣那样受难。

这篇社论是《圣迭戈论坛报》推动美国移民法改革的系列社论之一。文章中通过复数第一人称将非法移民受难的"罪责"由全本美国人承担，是否有"强加"之感呢？我们需从这样一个政治和文化背景下理解：第一，美国是一个普遍信仰基督教的国家，而基督教是一个本来有着强烈"罪感文化"的宗教。这篇文章正是通过渲染宗教情感来强调责任。第二，移民法的改革取决于国会议员，而国会议员承受选民的压力。这篇文章实际上是通过影响选民的观点从而让他们给自己本选区的议员以实际而具体的压力。而且在文中作者具体论证了"我们"有这样的"罪责"。所以，这样的"我们"，至少对于美国读者来说，是可以接受的。

（原载《新闻与写作》2010年第7期）

以"互文性"拓展评论标题的表意空间

一、评论标题空间与功能的矛盾

在这个学期的课堂教学中,对于评论的标题,我获得了一个比以往更为清晰的认识:评论标题制作的根本矛盾,是表意空间的有限性约束与表意内容的完整性追求的矛盾。

这个认识,实际是在分析两年来在课堂上已经分析过的标题案例中产生的,也是在同学讨论中的发言触发我产生的想法。比如:

《享乐:抵制日货愚蠢的惊人理由》

《谣言有时源自弱者对强者过度防卫的对抗心态》

这两个标题中,第一个容易产生歧义,因为连在一起的多个概念之间可以构成不同的关系,形成不同的意义。而第二个,虽然不一定产生歧义,但由于标题过长,概念之间有多层次关系,需要消耗较多的注意力。因此,都会降低接受的效率。

在分析过程中,同学们的发言使我感到,产生这些标题现象的根本原因在于:作者想要纳入标题的较多的因素与标题本身较为狭小的表意空间的矛盾。

如果在这个层面上理解的话,那么这类问题其实是普遍存在的。

一般说来,评论的标题空间,比消息的标题空间更为狭窄,往往只有一行题。作为一个句子或短语,要概括地表达整篇文章的意思,其中可能包含着事实性因素(即评论的对象),也可能包含着意见性因素,即论点。

如果作为一个完整的判断句，它要表达文章中的认识结果和认识所及的各种因素，势必比陈述事实的消息标题更为复杂。

而解决这个矛盾的途径，通常就是适当的选择。这当然包含必要的放弃——放弃一些认识因素，以减轻标题的承载负担。

那么，除此之外，还有没有拓展标题空间的方法呢？

二、"互文性"理论在标题制作中的应用

我在讲到评论标题的修辞时，一些精彩的标题案例，使我想到了西方文艺学的"互文性"理论。我觉得，互文性理论比我们原有的修辞知识更好地说明某些标题的修辞效果。

比如：2004年9月3日《华尔街日报》的一篇社论，对布什政府的一项教育法案提出批评。这项法案的标题是"不让一个孩子落后"法案（No Child Left Behind Act）。社论的标题则把这项法案的标题用于其中：

《有些孩子落后了》（Some Children Left Behind）

而2009年10月30日纽约时报社论《夏威夷的孩子落后了》（Hawaii's Children, Left Behind），实际上仍然是如法炮制。

如果用原有的修辞知识，我们可以把这种手法称作"巧借"。但用"互文性"理论解释更好，在认识上更有普遍性；在视野上更为开阔，尤其是能够揭示出这种手法实际上是通过接通了"另一个文本"从而拓展了原有标题表意空间这个事实。

俄国文艺理论批评家朱丽娅·克丽斯蒂娃认为："任何篇章，都是通过引文的镶嵌来创造的。任何篇章都是其他篇章的转换和同化的结果。"[①] 这就是文本之间的普遍关系——互文性。

而法国符号学家德里达指出："互文性的效果体现在它的现实性中，这个现实不仅是作品所处的社会历史环境，还包括储存在读者头脑中的文本，

---

① ［美］卫真道：《篇章语言学》，中国社会科学出版社，2002年版，第16页。

因为新的认知总是建立在另一个原有认知的基础之上，是文本读者将不同的文本联系了起来。"①

互文性理论本身并非只是用来说明风格的；更不是只用来说明某一种修辞手段的，而是揭示了任何文本不可能超脱的处境，即：你一写下来，就有他人的文本在其中了。正如张中行先生所言："执笔为文，总是通文的人，通文，旧时代的，脑子里装满了庄、骚、史、汉，新时代的，脑子里装满了鲁迅、巴金，自己拿起笔，自然就不知不觉，甚至心摹手追，也就庄、骚、史、汉，或者鲁迅、巴金。"②

但是，正是这样一个理论，尤其是不同领域的学者对于这一理论的运用，可以使我们从更为积极、更为能动的角度开拓它对于写作的实际价值。比如，在文本中有意识地嵌入另一个大家（熟知的）文本，来拓展表意空间。

其实，中国古典文学中的"用典"，正是这种"互文性"的能动体现，因为为人们熟悉的"典故"，以一种"标签"的方式把与那个典故相连的文本、故事和价值倾向，非常有效率（至少省字）地纳入了这个文本，极大地拓展在这个文本的表意空间。

在中国近代、现代新闻评论中，古典诗词中"用典"的习惯被一些作者沿用下来。比如梁启超《少年中国说》中大量使用"暗典"。而著名历史学家傅斯年在1932年发表的《"九一八"一年了！》一文中，"这样的渔阳鼙鼓惊不破北平的羽衣曲、引不出汉口的轮台诏……"也连续地使用历史典故来表达对当局的责难。前一个典故借白居易长诗《长恨歌》诗句——述及安禄山在渔阳起兵反叛，而唐玄宗宫室还在长安歌舞升平。而后一个典故则引汉武帝在轮台下"罪己诏"的故事，暗指国民党最高当局应当为东北沦丧而引咎自责。

---

① 许力生：《文体风格的现代透视》，浙江大学出版社，2006年版，第224页。
② 张中行：《文言与白话》，中华书局，2007年版，第196页。

互文性在当代评论中也有自觉的运用。比如在2009年评论"邓玉娇事件"的作品中，红网作者洪巧俊就有一篇《论邓贵大的死掉》，全文套用鲁迅《论雷峰塔的倒掉》。网络文学的研究者称此方法为"戏仿"。2010年北京警方打掉涉嫌有偿陪侍的娱乐场所"天上人间"，又有作者如法炮制一篇《论"天上人间"的倒掉》。

在新闻标题的制作方面，"互文性"也在实践中被积极利用。2010年2月27日《北京青年报》消息《"掌掴"小沈阳？这个真没有》，报道赵本山就师徒关系的传言作出说明，把赵本山和小沈阳演出的2009年央视春节晚会小品《不差钱》这个文本"接入"了标题之中。

而在在我们上面提到的评论标题中，《有些孩子落后了》（Some Children Left Behind），就暗用了"不让一个孩子落后"法案（No Child Left Behind Act）这个法案的名称，即，它把那个教育法案的文本和语境接入到这个标题之中，使知道那个法案的人明白，这个标题正是针对那个法案的。从效率的角度理解，它节省了把那个法案本身写入标题的字数，却实现了直指那个法案的效果。

以互文性理论视角来看，《病人成了"唐僧肉"？》这篇《人民日报》上的"人民时评"的标题，也不仅是使用了"家喻户晓的隐喻"①，而是接通了《西游记》这个"另一个文本"。因为，对"唐僧肉"的理解，人们在阅读《西游记》的时候已经完成了。其中"唐僧肉"的"好吃"和唐僧性格所标志的"柔弱、缺乏反抗能力"的特征，也是在这个标题的文本之外实现了的。这就大大拓展了这个标题的表意空间。

所以，我认为，评论标题基本矛盾与互文性理论具有这样一种关系：正是因为标题空间有限性这种根本的矛盾，才是"互文性"这种拓展表意空间的手段的土壤。即，"互文性"——接入另外文本的语言手段，可以在一定程度上拓展标题的表意空间。

---

① 陈明瑶：《语类视角下的网络时评修辞潜势研究》，国防工业出版社，2008年版，第85页。

具有"互文性"修辞的标题，对于读者来说，一般具有两个意义空间。其中第一层空间，就是文字本身体现出的意义，大多数读者应当都可以理解。而第二层意义空间，就是其所"接通"的另一个文本的意义空间，则需要读者自己具有那个"文本之外的文本"的知识经验。

比如，郭光东在1998年洪水之后写作的《国旗为谁而降》，这个标题的"浅层意义空间"就是表达国旗应当为灾难中丧生的普通民众而降这样一个论点。而其"深层意义空间"，则对于一些读过或知道海明威小说《丧钟为谁而鸣》的读者才存在。而《丧钟为谁而鸣》这个小说的书名本身就是"互文性"的。它的"源文本"是17世纪英国人约翰·多恩的一段祷告文："谁都不是一座岛屿，自成一体；每个人都是欧洲大陆的一小块，那本土的一部分；如果一块泥巴被海浪冲掉，欧洲就小了一点，如果一座海岬，如果你朋友或你自己的庄园被冲掉，也是如此；任何人的死亡使我有所缺损，因为我与人类难解难分；所以千万不必去打听丧钟为谁而鸣；丧钟为你而鸣。"——表达的是人类命运的普遍的相互联系。这一层意义，不见得多数读者能够理解，但这也没有关系。它只是对那些文学知识更多一些的读者贡献出的"附加值"而已。就像看《"掌掴"小沈阳？这个真没有》这个标题不一定要联想到小品《不差钱》；而看《有些孩子落后了》，不一定要知道以"不让一个孩子落后"为题的教育改革法案（当然，因为这个法案本身是评论批评的对象，因此读者会在文中了解）。

当然，"互文性"在拓展表意空间的同时，不应该成为阅读的障碍。从"用典"的角度来说，就是不应太生僻，至少保障第一层意义空间能够为大多数人理解。

（原载《新闻与写作》2011年第1期）

一周新闻述评的相关性结构

一、述评的功能和新闻之间的关系

新闻述评有着叙事与议论两种基本元素。而在当下一些报纸的评论周刊和新闻周刊上，往往有一种特定功能的新闻述评：它们一般都要承担回顾一周新闻事件的功能，叙事性篇幅较大，所以一般很难有充分的思考和论证空间。但从另一角度看，本来在一周间随机出现、各自独立的新闻事件，被述评的作者组织在一个结构之中，则可能会给读者提供新的认识视野。

这类述评写作的难度在于：如果只是回顾尽可能多的新闻事件，没有完整、集中的议论性线索，它就不免成了被前人讥为"断烂朝报"的"大事记"。相反，如果只是针对一个事件写出了一篇一般意义上的时评，那它就没有完成这个栏目设置的基本功能——让人们回顾更多的新闻。

因此，这类新闻述评的写作特点，关键在于寻找的确定所涉诸多新闻事件之间的关系，并在这种关系的基础上建立起具有意义的结构。

在这种述评中，以议论性语言连缀起不同的新闻事件，有两种可能性：

其一，在看起来不同的各个新闻事件之间，恰好本来就有相同的因素或侧面。它们作为具有同一性的论据，共同支持一个论点。在一周的时间限度内，这种条件出现的概率并不大。

其二，作者借助于各个事件之间在时间、空间、外在形态等非本质属性上的相近性，把不同的新闻贯穿起来，分别议论。这样的作品，实际上全篇并没有一个明确、集中的主题或论点，但在阅读中还是能够给人以一种连贯感。

上述两种方法，从认识的角度来说，也具有不同的深度和完整性。前一种在认识上会更深、更完整一些。后一种在认识上肯定会零碎一些。因为事实之间如果不存在本质上的关联，议论就不可能沿着一条逻辑线索深入下去。

以《新京报·评论周刊》上由石兆主持的《一周观察》栏目为例，今年7月31日的文章题为《余震》，从本周内上映的电影《唐山大地震》说起："34年后，唐山大地震的余波荡漾在电影银幕上"。然后从反思的意义上揭出"余震"这个关键词的含义。接下来说到本周发生的南京大爆炸，"此事的余震之一，是要反思一下城市的设计与居民的安全"。在对这个事件的评论中议及当地官员对记者直播的干涉。而接下来提到的新闻，则是当周《经济观察报》记者因报道某上市公司负面新闻而被当地公安局通缉的事。这件事并没有"套"上"余震"这个全文的关键词，它是从上一段结尾议及的官员与记者的话题自然过渡的——这是另外一种常用的连缀方法。再下面，由一句"但也有余震是被视若无睹的"，引出对当周河南栾川塌桥事件的议论。而最后一段，由一句"有些余波还是起到了良好的作用"，议及广东东莞公安局手铐、绳牵涉嫌卖淫人员指认地点的新闻出来之后，公安部当周下发了严禁此等行为的通知。

这篇文章只有732字，串连并议论了当周发生的5个新闻事件。连接的主要方法，是确定了一个具有较广泛连接能力的关键词："余震"。这个词本来是一个使用范围较窄的专业术语，但作者在修辞学的意义上将其使用范围扩大了。而全文议及的各个新闻事件之间的关系，也只是在"余震"这个修辞学意义上的象征性关系。因此这一篇文章，可以说比较侧重于完成回顾一周新闻事件的功能；而并没有的一个比较集中的主题。这也是因为："余震"这个主要起着连缀功能的关键词，并不承担表达一个具有认识性的论点的功能。

除了贯穿全文的"关键词"之外，还有一种连缀方法，上面已经提到，就是"头尾相衔"的自然过渡。仍以石兆主持的《一周观察》为例，今年5月29日的《虚幻的真实》一文，第一段议论的是富士康员工跳楼事件。这一段末尾的议论落在了这样一句："那些年轻的工人却看不到希望，繁华就在身边，而他们永远不能融入其中。"而接下来的一段，则以上段末句中的"繁华"作为连接因素："说起繁华，北京的天上人间夜总会是众人皆知的繁华之地"——由此引出本周的另一新闻——北京警方整顿"天上人间"——的议论。其间"繁华"就起到了这种"首尾相衔"的自然过渡。这种过渡的效果，犹如"移步换景"，不易为人察觉。本质上契合了人们思维的"联想"功能。因为联想往往就是沿着相关、相似、相同的物象或词语伸展的，人们在不知不觉之间就离开了原来的对象。

上述结构方法，与台湾政治大学新闻系漆敬尧教授在归纳"特写"的结构时概括出的"之字论"有些相同。其"具体作法，通常在第二段的开头，以某种方式重复前面那一段的最后半句中的某些观念、论点、关键词即'承上'；接着从这里发展到另外一个相关的观念、论点、关键词即'启下'。第三段的天头，同样也承接前面第二段末尾的某些东西，然后往下开展、扩充、引伸，为第四段所承接。"[①]

可见，无论述评还是特写，在实现"连贯"的结构手段上，往往是相通的。而"连贯"本身则是帮助读者顺利通读全篇，实现有效传播的重要因素。

二、相关性的思维机制

我今年每个周末为《北京青年报》的言论版写作一个栏题为"少华视界"的专栏，其基本功能的设定也是一周新闻述评。我的结构方法，也基

[①] 政大传院媒介写作教学小组：《传媒类型写作》，台湾五南图书出版公司，2009年版，第131页。

本在上述两种方法之间，即一方面尽可能有一个集中的评论性主题；另一方面也尽可能容纳进来更多的新闻事件。

对于我来说，具体写作这类文章的关键，是在阅读一周新闻的过程中，确定一个作为整篇文章结构因素的"关键词"。这个关键词，本质上是对一周不同的新闻之间相关性的概括；同时，它本身作为一个特别具有"黏着力"的词语，在文章中也能够"粘连"起不同的新闻，使它们不至于显得散乱。

如果这个关键词迟迟不能产生，那么一周大大小小的新闻事件，在作者面前就只是散乱一片的原始材料，无从选择。而这个关键词的产生机制，虽然在一定程度上像灵感一样具有偶然性；但它本质上依赖于作者对于事物之间关联性的积极思考。而这种关联性思考的机制，一方面是抽象思维，另一方面是自由联想。

不同的新闻在具象上可能相距甚远，但在抽象的层面却可能有相同的属性。这一点，在逻辑学上是容易理解的。这样一类抽象出来的关键词，往往反映事件的本质。同时由于抽象的概念其涵盖面更广，也可以把更多的新闻容纳进来。比如，我在今年1月10日《北京青年报》发表的第一篇一周新闻述评《从资源到人心》，其中"资源"这个核心概念就是通过抽象产生的。它涵盖了文章中涉及的那一周全国各地关于道路、电力、自来水等各方面新闻。

在今年2月7日发表的《政策与机会》的第一段，我写道：

"本周的一些新闻与两个概念有关：一个是政策，另一个是机会。这两个概念之间，也有清晰可辨的关系。简单说：政策驱动资源流动，而资源的流动创造机会——这些机会有的本来就是政策要达到的目标，有的则在政策的目标和意料之外。当然，特定的政策也可能使一些特定的人失去机会。"

这一段话，抽象地概括了中央一号文件推动各种资源下行农村，"国际旅游岛"战略使海南楼市疯涨等当周的8条新闻。

在今年 8 月 23 日到 27 日一周间的新闻述评中，首先不能回避的事件，是我 8 名香港同胞在菲律宾首都马尼拉被劫持、杀害。但是如何把这条重大新闻与当周其他新闻相联结呢？我选择了"影像"这个关键词。因为：马尼拉人质事件整个过程都处于电视直播的环境下。这个事件之中的电视直播也引发了一定的争议。因此，"影像"是这个事件的一个有特点的侧面；而"影像"作为当代社会生活中比较普遍的一个因素，与当周其他新闻也有关联，比如在当周因新闻图片《挟尸要价》获奖引发的舆论风波、北京将在公交车头安装摄像头，以及上一个周日北京疾控中心公布影视吸烟画面对青少年影响的调查报告。这样，我就找到这些不同新闻中的共同因素。在这篇标题为《影像的争议》的述评中，既从一个侧面串连起了当周的主要新闻，也集中地触及了影像因素对当代生活的影响。可以说，有一个集中的主题。

冲突与宽容的言论生态

——中美报纸言论版的比较研究

近年来，国内报纸的新闻评论已呈现繁荣局面，与此相应，一些报纸纷纷开办言论版①。同时，国外著名报纸言论版的实践，也开始引起国内同行的注意。本文通过对美国《纽约时报》、《今日美国》等言论版与中国几家报纸的言论版进行内容与形式的比较，尝试归纳言论版的特性与规律，希望能够对我国报纸言论版的实践有所裨益。

一、中美报纸言论版的不同景观

1. 美国报纸言论版的冲突性景观

言论版在西方的理论依据，是媒介的社会责任理论。这个理论认为："正如自由主义理论所提出的，媒介具有告知、娱乐和销售功能，但是除此之外，它还必须承担讨论社会冲突的功能。""社会责任理论主张，任何人如果有重要的事情要说，他都应该得到一个可以表达的场合。如果媒介不承担提供这个场合的义务，就应有人来监督媒介，使其尽到责任。"② 美

---

① 比如《南方周末》的"视点"、"百姓茶坊"；《中国青年报》的"青年话题"；《北京青年报》的"每周评论"；《检察日报》的"法治评论"周刊；《北京晚报》的"新闻快说"；《工人日报》的《新闻评论》；《南方都市报》的"时评"版；以及已停刊的《中国妇女报》的"每周评论"、《大连日报》的"新闻网吧"。有的是周一刊，有的是周三刊，有的已经达到了每周四刊。

② 沃纳·赛佛林：《传播理论——起源、方法与应用》，华夏出版社，2000年版，第342页。

国 40 年代由大学教授组成的新闻自由委员会（哈钦斯委员会）提出："大众传播机构应担负沟通公共消息与意见的责任"，要"成为意见与批评的论坛。"① 因此，有了这样一种理论基础，美国报纸的言论版就呈现为多种言论主体、体裁混杂，具有冲突色彩的格局。这就是以《纽约时报》、《今日美国》的"EDITORIALS/LEITERS"和"OP—ED"——社论与读者来信版（对页）所体现的风格。这种冲突性既表现在读者来信、专栏文章的观点冲突，也表现在读者"来论"与报纸"社论"的对立格局。

《今日美国》的社论版在一篇社论之下，安排的就是两篇观点对立的文章，叫作 Today'S Debate（今日争论）。一篇是"我们的观点"（Our View）；另一篇是"反对观点"（Opposing View）。比如 2002 年 3 月 27 日的社论版上，Today's Debate: Medical Privacy。"我们的观点"文章的题目是 HHS weakens protections（《HHS 削弱了保护》）。HHS 是美国政府机构 health and Human Service 的缩写。这篇文章对美国政府在医疗信息的隐私性保护方面的退步提出了批评。因为新的规定取消了必须患者明确同意医院才能公开他（她）的医疗信息的条款，而改为让患者看一个"注意事项"（Notice），这个注意事项中包括同意医院公开其医疗信息。这样一个程序可能使患者稍不注意就放弃了自己的权利。而"反对观点"的题目是：Less Papper Work is Better。这篇署名文章的观点是：这样一个注意事项将给患者同样的隐私权。在文章结束之后，报纸还特别注明：这篇反对文章的作者 Dick Davidson 是美国医院联合会的主席，这位 HHS 的主席拒绝写"反对观点"。

2002 年 4 月 25 日的 Today's Debate（今日争论）是关于 CDC（美国

---

① 李瞻《新闻学》（台湾三民书局，第 205、209 页）。又：我国早期新闻学者徐宝璜的《新闻纸之性质与价值》一文在写到新闻纸的评论时事职务时，第一个职务即是："供给各方平等发表机会。新闻既为国民之言论机关，社外一切来件，但须所记不虚，言之有理，不应同其属何党派，及与本报主旨向背，而予以刊出，供世人讨论，给各方平行待遇。"这是一个宽容的讨论尺度。见人民大学出版社徐宝璜著《新闻学》。

政府的疾病控制和预防中心）的一项反对生物恐怖的立法建议。这项建议要求立法机构赋予各州州长在紧急状态下的特权：包括公开患者信息、征用医院、车辆，以及对生物病毒的感染者实施隔离措施等。但是这个立法建议受到美国各州已有的保护个人信息和财产权利的法律的限制。争议就在这个问题上展开。《今日美国》的观点是支持这个立法建议的，表现在 OurView 文章的标题上即是"Old Laws Pose New Threat"——它认为落后的法律跟不上形势的需要。而 Opposing View 栏则发表了 Duane Parde 的文章 "CDC Proposal is Extreme"（CDC 的建议是极端主义的）。Duane Parde 是美国国会一个立法委员会（American Legislative Exchange Council）的执行主席。他认为：这项立法建议与美国人民的一些基本的权利和自由相违背，If states go too far, they hand the terrorists of the world a belated victory.（如果国家在这个问题上走得太远，那不啻于给世界恐怖主义分子奉上了一份迟到的胜利。）

　　这种把不同观点的公众言论与社论摆放在对等位置的做法，既体现了客观性，也体现了对读者和社会公众的尊重。

　　而同样医疗信息的隐私性这个话题，《纽约时报》2002年3月27日的社论版是以多篇读者来信的形式反映不同观点的——读者针对几天前该报关于这件事的报道和文章写信发表不同观点。《纽约时报》的做法与《今日美国》的做法相比较：第一，没有明确把自己的观点与读者和不同观点摆放在对等的位置；第二没有把这种对立置于同一个版面的"共时态"结构中。但是后者体现的不同观点更丰富，其形式也更自然一些。

　　《今日美国》这一张社论版的冲突性还突出地表现在另一点上：2002年3月27日这一天的主打社论为批评安达信公司的文章《CEO Resign, but Anderson Still Fail to Fix its Flaw》而在社论栏旁的来信栏中，却发表了一封安达信公司的一位员工为自己的公司和员工鸣冤叫屈的文章《Where is Justice for Anderson Workers？》。文章称，对整个公司的指控是当代的公共私刑、有罪推定。如果说公司个别领导的错误行为是他们罪有应得的话，

三、什么影响着具体的阅读效果 | 173

那么让整个公司的员工承担失去工作的后果就决不能说是公正的。另一封来信也是对安达信及其领导人的贡献大加赞扬。在举世滔滔对安达信大加挞伐的社会舆论中,《今日美国》能够发表这样与自己的立场不同的观点,可以见其社论版的办报理念了。

这种冲突性表现的是一种"平衡理念"。

胡舒立在《美国报海见闻录》一书中对《圣保罗报》报的社论版有这样一番介绍:"我问负责选编言论的社论作者兼助理社论编辑罗伯特:'美国报纸选登言论的标准是什么?'罗伯特说:'各报不一样。有的选与本报社论意见不一致的文章,有的选与本报社论观点接近的文章;还有的不管这些,专选读者感兴趣的题目。我们嘛,就是让版面平衡。'我明白罗伯特所说的'平衡'的含义。在刊出安执笔的社论《延长大赦期限》的次日,《圣保罗报》在社论版对页登了一篇意见完全不同的文章《非法移民大赦该适可而止了》。这可以说是'平衡'的典型一例了。"

正如美国新闻教科书所言:"社论·言论"版像头版,其重要性远远超过其篇幅。它是有机的,富有生命力的;它是平衡的,表情丰富的。[①]

2. 我国言论版的源流演变

我们党报历来有"读者来信"版,照例由报社的群众工作部来做,而不是由评论部来做;而长期以来读者来信版的内容,主要是人民群众提出自己工作和生活中的各种困难和疾苦,把党报当作一个类似政府信访部门的一个渠道,解决自己的实际问题,而主要不是发表自己对社会问题、国家大事的个人观点。因此,这样的言论版,从读者方面来说,实用功能比较强。这样的版面本身,缺少意见交流的性质,更缺少观点冲突。后者实际上长期以来在我们的党报和其他报纸都是一个空缺。因为在一个思想并不活跃,言论空间比较狭窄的时代里,让读者直接发表自己对各种社会问题、国家大事的个人观点,比让他们只是直接诉说自己的疾苦,更困难,

---

① 引自胡舒立:《美国报海见闻录》,中国广播电视出版社,1991年版。

也更敏感。

当然,《人民日报》1956年为改版写的社论《致读者》曾提出"开展自由讨论"的观念:"在我们的报纸上发表的文章,虽然是经过编辑部选择的,但是并不一定都代表编辑部的意见。——这不是说代表编辑部的意见就不可以讨论,而是说,我们发表的某些文章的某些观点跟编辑部的有所不同,这些文章的作者的观点彼此也不同,这种情形希望读者认为是正常的"。这些观点,也可以看作我国报纸与西方报纸言论版操作庶几相近的思想资源,只是对社会生活真正的自由讨论几十年来既未成规模,也未成"版"。

近年来,随着改革开放、市场经济而来的新闻机构的多元化和党报自身职能的变化,以及国家法治化,报社作为一个"信访部门"的角色逐渐淡化,有的报纸是觉得坚持下去很困难,有的媒体觉得投入太多,投入与收益比不合算,有的是觉得直接干预本应该由行政部门和司法部门来管理的事务,容易牵连官司。因此,读者来信版在一些报纸都消失了。起初代替"读者来信版"的言论版,是一种纯社会评论版(比如《北京青年报》的《每周评论》)。它几乎完全是由擅长写评论文章、杂文的社会文人群体来支撑的。这种版面,不涉及私事,但却充满正义感的抨击。这其实只是报纸杂文栏目的扩大而已,品种比较单一,代表的社会人群也比较单一。除了文人之间的观点和思路不同,谈不上社会各领域、各阶层的观点与交流。

真正带有交流性质的言论版,比较典型的是《中国青年报》的《青年话题》。用该报总编辑李学谦的话说,这个版是追求"大嘴小嘴都说话"。一个农民的一封几百字的来信,也能刊登,专家学者的几千字的分析文章,也能登。特别是设立"不同观点"这样一个栏目重视观点的冲突,让社会上不同利益的人,让批评者和被批评者在一起说话。

《人民日报》编辑陈家兴撰文介绍"青年话题"版:

"话题的内容无疑是'热'的,多是围绕社会生活中刚刚发生的、颇为读者关注的事件、人物指点评说。话题文章不浅不深也不俗，易为读者阅读和接受，不知不觉中就会让读者喜欢上并逐渐培养出一种'我也想说'的兴趣。因此，广大读者的支持与参与是话题类栏目板块'火爆'的根本所在。它们的兴起，正是'读者办报'的一个具体体现，也是与广大读者参与社会生活、发表意见看法的意识分不开的。"①

我觉得，陈家兴说得最好的一句话是："逐渐培养出一种'我也想说'的兴趣"，这是媒体对民众民主意识和表达能力的促进，这是报纸对人（读者）的真正影响。

但是，比起国外《纽约时报》的"社论·观点"版和新加坡《联合早报》的"交流版"（"社论/言论/天下事"）来，《中国青年报》的《青年话题》还是不一样。因为前者是把代表编辑部的言论——社论与读者的观点放在一起发表的，特别表现了对读者言论的重视；而《青年话题》的主打言论却不是社论，作为我国中央级主流报纸，该报的社论仍然放在一版，并且很少见到。这基本上代表了我国党报系统长期以来对"社论"规格的珍重：非到年节和重要会议才发社论，而不是像西方报纸那样以"社论"作为报纸每日对日常新闻的表态——《纽约时报》的社论是每天两三篇。这使得我们的社论基本上失去了"新闻评论"的功能，而已经"规格化"——形式主义化了。

在我国，比较接近于国外社论版通行做法的是《工人日报》与《南方都市报》：《工人日报》是把署名的本报评论员文章挂"社评"的栏题与一般评论和来信放在一起。尽管其"社评"仍然不是社论。而《南方都市报》，作为都市报，本来就没有社论，它的言论版（称"时评"）的头条文章就是一篇"社评"，有自己报纸署名的评论员文章，也有署名的特约评论员文章。这种署名的评论员文章，与不署名的美国报纸言论版的社论相比较，

---

① 引自《人民日报》总编室 2000 年 7 月 15 日的《编采业务》，第 413 期陈家兴文章《传媒"话题"热——中国青年报"青年话题"版述评》。

实际上显示出它们的尚没有达到明确代表本报立场发言的身份，其地位也较后者为轻。但是，正是因为相应"降低"地位，使得"高高在上"的社论所通常不涉及的更丰富的社会生活内容，得以进入"社评"的选题，这才能做到每期一篇的频率。

值得注意的是《南方都市报》的社论版"时评"的版次——在报纸A组的第二版——翻过要闻版就是它。这突出代表了近年来我国报纸对言论版的重视倾向，这与1800年的美国最早的言论版《曙光报》（TheAumra）的版次相同①。而现在《纽约时报》、《今日美国》则把社论版放在A级的倒数第2、第3版对页（倒数第一版是广告、天气版），比如2002年3月27日《纽约时报》的社论版对页是A22—23；同日《今日美国》的社论版对页是A12—13。《中国青年报》的言论版《青年话题》在第8版（平日的最后一版；两大张叠在一起，4版实际上成了倒数第一，8版成了倒数第三）。这些言论版的版次由于报纸的张数不同而有所不同，但是都显示了言论版的独特地位——"倒数第一"也是一个优先次序，这方便读者。

我国报纸的社论的困境，冰冻三尺，非一日之寒。我有一种想法：我国报纸社论改革的出路，恐怕在创造出我们自己的"社论版"上。只有在一块活跃的社论版上，在一个人民群众和社会各界观点组成的开放、活跃的言论氛围中，现在社论的那种呆板、高高在上的毛病才能够从根本上得到改观。从长时段的新闻史看，这种把社论与来信放在同一个版面上的形式，既是一种选择，也是一种规律。它必然随着公民社会的成熟而到来。因为它所适应的环境，就是公民议政。我们已经在新出现的一些报纸言论版上，看到这种端倪了。

二、言论版的几个特性

综合上述比较，我尝试归纳言论版的几个特性。

---

① 程之行：《评论写作》，台湾三民书局，1984年版，第72页。

1.（动态的）往复性与参与性

它反映了意见的特性，意见本身是会带来意见的，这是一个无穷的、不断发生的过程。《纽约时报》电子版在社论的旁边置有一个链接："READERS'OPINIONS Join a Discussion on Today's Editorials"——征求对当日社论的看法，择日刊出。而在下面就发前期的 READERS'OPINIONS 就反映了这种连续性和往复性。

《中国青年报·青年话题》则往往以"不同观点"的栏目，来回来去地刊发读者之间、读者与作者之间的不同观点，往往一篇文章引出一种"不同观点"，而"不同观点"又引出更"不同"的观点，如此延续数期不止。

2. 言论版应该具有一种（静态的）结构性与生态性

一个版面的多篇言论，往往并不是偶然的、机械的关系，而可能是不同的、对立的关系、相同的关系、相互映衬的关系，这些关系形成一个有张力的语义空间。单一的言论品种不能构成生态性；多品种但不互相发生关系也不构成生态性；不同的言论品种、代表不同人群的言论品种相互反应、互相批评，才构成生态性。

纽约时报 EDITORIAL/OP—ED 版有 TODAY'S EDITORIALS（社论）、OP—ED COLUMNISTS（专栏作家文章）、EDITORIAL OBSERVER（编辑观察）、LEITERS（来信）、OP—ED CONTRIBUTORS（投稿）、READERS'OPINIONS（读者观点）等栏目，可谓品种多样。它的两个对页言论版给我的深刻印象，就是它把严肃的政治性和浓郁的生活气息融合在一块版面上。比如 2002 年 3 月 4 日 A20 版（Editorial/Letters）版上，版面左上头"小报头"下，是一篇社论：The Ruses to Block Reform（《阻挠改革的诡计》）。

这篇社论说的是参议院审议一项有关选举捐助金的改革法案。

在这篇社论的右边，就是两组读者来信，一组是不同身份的读者针对一项有争议的医疗技术 mammogram（乳房 X 线照片）的不同看法——都是针对几天前时报的社论和报道而发的——分别在医学福利、医学风险和医学应有的诚实态度方面提出看法。

另一组更生活化：Cloning Your Dog: A Sweet Illusion（《克隆你的狗：一个甜蜜的影像》）——好几个人对某人要克隆自己心爱的小狗提出看法，还配了一幅漫画。

另一个例子是2002年3月25日这一天的社论版：其中一篇社论是：The Politics of Judgeships（《法官的政治》）这是一篇批评布什总统在任命巡回法官问题上有党派立场的文章，属纯政治性文章，与大多数人无关。但是，在旁边却有一组读者来信，针对布什政府提议取消医疗隐私保护条例中必须病人同意才可公开的条款的不同看法——表现了政治关系到每一个人的生活的性质。

而与此相比，国内一些言论版，还没有这样的生态性，它们或者全由报社自己的记者编辑包办，或者全是社会上熟头熟脸的杂文作家。读者对于他们的见解有不同观点，也无从反映。

3. 言论版应该具有冲突性

作为一个社会的影像，言论版是具有冲突性的，因为社会人群的观点是相互冲突的。比如2002年4月2日《纽约时报》社论版上一组以To End the Wave of Terror（《终止恐怖浪潮》）为题的关于巴以冲突的来信，反映了相互冲突的观点：

有一位读者明显站在以色列一边，他说："历史告诉我们：对恐怖妥协是错误的，因为它只能导致更大的冲突与危险。"

另一位读者则说："除非沙龙给予被以色列占领的土地上的人民以希望，绝望和不顾一切的做法才能得到控制。"

还有一封来信说："哪有什么成功的会谈？我能记得的只有无数由沙龙提出的单方面停火，而回答这种停火的只是更多的人体炸弹。"——这显然是同情以色列的。

接着的一位读者则对3月31日该版上一篇"Suicidal Lies"，《自杀的谎言》提出批评，他说那位作者先生"没有提到在最近的冲突中1100名巴勒斯坦平民被杀死，他是不是仅仅注意到了以色列一方的痛苦、死亡和不安全？"

——你看，就是这样针尖对麦芒。

言论版的冲突性，本身就是它的宽容性，首先编辑要容人批己。

例如：《今日美国》报社论版上 Today's Debate（今日争论）将"我们的观点"与"反对的观点"的对等设置。像这样的言论传统，我国新闻媒体极少。上一个世纪 30 年代胡适办《独立评论》的时候，就转载了罗隆基为天津《益世报》写的一篇社评。这篇文章是与胡适唱反调的。胡适在"编辑后记"中说："罗隆基先生驳我的'国联可以抬头？'的文章，虽然不能改变我乐观的观察，却是我们读者应该读读的。"①

《中国青年报·青年话题》从 1999 年底创办之初就特设"不同观点"栏目，强调"不同的价值"。它在 1999 年 11 月 1 日的发刊词中写道："关键是'不同'。'不同'的价值在于，它不仅包含着新闻媒体求新求异的运作和读者求新求异的阅读规律，更重要的意义是：思想进步可能就孕育在'不同'之中，而相同只能使我们停在原地。"现在，尽管国内言论版对"社论"的不同观点虽未形成像《今日美国》那样的 Today's Debate 制度，但《中国青年报·青年话题》的确经常性地以"不同观点"栏目刊发读者对该版主打言论"冰点时评"的反对意见——包括对本版评论编辑自己言论的反对意见。这样的尝试，从一般看法上是不利于本报权威性的，但它是报纸言论版的一种胸怀，一种对读者的坦荡姿态。这方面的自觉实验，恐怕要期待于报业竞争使报纸更近一步接近读者的市场压力。

三、结语

美国报纸的言论版，从 19 世纪初就已经出现了。相似规模和功能的

---

① 引自谢泳《罗隆基评传》。

我国报纸的言论版在 20 世纪末开始复现[①]。这反映出：尽管言论在不同国家报纸的地位有所不同，不同国家对于报纸言论功能的理解有所不同，但言论版本身是报纸运作的规律所致。《中国青年报》的言论版"青年报话"创办两年内系统调查在报社的所有版面中读者阅读率一直仅次于要闻版，就是一种证明。我国台湾的新闻学者程之行先生曾在上一个世纪 80 年代说过："我国中文报纸不想有言论版，并不是篇幅有限，或格于其他困难，而是对于评论功能未得应有的重视。……如果我们不必有一个'公众论坛'，这也罢了；否则，社论版的出现不只可能而且是一必须。"[②]

总之，言论版是社论政治化、政治生活化、社会宽松和开放条件下必然会出现的报纸现象。我国报纸言论版在 20 世纪末的出现，是中国社会成熟化、中国报纸成熟化的印证。然而，言论版的操作本身对报纸对意见信息的冲突性理解、宽容性接受都是一种考验，这是与报纸从业人员新闻采访、写作素质不同的素质。我们现在已呈遍地开花之势的报纸言论版，也许还未准备好这种素质。

（原载《国际新闻界》2002 年第 3 期）

---

① 20 世纪三四十年代的中国报纸曾经有过言论版。
② 程之行：《评论写作》，台湾三民书局，1984 年版，第 72 页。

交流与争议

——国外报纸言论版评述

一、言论版是世界报纸的普遍形式

近年来，我国各地报纸纷纷开办了言论版。因此，对国外报纸言论版的借鉴，也就成了报纸言论编比较关心的问题。我以前参与过言论版的创办。这几年在大学新闻学院教书，对国外言论版有所关注。在此贡献一点见识和体会。

我以前教学只注意英、美主流大报的言论版，后来有机会放开眼界一看，不仅美国的都市报、"小报"〔如《每日新闻》（Daily News）、《纽约邮报》（New York Post）〕都有着与上述主流大报差不多相同模样的言论版，就是我们邻近的东方国家的报纸，也有着差不多相同模样的言论版，如新加坡的《海峡时报》（The Straits Times）、泰国的《国家报》（The Nation）、《曼谷邮报》（Bangkok Post）、斯里兰卡的《岛报》（The Island）。由此可以推断，汇集着社论、读者来信与专栏文章等多种言论的社论版，实际上可能已经无分主流与非主流、大报与小报、东方与西方，而成为当今国际报纸的普遍规范和制度。

这种形式的稳定性和普遍性，从都市报可见一斑。比如，在美国纽约出版的两份8开小报《纽约邮报》和《每日新闻》是典型的都市趣味报纸，往往都是在头版刊登一幅整版新闻照片，这与严肃的大报的头版风格大相径庭。但是，他们的言论版格局却与主流大报一般无二：社论版左边三篇社论；右边是读者来信。三篇社论的内容，最后一篇"社论"，其实也就只有几十字了，甚至往往只是一条有趣味的简讯，加上一句评论的话。但是仍然保持着与大报一样的社论版格局。

二、国外言论版的形式要素与内容要素

我在人民大学新闻学院上课讲言论版的时候，曾把一些国外报纸的社论版分发给同学们，让他们找出哪一篇是"社论"。许多同学瞪着眼睛茫茫然找不到，因为他们看不到明确标出的"社论"（Editorial）的字样。这主要是不熟悉国外报纸社论版的形式要素。一般来说，现在国外报纸的言论版，都有前后连的两到三个版。其中一块版有形状、大小不一的"内报头"作为标志。这是国外报纸社论版重要的形式要素。一般在"内报头"之下、版面左端不署名文章即为"社论"，欧美报纸一般是从上到下排列三篇；亚洲报纸则一般只有一篇。

社论是国外言论版的内容要素。所以，言论版也被称作"社论版"（Editorial Page）。但实际各报各版标出的名称也各不相同：纽约《每日新闻》，标"思想与观点"（IDEAS & OPINION）；加拿大的《多伦多星报》（Toronto Star）第一页言论版直接称"社论与意见"（Editorial & Opinion）；《华尔街日报》两块言论版都称"意见"（Opinion）；新加坡的《海峡时报》（The Straits Times），两块言论版都称"评论与分析"（COMMENTARY·ANALYSIS）。《纽约邮报》包括"社论版"在内的三块言论版都叫"邮报观点"（Post Opinion）。而斯里兰卡的《星期日观察者报》（Sunday Observer）的社论版叫作"评论"（COMMENT），另一块言论版则叫作"表达"（EXPRESSIONS）。但不管叫什么，这些报纸言论版的基本格局大体都是一样的。

再说"内报头"，这是社论版的标志性形式要素。一般置于社论版的左上角，是一个缩小了的报头样（包括字体与图案）。这样一个内报头作

为一种传统,表明社论版特殊的地位。当然,内报头也有在其他位置的,比如《华尔街日报》放在第二张言论版的左下角;《曼谷邮报》(Bangkok Post)的内报头就在社论版的左下角;泰国的《国家报》(The Nation)社论版的内报头则在其右下角。内报头的内容有简有繁,有的只是报头字样的缩小,有的还有图案,有的还要加上从发行人到总编辑、社论版编辑一干人等的大名、读者来信的方法。国内少数报纸如《经济观察报》、《新京报》的社论版均有"内报头",这是它们向国外报纸"看齐"的一个表征。

当然,所谓"社论版"并不是"只刊登社论的版",实际上,一般从欧美报纸来看,左边刊登数篇社论,右边刊登更多篇数的读者来信,是基本模式。英国的《金融时报》的第一张言论版就干脆称"社论与来信"版(LEADERS & LETTERS)。美国纽约的《每日新闻》社论版右侧的读者来信,栏题专有个名称:《人民之声》。而有的报纸则是左边刊登数篇社论,右边刊登其他来论,而把读者来信专门安排在另一页。比如,《华尔街日报》和加拿大《多伦多星报》。

除了一张刊有社论的版面外,一般来说,国外言论版至少还有另一页,有的还更多,即为刊登专栏评论或者读者来信的版面,有的报纸称为观点版(Opinion),在《纽约时报》则称"社论版对页"(op/ed)。加拿大的《多伦多星报》的"社论与观点版"旁边的版面因为都刊登的读者来信,便直接叫做"来信"(Letters)版。

读者来信是国外言论版的内容要素之一。有单篇、单题发表的,也有按照主题相同"合题"发表的。这当然都是编辑要做的事。

刊登读者来信,美国、加拿大报纸有一种编辑方法,就是"抬头"都是一个"Re"(回应、针对),加上一篇文章的标题。在这个标题之下,还要标明一个日期。这封来信,就是针对那篇刚刚刊登过的文章发表看法的,而那个日期,就是读者所针对的那篇文章的刊登日期。这样,针对性很强、很明确,表现形式也很有效率。当然也有别的更自然的形式。比如《金融时报》的读者来信,起首均为来信者的姓名,比如:From Mr Phlip

Jennings。来信抬头为"先生,"——这是在对编辑说话呢,保持了来信生动的气息。这些来信针对的文章,有的是社论,也有的是消息,还可能是报纸刚刚刊登过的其他人的文章、来信。大多数报纸都在社论版或来信专栏的显著位置刊登联系方式与电子邮件地址,以方便读者来信。一些报纸的网络,就在社论的下面设置一个链接:"讨论今日社论"。《今日美国》报在社论版读者来信栏的下方有一固定的启事栏《请评论》(To comment):"我们欢迎你对社论、专栏文章、《今日美国》报上其他话题,以及对你来说任何重要的话题发表评论……250个或更少的字数最有机会发表……"。

来信就是来信,其的形式特征很明显。有的就是三言两语,既没有完整的结构,也没有完整的论证,却带着直抒胸臆的生动气息。而我国报纸刊登读者来信的标准,往往显得比较高,有的来信栏目,其实刊登得就是评论来稿。这实际上抬高了来信的门槛,因此也就减弱了来信的广泛性。

与国外报纸言论版要素与格局小有变化而大致相同的规范相比,我国近年来各地报纸创办的言论版可谓百花齐放,模式更为多样,还没有形成言论版的"主导"的模式。这与我国报纸所处的发展状态有关。这也与我国报纸的言论版上普遍地不能保证一个基本的内容要素——"社论"有关。社论很少发表,发表便在要闻版上。这既与我国报纸近代以来独立发展传统有关,也与近几十年来党报体系社论规格过于"崇高"有关。与言论版上社论的普遍缺失相关,我们也自然缺少另一个内容要素:读者对社论的批评。这是发表在社论栏旁边或社论版对页上的读者来信的重要内容。国外报纸的社论,实际上是在言论版这样一个多种观点并发的"言论环境"中生存的,它直接地受到读者来信的回应与批评。这是长期以来我国报纸的社论规格所不能接受、不适应的环境。

国外言论版还有一个普遍的形式要素,就是图像,除了在我国报纸言论版上已经普遍借鉴的漫画之外,不少国外报纸的言论版都有作者的照片。有的言论版甚至言论配有新闻摄影。比如2004年9月3日《华尔街日报》言论版上有一篇《Dancing in the street》,评论在曼哈顿刚刚发生的一次民众政治抗议行进活动。这篇评论中就插入了一张民众在街头边舞边行的新闻照片。2003年3月25日，美国驻加拿大大使Paul Cellucci在多伦多经济俱乐部发表演讲，批评加拿大首相克雷蒂安不参与美国对伊拉克战争的决定。说如果加拿大有这样的需要的话，美国就愿意"在那里"。26日，《多伦多星报》刊登这个演讲，27日，该报读者来信版发表多伦多市民William T.Morris的来信，对此做出激烈回应。而这封来信的上端，就刊登了美国大使演讲时的新闻照片，所占版面比Morris的来信还要大。《今日美国》报甚至在社论版上的社论栏与来信栏各配一张新闻照片。言论版上的这些图像元素和新闻元素，增加了版面的视觉冲击，调节了言论版因缺少事实性信息的缓慢节奏和沉闷感。

三、言论版的版次

在多个版组的报纸中，言论版一般都在新闻版组。从美国大报来看，它们都在新闻版组的最后。比如《纽约时报》、《华盛顿邮报》、《今日美国》报。因为新闻版组的最后一页往往是广告或者天气预报，因此两张言论版就处于正数第二、第三版的位置，刚好是"一眼看两张"的"对页"状态。这样的版次，一般的解释是：美国报纸讲求的是报道与评论的严格划分界线；同时，倒数二、三版相较起报纸内页来，也是一种优先位置。但实际上并非都如此。比如《纽约邮报》和纽约的另一家都市报《每日新闻报》，言论版就是位于报纸中的中间，80多页厚厚一叠，翻找言论版也颇为不易。放在新闻版组中间位置的，还有加拿大的《多伦多星报》、泰国《国家报》、《曼谷邮报》等。我们国内报纸的言论版，现在有一种趋势：把言论版置于第二版。这么靠前的位置，是国外报纸不多见的。新闻史家往往说到美国1800年最早设置言论版的《奥罗拉报》，就是把言论版放在第二版的。美国言论版由最初的第二版撤到最后，肯定是反映某种理念和规律的。而我国报纸言论版目前安排在二版的趋势，则反映了目前各报都把言论版当作报纸的一个竞争点的意图。这种区别，或者是对别人的理念我们并不接受，或者是共同的规律在我们这里还没有显现出来。

四、言论版的生态：交流与争议

言论版不仅是各种言论的集纳之地，更是一个言论的生态环境。这种生态环境表现为不同言论之间的关系：交流与争议。而如果各自不发生关系的言论，则是言论的机械堆积。以这个参照系来看，国内许多报纸的言论版，往往都只能说是扩大了的言论栏目。

争议与冲突，本来就是言论的"自然生态"。而通过言论版促进社会的意见交流，则是报纸的一种社会责任。美国40年代由大学教授组成的新闻自由委员会提出："大众传播机构应担负沟通公共消息与意见的责任。"要"成为意见与批评的论坛。"（李瞻《新闻学》，台湾三民书局，第205、209页）这正是这个委员会提的媒体的社会责任理论的一个重要内容。美国佐治亚林学新闻学教授康拉德·芬克在《冲击力：新闻评论写作教程》中写道："最好的评论版会给教育、探讨和争议提供一个论坛。"（新华出版社，2002年版，第81页）从理论上说，交流是目的，争议是过程与形式。争议，甚至冲突，是人们意见交流的常态。从文化上来说，西方文化强调冲突，言论版上的冲突性色彩更强一些，最典型的就是《今日美国》报社论版每期在突出位置刊登"今日论争"：一篇"我们的观点"（Our View），一篇"反对的观点"（Opposing View），针对相对；东方文化强强调和谐，言论版上的冲突性色彩就要淡一些。所以新加坡《联合早报》的言论版之一就叫作《交流》，其中既有人民之间的交流与理解，也有政论官员对人民意见的直接答复。

以《联合早报》的《交流》版为例，2004年2月9日刊登来信《派报者的心声》："甘甘先生在2月3日《早报·交流》版上说：'没报读那两天，真辛苦！没报读的时候，心情真的很不好。'但是我们想问甘甘先生，当你还在酣睡时，你是否有想到那些每天准时风雨无阻地把报纸送到门口的派报员，还有其他送报纸的工作人员？而在一年里面，我们也只难得有两天半的休息日。

其实农历年的除夕夜我们也有派报，只不过是派英文报、马来文及印度文报纸。除了圣诞节的第二天、农历新年初一，其余的日子我们都在打拼……"

类似这样的交流，自然有利于不同地位、群体的人民之间的相互理解。

美国报纸社论版的冲突性气氛往往体现在读者来信与社论之间。2002年3月27日的《今日美国》报刊登社论《CEO辞职，但安达信并未堵住漏洞》。而在社论栏旁的来信栏中，则发表了一封安达信公司的一位员工为自己的公司和员工鸣冤叫屈的文章《对安达信的职员来说，公道何在？》。文章称美国社会对安达信公司的指控是当代的公共私刑、有罪推定。如果说公司个别领导的错误行为是他们罪有应得的话，那么让整个公司的员工承担失去工作的后果就决不能说是公正的。另一封来信甚至对安达信及其领导人的贡献大加赞扬。在举世滔滔对安达信大加挞伐的社会舆论中，《今日美国》能够发表这样与自己的立场不同的观点，可以见其社论版的办报理念是强调争议、冲突中的平衡。

这种冲突性也表现在读者来信之间的相互辩驳。比如2004年9月3日是《金融时报》社论与来信版刊登一篇瑞士人James Synge的来信，标题为《并非所有人都因布什当政而感到更安全》。来信说："先生，我很高兴大卫·帕尔默先生（9月1日来信）和他的家庭因布什当权而感到更安全。我不是美国人，没有这样的'特权'。我不仅担心恐怖主义对于我们日常生活潜在的冲击力（帕尔默先生肯定也如此），但是我还担心另一个事实，那就是这个世界上唯一的超级大国……"你看，作为一家国际化的报纸，英国出版的《金融时报》社论与来信版实现着世界各国公民的意见交流。

我国的报纸有刊登读者来信的传统，一些大报过去还有读者来信版，但与国外言论版相较而言，却基本缺少意见交流的性质，更缺少观点冲突，主要是反映群众疾苦。读者意见的交流与争议实际上长期以来在我国报纸都是一个空缺。这是因为长期以来我们办报的人,都把报纸和报纸上的言论当作教育人民群众的单向的传播工具,而没有把它当成人民自己进行表达与交流的空间与工具。随着社会公共生活空间的增大以及社会阶层的多元化,人们的表达与交流欲望一定会增加。而报纸必然会成为意见交流的空间。

(原载《中国记者》2004年第12期)

四、
什么影响着新闻评论表达形式的流变

探索更丰富的评论表达形式

当代中国新闻评论的发展变化，从写作主体方面看，是更多的社会角色进入评论写作队伍，其中学者的专栏写作和草根化的网络写作都非常突出。从议题方面看，范围也更为开阔。从论证的角度看，由于在社会公共议题上，身份平等的写作主体往往相持不下，因此论争频频，这就使人们更为重视论证的强度。

在前述三种发展变化之外，有一种尚不明显，但可以期待的变化是：新闻评论表达形式的丰富，即突破千百年来传统的文本束缚，借助现代大众传播在文字之外的其他形式手段，以促进新闻评论更有效率的传播。这样一种变化，在当代中国新闻评论界，是有迹象可寻的。而在更为开阔的国际新闻传播的视野之中和中国新闻评论的传统之中，也是有先例可以借鉴的。本文仅就纸质媒体版面上的几种表达形式，略谈这种变化的可能性。

一、"强论证"的趋势中的数据图表

2008年12月9日《新京报》"时事评论"版上，有一篇社会学者郑也夫写的《油贵吗？看和谁比》，文章的下面自配一个表格，显示比、法、德、意、荷、英、美七国从2004年到2008年的汽车燃油价格。

这是我国的当代评论和评论版上不多见的现象。它可能向我们显示两个方面的信息：其一是：当代新闻评论在"公民写作"或"普遍表达"的基础上，由于在公共政策问题上观点多元和评论写作的说服性动机上升，媒体言论已经进入了一个注重论证强度和论据时期。其二，媒体言论开始突破简单的文本框架，开始尝试多样化的表达形式。

我向当班的评论部主任王爱军了解此事背景："郑也夫这篇评论，是不是你们言论版第一次为评论配图表？这个图表是由谁做的？由谁提出来的？编辑与作者之间有过哪些沟通？"

王爱军回复说："郑也夫来稿中就有相关的数字，我们编辑和报社美编一起把他制作成了表格，便于阅读。因为郑也夫本来就想以表格形式表明观点的吧，所以基本上没有什么障碍，简单沟通就决定了。"

显然，这是评论编辑的一种形式创新的自觉意识。但是，评论编辑在形式方面的这种"表现意识"，其根源则来自于郑也夫评论中的论证意识和论据意识，即表格中的内容本来是包含在文本之中的。只是编辑在文本之外制作的表格，使得那些在文本中的数字论据变得外在化、显性化、直观化了。因此，我们可以看到，新闻评论内容和形式的发展，可能是相契合的。内容的某种倾向，为形式的创造提供契机。

中国当代的新闻评论正在从上世纪90年代末的观念启蒙和一般意义上的情感、意见表达（有人称为"公民写作"），进入到一个注重论证的有效性和论证强度的阶段。这表现在报纸的言论版上一些规模较大的论争；也表现为评论者对论据和论证工具——逻辑的自觉意识。注重论证的有效性和论证强度，这是评论作为一种意见交流工具的自然发展。

当代中国新闻评论开始走向"强论证"的社会原因是什么呢？其一，市场经济社会，利益多元、价值多元，涉及公共决策的新闻评论议题，实际上是社会不同的社会群体陈述自己的价值、利益，说服其他人的机会。因此，说服必须论证。其二，逐渐开放的公共信息和逐渐宽松的言论环境，使得一些争议性的议题从"高处"、"深处"释放下来、释放出来，成为新闻评论的议题。因此，有争议必有论证。

与一般的价值判断和情感表达不同，事实判断和强烈的说服性动机，都要求具体的论据材料。这对评论文本的一个影响，就是加重了文本对论据的承载负担。我在这里举一个典型的例子。《北京晚报》"北京论语"版的主编苏文洋,是一位文风非常有个性的著名评论家,几十年来以轻灵、幽默的文风(当然也时常有尖锐的讽刺)为人们所喜爱。然而,他发表在2009年5月13日《北京晚报》"北京论语"版"今日快评"栏目的《从投资参考看高速路如何赚钱》,其中罗列已经上市的高速路的证券简称20个,另外罗列收费的高速路名和桥名6个,此外还罗列了27个包括小数点和百分比的数字(还有既是百分数又带小数点)。如此繁密的论据在增强了评论的论证力度同时,也极大了影响了作者的文章风格,加重了读者的阅读的负担。对于新闻报道和新闻评论中的数字,传统的处理手段是"数宜简",即把庞大的数字消除零数,往整数上靠,这是对在计划经济条件下的产值数字来说的。但这对于市场经济条件下议论具体价格问题,特别是股价收益数字的评论来说,势所不能,因为一个小数点以后的数字的更易,就会"失之毫厘,谬以千里"。设想,这篇文章如果像本文前述郑也夫的那篇评论那样,将具体的数字对象设计成图表,而不是堆积在文本之中,一方面可能减轻文本对罗列名称、数字的承载负担,使读者对文本的阅读保持畅快,不至于受到频繁出现的数字的阻滞而造成阅读、理解效率的降低;另一方面,在图表中体现的数字关系,也可能得到更为清晰的、一目了然的理解。

实际上,这种直观化的图表制作意识,近年来已经在我国一些新锐报纸的新闻报道中(特别是突发性事件报道)显现出优势。而这种图表化意识延伸到评论版面上,也是很自然的事情。偶然的一个形式创新和尝试,如果取得较好的效果的话,就可能形成大面积的流行。这个动向,值得关注。

其实,为评论配上图表,在我国近代新闻评论中是有传统的。梁启超当代的评论中就往往附有表格。如1902年5月的《新民丛报》第八期上的"国闻短评"栏目的《粤学端倪》就附有广东广雅书院的课程表和学校经费表。梁启超在《论俄罗斯虚无党》中,就把从1845年到1881年俄罗斯虚无党发展历程式的简要年表列于评论之中，并附注说："以上所列干燥无味之年表，或令读者生厌，然非略知其事迹，不能审其发达变迁之顺序。故不辞拖沓为铨次之。若语其详，又非数十纸不能尽也。"显然，他认为，在这里，表格比文字更有效率。

在当代西方报纸中，在版面形式上突出直观性，多有创新的《今日美国报》，也在评论的图表方面有精彩表现。比如，2003年2月28日（星期五）《今日美国》社论版的"今日争点：北朝鲜危机"中，"我们的观点"之中，插入了一个名为"tension builds"的文本框，其中罗列了从2002年10月16日到"星斯三"的事态发展。这样一个文本框虽然不在评论文本之内，却为文本提供了论据。

《今日美国报》言论版在2005年12月30日发表社论（"Our Opinion"）题为《College football fumbles minority hiring》（副标题为："平等的机会？对于那些黑人教练来说，这些词语是空洞的"）。值得注意的是：在这篇文章正文的左侧，从上至下列出了五张黑人教练的照片——有名有姓，并在顶端注明：5/119；而在正文的右侧从上至下列出两道长长用来对比的"色谱表"，上面注明：在NFL（National football League 全国足球联盟）中的黑人教练占20%——在世界上2支球队中已有6名黑人教练；与此相较，在119个大学体育部里，只雇用了5名黑人教练——占4%。色谱表中的黑色块即代表黑人教练。两道色谱表的对比鲜明而一目了然。这些配置都增强了论据——使论据更有直观的冲击力。

2009年1月2日《今日美国报》社论版发表评论《Time to take civil rights fight to college football》，再次对大学足球队歧视黑人教练进行批评。配以一幅双色柱状图表，直观地反映从2006年到2009年初美国高校足球队与全国足球联盟各自聘用黑人教练百分比的明显差距。这些数字本身是很强的论据；而他们以图表的形式展示出来，则给人更为突出的形象——这个形象不容易在记忆中像抽象的数字那样随着时间而模糊。

在2006年10月31日的《今日美国》报社论版有一篇题为《2 wars,

2votes in Congress, only 10who got both right》（厌次战争，两次投票：只有10位国会议员两次都正确）的文章。标题上方老布什和小布什的头像分别排列下面的文字：

1991：第一位布什总统赢得同意，把入侵科威特的伊拉克军队赶回去。

2002：第二位布什总统获得同意，对萨达姆发动了一场先发制人的战争。

值得注意的是：在正文右侧，从上至下排列一栏：分别摘录两次决议；然后是列出在两次发动战争的决议中，第一次投赞成票和第二次投反对票的十位参众两院议员；其后列出在第一次战争决议中投了反对票而在第二次战争决议中投了赞成票的参众两院议员。

此外，《华尔街日报》的评论也经常插入图表（更经常的是经济曲线图），既当论据，也有装饰效果。比如，在2008年4月28日的《华尔街日报》的A2版评论栏"THE OUT LOOK"《Has the financial industry's Heyday Come and Gone？》一文中插入股市和就业机会的图表。在这一期的观点版（OPINION）上的第一篇言论（相当于社论）《The Fed's Bender》，中间也插入一个题为money and oil 的图表。

当然，不是所有评论中的数字都可以制作图表，也不是所有的评论作者和编辑都有能力制作图表。这需要新闻评论的作者和编辑适应当代议题，增加新的论据意识和论据表现能力。比如，在认识事物的过程中，就要寻找和思考那些更加有利于"形象地表现"的论据。比如本文前述《今日美国》批评大学足球队歧视黑人教练的"图示论据"就是精彩的典型案例。

二、"速读时代"中的字号策略

用较大的字号或不同的字体把新闻评论中的部分内容突出出来。这样一种编辑手段，在当代中国一些报纸的评论版上已经出现了。比如，《新京报》的言论版用与评论文章正文相同的字号但不同的字体把评论的核心观点摘录到正文开头、标题之下，这有点类似于消息的导语的效果——无非为了吸引注意、实现速读，或为读者保留对本文论点的深刻的印象。而《东方早报》评论版的某些栏目则用较大一些的字号把评论开头对新闻事实的叙述突出出来。而在国际上的一些新闻周刊，文章开头时使用较大的字号，早就比较普遍，不仅限于评论。无非是因为较大的字号一是节省读者目力，二是吸引注意，都可能达到把犹豫不决的读者吸引进来的目的——只要把读者吸引进来，读进去了，字号就可以变小了。全文都用大字号，用不起。

但是，一般在正文中，所用字号还是统一的，很少看到用较大字号刊印个别字句的现象。

然而，在我们中国近代报纸早期的编辑传统中，尤其是在上世纪初的新闻报道和新闻评论中，用较大字号突出报道中的关键词，突出评论中的重要观点的现象，比较普遍。比如，1903年6月1日《苏报》的《本报大改良》有这样一句：

"于发论精当、时论绝要之处，夹印二号字样，以发明本报之特色而冀速感阅者之神经。"

这种在评论文章中加大字号，给读者突出印象的排印方法，我在19世纪末到20世纪初的许多报刊中曾经见到。难得的是，《本报大改良》把这种方法所谋求的传播效果阐述得特别好，即：它是直接、并迅速地诉之于读者感官体验的手段。

这种排印方法，在旬刊中还有1910年创刊于上海的《国风报》。日报中还有在北京发行的《爱国白话报》。其所用大字号突出的词句，或者是文中的重要观点，或者是为读者提示文中的层次或方面。比如1910年9月14日出版的《国风报》的"论说"《朝鲜灭亡之原因》，第一页正文中，用较大字号刊出的是"古人言，与治同道罔不昌，与乱同道罔不亡"。而在1911年5月19日出版的《国风报》上的"时评一"《收回干线铁路问题》正文中，用较大号排印的文字是"（第一）从政治方面言"、"（第二）……"。至于这种编辑手段在新闻报道中则更为常见，如《申报》、《民立报》、《神州日报》。有时满纸连幅都是这种较大字号的文字。

这种运用排印手段的评论（报道）编辑方式，后来在中国报纸上消失了。其原因，可能是因为在铅字排印工序中比较麻烦，因为不同的字号占用的行宽不同，正文中较大字号占用的行宽，当排印较小号字时，需用切出适合长度的铅条填充相应空间，一篇之中零散出现大号字词句，都要相应费这样的工夫，必然影响排印的速度——进而影响出报速度。所以，这样一种在阅读中有效率的传播方式，因为影响了报纸出版的效率，就必然被舍弃。

但是，在当代，计算机技术已经使报纸告别了铅与火的时代。对于电脑来说，在正文中以较大的字号突出个别词句，不存在降低出版效率问题。而它在阅读中的效率则是明显的。当代"信息爆炸"和互联网，无形中加快了人们的阅读速度。这种加快了的阅读速度对于传播的新闻评论文本来说，也是一种挑战。因此，过去曾经使用过的在正文中对论点和关键词句加大字号的编辑方法，未尝不可以重新采用。如果采用这种形式，可以使读者对论点和文中重要的判断、"警策之句"留下深刻的印象，因为，它们一下子就能在密密麻麻的文字中"跳出来"。

我们应密切关注这样的尝试及其效果。

（原载《中国记者》2009年第7期）

时评的历史与规范

一股"时评风",遍吹中国各媒体,似有"泛滥"之势。

仅从栏目的名称看,《中国青年报》有冰点时评、经济时评、教育时评;就连它的思想理论版,也新设了"思想时评"。《北京青年报》、《北京晚报》先后开设了"热点时评";《人民日报》的"人民网"有"人民时评";千龙网有"千龙时评";《文汇报》最近新创办了"文汇时评";武汉的《长江日报》2001年末创办了"今日时评",而在此之前,《中国政协报》早有"今日时评"在前头,并已于2001年与《中国青年报》的冰点时评一起获得中国新闻名专栏奖……另外,新出版的《经济观察报》还有"一周中国时评"。

这些说明了什么呢?至少说明新闻媒体的评论编辑在评论文体上有一种认共识。这种情况,与前些年报纸上专栏言论与杂文、杂感为主的景观有很大的不同。其中原因很耐人琢磨。

时评是结构简单、朴素的文体。写时评在文体的掌握上不是难事。但是,在风行的时评热中,因为编辑和作者对时评的规范并不是很了解。往往标明是时评的栏目,发表的并非时评,还是杂感一类文章。比如《中国青年报》的"思想时评"。如果这里的"思想",不是一个"思想事件"的话,那么这里发表的文章恐怕就不是时评。即使内容比较接近现在,叫"时论"也无妨。实际上,时评并不取代其他评论文体,但是有没有时评的正确概念,有没有时评的规范,的确很重要,因为它涉及长期以来我们新闻评论实践和新闻评论教学的缺失。

（一）时评文体的升沉是新闻评论规律的升沉

时评，其实就是最狭义的新闻评论，即对新闻的评论，它与"新闻评论"的概念本没有什么不同。既然如此，为什么会出现"时评热"呢？难道仅仅是掉换一下名词？当然不是。这是因为多少年来的新闻评论实践、新闻评论品种体裁的多样化、复杂性，以及传统社论、评论员文章的空泛化、官样化，已经使"新闻评论"这个概念的外延过度膨胀，不足以概括和界定那种直接评论和判断当下发生的新闻事实的文体了。当然，重要原因还在于，长期以来这种评论的功能实际上的缺席。

时评既不是现在才产生的，也不是从中国新闻评论史一开始就有的。时评文体的升沉起伏，恰恰是新闻评论规律在我国新闻界升沉起伏的表现。

中国报业史上很长时间的所谓报刊言论，实际上都是长篇大套的政论，比如《万国公报》上的文章《中西时势论》、《强国利民略论》；梁启超发表在《时务报》、《清议报》上的《变法通议》、《少年中国说》。《湘报》：《中国宜以弱为强说》。只看看这些题目就知不是时评。讲中国新闻评论的人对那个时代有一个概括，叫作"政论本位时代"。你看这些题目往往带有"论"或"说"，当时发表这些政论文章的栏目就叫作"论说"。到了《时报》1904年创办，才有了一种改观。胡适在1921年《时报》创办17年的时候应约写了一篇《十七年的回顾》，对《时报》在中国新闻史上的重要意义评价极高：

"《时报》的短评在当日是一种创体……用简短的词句，用冷隽明利的口吻，几乎逐句分段，使读者一目了然，不消费工夫去点句分段，不消费工夫去寻思考索。"《时报》创出这种制度之后，十几年之中，全国的日报都跟着变了，全国看报的人也不知不觉的变了。"

郭步陶《评论作法》（《申报函授学校讲义》之五）说：

"时评二字，本是时报先用起，后来因为冷血先生（时报的主笔）的时评出名，各报也有相沿而用的，实在仍就是各报自己所撰的评论。"

这是"时评"这个概念由专称到文体泛称的过程。

戈公振《中国报学史》：

"同、光间之报纸，因受八股盛行之影响，仅视社论为例文……时报创刊后，曾于社论外，别立时评一栏，分别论断，报其机枢，与今之模棱两可，不着边际，截然不同，故能风靡一时。"

这是社论与时评出现的先后次序。

此后，梁启超在1909年的《国风报叙例》中明确界定了"时评"的功能，它与其他文体的区别："凡论说所论，则事之应举措者也；凡时评所评，则事之已举措者也"，这个区别，大致就是今日报纸社论、评论员文章与时评——新闻评论的区别。

但是实际上，这个界限后来也消失了——社论本身也时评化了。

从后来的一些新闻实践和徐宝璜的归纳来看，社论就应该是报社自己组织写的时评。他在《新闻学》第九章中说：

"社论须以当日或昨日本报所登之新闻为材料而讨论之，此理甚明。例如访员报告省议会为兴某种建筑，特拨一款，此新闻也。社论编辑以此为材料而讨论本省能否添此担任，某种建筑是否为必要，听拨之款项是否敷用，抑或有余，此社论也。访员与社论编辑职务上之分别，即在一则供给新闻，一则对于新闻加以批评耳。新闻既为多数阅者所注意之最近事实，故详言之，社论第一须以事实为材料，第二须以多数阅者听注意之事实为材料，第三须以最近之事实为材料。由此可见，彼于社论中因发牢骚而无端谩骂他人者，或以四书五经上之句子为题而发挥讲道德谈仁义之空论者，或以类似《西学原出中国考》《中国宜亟图富强论》之题，而做极浮泛油滑之策论者，均属不当，因其非以事实为材料也。"

这个定义，否定了早期报纸以"论说"作为社论的做法，直接以时评作为社论之本。

比如《大公报》每天的社评，张季鸾说："看完大样写社评"——不是时评是什么？这种以时评作社评的做法影响很广。抗战时期进步人士在香港办的《华商报》，每天一篇社论放在报纸头版的右下角，多数都是时评，有的是评近日消息，有的由头就是当日本报其他版上的消息。比如民国三十年（1941年）7月17日的社论为《要求恢复张学良将军自由的呼吁》，由头就是当时报纸四版上的消息：东北军旅港人士三百余名要求为张学良恢复自由而发表了一封公开信。

张友渔的1932年在燕京大学新闻系的讲义《何谓社论》一文，明确说出：

"或称时评，或称新评，二者原为社论外之短评，今则渐变成社论之体制矣。""社论必为关系时事之评论"。

这是对社论时评化进程和结果的描述。

郭步陶在《评论作法》（《申报新闻函授学校讲义》第五）中干脆说：

"社论、社评、时评、评坛、评论，这五个名词，看来好像有些分别，但就实际说，各家报纸用它们，总是当作一个名词。"

社论与社评有什么区别？1947年程仲文所著《新闻评论学》说：

"社论：代表报社而发表的言论，往往为一张报纸的基本态度，由主笔属稿，其意见可反映各该报纸的一贯主张，及其办报的根本政策。社评：也是代表报社而发抒的新闻评论，俗以长篇为'论'，短篇为'评'。"

"时评，评述新闻时事的文字，有的报纸以社论地位刊载时评，名称虽异，内容则一。"

为什么会出现这种现象？我认为有二：第一，就是随着报纸商业化运作，新闻规律的突出，在文体上，早期作为社论的纯粹的论说文消失，论评融合为一体。第二，商业化报纸的评论文章，仅以写作者的社内还是社外，和发表地方的头张还是二张来区别，并不突出文章的级别性。

这种社论时评化趋势，在当代市场化的中国报界已经出现。现在《北京青年报》第二版的"今日社评"，就是时评，以数名本报评论员操笔，评当时报上的新闻。但是这显然不是现在主流报纸社论的规格。实际上，这种"今日社论"之外，还有高规格的社论，只不过就比以前更不常出现

四、什么影响着新闻评论表达形式的流变

了，实际上，是借"今日社评"而放弃了那种对于市场化的报纸来说已经没有多少实际意义的传统社论。再有就是新出现的《经济观察报》，每期一版第一栏的位置专门放"社评"，就是针对一条新闻而写的时评，且不署名，明显代表报社观点。比如，2001年12月10日的社评为《昂贵的户口》，评的是北京市对纳税3年超过300万元人民币的私企老板开放户口的事。同是新型报纸的《21世纪经济报道》则每期一版下方是社评，也是时评。比如2002年1月14日这一期的报纸，社评为《价格听证会错位　民主化不是市场化》，评的是12月举行的铁路价格听证会。这样市场化的报纸，自然就更不发主流报纸那样的"社论"了。

本世纪以来的中国报纸上，时评高手群星闪耀：梁启超、黄远生、邵飘萍、陈布雷、邵力子、张季鸾、邹韬奋。当年曾经有过时评之繁荣的程度，不仅专业报人写时评，一些知名人士、作家也写得很好，比如教育家陶行知就曾在30年代初为上海著名的《申报》开栏撰写一百多篇时评。今天《茅盾全集》第14、15卷所收的，也是茅盾在20年代初为《民国日报》写的时评。而大学问家胡适居然曾在1922年至1923年4月间为《努力》周报主持新闻评论栏目《这一周》，写了67篇新闻评论。还有后来成了法学家的张友渔，也曾在20年代中期在当时中国特别有名的《世界日报》上做时评撰稿人。夏衍先生曾有一作品集，书名就叫作《时评与通讯》……这种各界名流纷纷主撰时评的景观，在20世纪上半叶十分引人注目，值得研究。他们丰富了时评文体，为我们留下了丰富的文体遗产。在党报实践中，也有时评的传统:《胡乔木文集》就可以看到一些标明是"新华社时评"的文章，比如1949年2月27日的《孙科原形毕露》、1949年10月15日的《庆祝解放广州和歼灭白崇禧主力》。

有意思的是，新中国建国后，时评文体却逐渐消逝了。"文革"中的报刊又是那种长篇大套的政论，比如梁效文章什么的。时评的衰落，是新闻评论功能的衰落。改革开放后思想解放，拨乱反正，言论方面起着先锋作用的，是杂文。因为那个时代人们对报刊言论寄望更多的是他们的对思想观念的冲击，而不是新闻性。这两年，随着新闻媒体在一个市场化的环境里生长，变革的时代，许多新事需要人们及时作出判断；随着改革开放以来在社会生活日渐丰富、新闻舆论空间的开放和媒介走向市场，也会有更多的事件性新闻成为评论的话题。实际上，时评风格的报纸言论正在开始恢复其生命力。原因就在于，读者现在的阅读和接受期待已主要不是思想观念的冲击，而是你对新近发生的事如何判断和评价，并且看到你直截了当地表达出来。时评文体就是在这种读者期待中复兴的。这是新闻评论规律的复兴。

（二）时评的核心是判断

时评，不是四平八稳的专论，也不是自由联想的杂感、随笔、旁敲侧击的讽刺；它是面对新闻事实本身的一个毫无避让的回答：这事儿，我怎么看。它是清晰的判断形式，是对这种判断的有效率的表达。普通逻辑告诉我们："判断是人们认识事物的工具"。正是判断这个概念，使新闻评论回到了认识论的层面。新闻评论的基本功能就是对新闻进行认识。判断是新闻评论的核心价值。

对一件事随便说点什么是容易的，但对一件事作出判断，则是难事。从某种意义上说，这就是新闻评论与杂文等其他文体的界限。新闻评论，好的新闻评论，必须有判断，尽管判断是有风险的。讲新闻评论的特点，我们可以讲到新闻性、政治性、群众性；讲新闻评论的功能，我们可以讲到引导、表态、解惑。讲到新闻评论写作，一般还都要讲到选题、立意，都是很复杂，难于把握的。但是说到时评，从根本上说，其核心结构应该是一个判断：这事是什么。这事怎么样。这事是怎么形成的，其影响如何。这都是判断。没有判断的新闻评论，差不多不是新闻评论。

什么是判断呢？

普通逻辑告诉我们："判断是对思维对象有所肯定或否定的思想。这也就是说，对思维对象有所肯定或否定乃是一切判断最显著的特征和标志。"

因此判断是一种最直接、最集中、最有效率的认识形式和认识过程。这也就是为什么联想不是判断、感想不是判断的原因。因为它们是发散式的，它们离开了对象，而不是指向对象自身的。后者往往适用于其他文体，而不是新闻评论。现在一些媒体的杂感、杂文栏目，改称"时评"，但文体结构依旧，这是赶时髦，不了解时评的基本规范所致，也说明许多年以来，最基本的新闻评论文体——时评的规范，已经在媒体中很淡薄了。

郭步陶编的《〈申报〉函授学院讲义》在讲到新闻评论的性质时说，判断，"这是评论最重要的部分。"台湾《联合报》的主笔王民写的《新闻评论写作》第七章的标准就是："最重要的一课——判断"。他说："在大多数情况之下，新闻评论所讨论的问题，不外是真或伪的问题，是或非的问题，善或恶的问题。而这些问题，实际上就是一个判断问题。"另一位台湾新闻学者林大椿在《新闻评论学》中把新闻评论的性能分为五种，其中第三种即为判断性，他说："新闻评论对一切问题作评断（Judgement），是一种最要紧的工作。"

在我国新闻评论史上一些著名时评家的作品中，历历在目的，都是判断。

李大钊1918年评第一次世界大战结束，题目叫《庶民的胜利》，这就是对第一次世界大战结果的评论。因此这篇文章就是新闻评论，而不仅是一般的政论。文章写道：

"我们这几天庆祝战胜，实在是热闹的很，但是战胜的，究竟是哪一个？我们庆祝，究竟为哪个庆祝？我老老实实讲一句话，这回战胜，不是联合国的武力，是世界人类的新精神，不是那一国的军阀或资本家的政府，是全世界的庶民。"

毛泽东的著名文章《别了，司徒雷登》，就是一篇很典型的时评。其一开篇就是一个重要的判断：

"美国的白皮书，选择在司徒雷登业已离开南京，快到华盛顿，但是尚未到达的日子——八月五日发表，是可以理解的，因为他是美国侵略政策彻底失败的象征。"

马克思很有名的《中国革命和欧洲革命》一文，是作为1853年6月14日《纽约每日论坛报》的社论发表的。这篇文章的核心就是这样一个重要判断：当时的中国革命必将引发欧洲革命。原话是这样的：

"欧洲各国人民的下一次的起义，他们下一阶段争取共和自由和争取比较廉洁的政体的斗争，在更大程度上取决于天朝帝国（欧洲的直接对立面）目前所发生的事件。"

邵飘萍在1922年7月有一篇时评是这样写的：

"传闻国务院已通过以若干万元豢养八年议员及新议员诸君，尽聘为顾问咨议，使若辈出售议席，不再滋闹。诚哉，其有不得已之苦衷！

但吾人不欲加以批评则已，倘令吾人言其当否，惟有下一极明了之判语曰：事实上之行贿耳！"

再有一个例子，就是邵飘萍1921年2月1日为清军将领联名电奏请清帝退位而写的时评，其中最关键的一句判断是：

"清帝退位而后祸中国者，必袁世凯其人矣。"

这句话说得太早了。因为当时袁世凯还未当权呢。他自封中华帝国皇帝也是4年以后的事。但后来的事实证明了这句判断。

邵飘萍还有一个判断特别准确，那就是武昌起义之后，清帝将退未退之际，南方革命党与北方北洋军阀之间处于僵持不下的和谈局面。邵飘萍发表时评说：

"或者曰：调和南北，不得不尔。余则谓，调和二字，最易误人，今日止渴饮鸩，他年且万姓流血。"

他还在1912年1月南北议和期间的一篇时评里说了这样一句话：

"帝王思想误尽袁世凯一生"。

当时袁连总统还没当上呢，说得多准，可谓一语成谶！

四、什么影响着新闻评论表达形式的流变

我国新闻评论史上早期评论家王韬曾经说过："时以所见达之于日报，事后每自幸其所言之辄验。"（《弢园文录外编》自序）说的就是这种判断力。

（三）判断的分类

台湾学者林大椿在《新闻评论学》中把新闻评论的判断分为这样几种："第一是人情世故的常识判断，第二是事实真相的判断，第三是来龙去脉的原因判断，第四是谁是谁非的真理判断，第五是谁善谁恶的道德判断，第六是预测将来的结果判断。"

上述不同性质的判断，往往对应着汉语不同的判断句式。因为判断就是对事物进行肯定或否定，因此，我们看到的最多的判断句式就是以"是"或"不是"联结起来的句子。比如："什么是什么"的句式，就对应着上述常识判断、事实真相的判断；还有，同样大量出现的"将怎样""可能怎样"、"必然怎样"这些逻辑学上被称作"模态判断"的典型句式，则对应着上述第六种结果判断；有的评论还会在文章或标题中给自己设问："为什么会这样呢？"这不是一个判断的句式，但对这种问题的回答，则是上述第三种判断：来龙去脉的原因判断。

汉语判断句式与判断逻辑的关系至少使我们在评论文章中辨识真正的判断，真正的时评，至少在这里可以把祈使句、感叹句排除出去，因为普通逻辑告诉我们，这些句式一般来说都不表达判断——它们不对思维对象进行肯定或否定。用这种辨认句式的方法，我们也可以区分哪些是时评哪些不是：那些只有"让我们如何如何吧"的祈使句的文章就不是；那些只有感叹句的文章也不是。一篇文章中可能有许多判断性句子，它们在文章中的作用和地位可能不同。有的文章概括起来，就是一个判断句，而这个判断句往往就放在文章的标题中，比较好辨认。但是，如果一篇文章中没有一个判断句，这篇文章是否能够成为时评，就值得怀疑了。

台湾《联合报》的主笔王民写的《新闻评论写作》又把新闻评论中的

判断分为事实判断和价值判断。

在我看来，价值判断的特征：是主观的、观念性的、开放的；对同一事件可以有不同角度的价值判断，并不一定相互矛盾；不好的价值判断，可能流于空虚；

事实判断的特征：是客观的、闭合的；对同一事实可以有不同的事实判断，但不可能同为真。不准确的事实判断，可能直接错误，因为是对是错，是直接可以验证的，只要假以时日。

事实判断本身，评论史上，有非常著名的篇章，比如恩格斯于1870至1872年普法战争期间为《派尔—麦尔新闻》写的《战争短评》，他预言德军入侵法国，第一次大规模冲突一定发生在洛林边缘地区，这个预言5天后得到了证实；他还预言普法战争关键一仗"色当战役"，法军会战败投降，这个预言7天后得到了证实。（据吴庚振《新闻评论学通论》）

像马克思在《中国革命和欧洲革命》中判断当时的中国革命必然引发欧洲革命，就是事实判断。1912年辛亥革命后南北和谈时邵飘萍说"清帝退位后祸中国者必袁世凯其人矣"，也是事实判断。

价值判断，我举一例，是《大公报》主笔张季鸾1937年12月11日写的：《置之死地而后生》：

"昨天路透电暴日五大臣会议，已决定攻占南京后，继续进攻，不到中国'表示诚意'不止。这真是好消息，这一电，不啻给中国增加百万兵。何以故？因为这才是置之死地而后生！

……中国政府及一般有觉悟的人民，本来早下了长期抗战的决心，但是因为战局的展开，牺牲的重大，自不免有悲观忧虑者发生，加以国际间不断地有调解之尝试，中国为友谊计，亦不能拒绝不听，所以决心虽定，而社会上传播的空气，则时有动摇。这些情形，今天以后，却天然的一扫而空了。这不是极与中国有利吗？"

说日本已决定攻占南京的消息是一个"好消息"，"不啻给中国增加百万兵"，这不是事实判断，而是价值判断，只有在作者的分析逻辑上才成立，体现了作者的价值判断。

价值判断，是对不同新闻的价值进行判断，往往就决定着看重什么、不看重什么，评什么、不评什么。这取决于评论者自身的价值观。

比如：胡适在《努力周报》1922年7月17日至23日的"这一周"里这样写道：

"这一周中国的大事，并不是董康（当时的财政总长）的被打，也不是内阁的总辞职、也不是四川的大战，乃是十七日北京地质调查所的博物馆与图书馆的开幕。"

这种取舍标准让人看着是很令人奇怪的。财政总长被打、内阁总辞职、四川大战，在今天看来是很大的动态新闻，放着它们不评，而选择了一个"文化新闻"着重评论，反映了胡适的价值观和眼光。他觉得前者都是过眼烟云似的新闻，与中国的前途无关。而决定中国前途的，是科学。没有这种价值观，就会忽略了这类"冷新闻"，跟着热热闹闹的时事跑，而失去引导社会价值观的地位。

（四）时评：由价值判断走向事实判断

事实判断与价值判断并不是截然分开的。作出一个事实判断，往往受作者内在的价值判断的影响；而作出一个价值判断，往往以事实判断作基础。

但从现有的情况看，现在各报发表的评论，做价值判断的多，做普遍性判断的少。可以说，我们主流媒体的评论，还处于一个价值判断时代。这有历史原因和现实原因。长期以来，我们的评论也有一种不太好的倾向，重视价值判断，轻视事实判断；重视普遍性判断，轻视具体判断，过于着眼于就实论虚，一评起来上纲上线，但对事实究竟如何，事情究竟会向哪一个方向发展，或缺乏眼光，或避而不谈。评论一件事，讲"意义"的多，讲事实究竟会怎么发展的少。这种倾向是脱离当代读者需求的，有负于读者期待的。这种现象的历史原因，是因为我国媒体的新闻评论多承担着政治性宣传任务。无论是"文革"期间的假大空的社论，还是改革开放以来推动人们更新观念的评论和杂文，他们虽然有天渊之别，但目的在于作用于人们的思想方式这一点是相同的，都忽视了人们对具体事物进行判断的现实要求。这种现象的现实原因，就是具体判断是有风险的，要有较为宽松的政治环境和较为明确的法治环境来保障。长期以来做价值判断的工作，新闻评论队伍作具体判断的能力还达不到水平，也是一个现实原因。

应该说，价值判断，普遍性判断虽然不容易，但对具体事实的判断则更需要眼光、需要经验。为什么现在大家爱看体育评论，特别是球评？除了因为大家喜欢球的原因外，一个重要原因是，球评多是具体评论。一些作者回避具体事实的判断，爱作价值性判断和普遍性判断的内在动机，往往是避难就易。实际上，当前中国媒体上针对具体事件将如何发展的评论已经不少，只是我们传统的评论教学和传统的新闻界实务观念没有把它们算作评论员的工作，似乎评论员只是做价值判断的；另一方面，这种评论的内容现在也一般局限于球评、股评等专业性比较强的领域。但随着言论空间的开放，新闻评论势必要承担更多的具体判断的任务。

小结

回顾时评的历史与规范，我就想到，长期以来，我们的新闻评论教学总是讲论点、论据、论证，讲"摆事实，讲道理"，讲布局谋篇，甚至有"一个好的论点决定一半成功的说法"，这些都把视线的焦点投射在如何"写"的层面上了，而新闻评论的真实需求和真实动机——对新闻事件的判断，倒反而被忽略了（而且，论点、论据、论证、布局谋篇，"摆事实，讲道理"，只是反映了一般论说文的普遍规律，并没有反映新闻评论的特殊规律和要求）。这实在不是一个写作问题，而是认识论问题，实在不是一个写作风格问题，而是思想作风问题。从认识论的层面上提出时评的真实需求——判断，在认识论的层面上建立新闻评论的规范，对于端正新闻评论文风，极为重要。文章是小事，判断——认识才是重要的。做文章的方法只是如何表现这个判断的方法而已。没有判断不作文。这应该是我们新闻评论规范的重要内容。

（原载《新闻大学》2002年秋季号）

早期的"时评"

——论我国近代新闻评论发生发展的形式规律

近年来国内新闻媒体"时评"的复兴和蓬勃发展，促使我对中国近代以来"时评"产生历史的持续关注。我深深感到，这个问题，涉及我国近代新闻评论的发展模式。

今天新闻评论——所谓"时评"在中国近代以来的新闻史上，并不是一朝出现的。实际上，在很长的时期里，近代以来的报刊上并没有新闻评论，或者说，没有新闻评论意识，占据主要篇幅的，是长篇政论（或学术）文章，当时叫作"论说"。新闻评论史学者往往把"论说"也当作早期的新闻评论，或者说，把"论说"也划入新闻评论史的范畴。比如曾建雄博士的《中国新闻评论发展史（近代部分）》，就是以"言论"出现在1825年第一份近代化中文报刊《察世俗每月统计传》，作为考察新闻评论的起点的。这样，王韬的《论今时事》、梁启超的《变法通议》和《少年中国说》，汪康年的《中国自强策》，以及李佳白《上中朝政府书》、林乐知《文学兴国策序》等政论文章，自然都在中国新闻评论史可以追溯的范围内，列入该书附录的《近代报刊言论作品选录》。尽管他在考察《申报》言论的时候发现，"有相当一部分以'……论'、'……说'、'论……'为题，且又发表在言论版面位置上的文章，其实并非言论"，但他还是把"言论"、"政论"、"论说"，列入近代中国新闻评论的考察范围。这是"发展史"的追溯视角，无可厚非。

四、什么影响着新闻评论表达形式的流变

而在我看来，尽管以发展的角度看，在新生事物和旧有事物之间，本不应苛求一个截然的界线，现代中国的新闻评论，确实是在"论说"的基础上发展起来的，但是，就研究一事物形态的规定性而言，确实应该拿出具体明确的标准，就新闻评论而言，这些标准就应该包括文体和内容的一些必备要素。如果把梁启超的《变法通议》和《少年中国说》，汪康年的《中国自强策》，以及当时发表在《万国公报》等政论刊物上的大量"策论"都划入新闻评论的话，那么它们与汉代王符的《潜夫论》、《奢浮篇》，晁错的《贵粟疏》并无不同——后者也是论当代政务的，那么，新闻评论在形态上就没有什么规定性了。

因此，我不赞成简单地把新闻评论推溯到"论说"，而是希望从"论说"发展到"时评"的过程和标志性环节。

早期的时评，从发生、发展的趋势来看，大致可以分为这样几种情况：

一、在"论说"中零星出现的新闻评论

一篇文章，内容涉及当代人们关心的普通问题，这本身并不是新闻评论的标志。这一点很容易理解，用不着多说。近代早期报刊上的"论说"，基本上是这样。比如《万国公报》上的文章《泥古变今论》，开口就是"自有天地以来"，这与唐代柳宗元《封建论》起首一句"天地果无初乎？"没有什么不同，是古代论说文的架子，但是你不能说《封建论》不是关乎"时政"的，你也不能说《封建论》是关乎时政，它就是新闻评论。古代文人所作关乎时政的文章汗牛充栋，如果仅以关乎时政作为新闻评论的标准，那就无不是新闻评论。事物的界定，就没有边儿了。

《万国公报》上还有《论厘卡之害》、《中美关系略论》、《振兴学校论》、《华美俄三国将兴论》，这些长篇"论说"，根据现在的标准看，都是"战略研究"论文，宜发表在《战略与管理》杂志上。你不能说那时候还没有新闻评论，就把这些算作新闻评论。

当然，应该承认，这些"论文"，确实出现在当时的新闻性报刊上。

但这并不意味着它们本身具有新闻性。以 1879 年在上海出版的周二刊《益闻录》为例，这是一个新闻性的报刊，比《万国公报》更具有新闻性。它的早期只有新闻，后来学着当时大部分报刊的样，在"谕旨恭录"之后每期也安排一篇"论说"。但是看看它们都是论些什么内容呢？以 1891 年 8 月连续几期为例：8 月 15 日是《郑庄公论》；8 月 19 日紧接着一期是《经解论》；8 月 22 日紧接着一期是《读孟子桃应章书后》——全都是些古史、经义的内容，无关时政。然而，就在这些内容的论文之后，紧接着的 8 月 26 日一期的《书沈中丞示谕后》，在内容上就已经涉及时事了。但是它是怎么写的呢？起首就是一大段抽象的道理："朝廷劝惩之典为政治所关，教化在也，刑罚亦在也。故劝之以率教，教行而民无顽心；顽心去，则比户可封赏之，不胜赏矣。又惩之以自新，新民而令无或梗，梗令起，则骈首就戮，警之不胜警矣……"后面还长着呢，不再赘录。读了半天，就是看不到要评论的事实——那个"沈中丞示谕"——是些什么内容。好容易在第四行出现一个涉及事实的话和时间要素——"五初七恭读上谕"，还是没有提"上谕"的内容，紧接着又是一番花团锦簇的形容。可以看出，尽管内容涉及的是"时事"，但其叙事与议论的节奏混杂不清，无论是观点还是事实，都没有传播的效率。而现代新闻评论的重要标准，就是传播的效率。

这种"无关新闻"的"论说"，登在新闻报刊上，甚至登在报纸头版上的情况，现在看起来很奇怪，在当时却为常见。"中国初办报时，科举还没有停止。报纸的论文，往往把考场的题目，来做论列的材料。在发榜的前几个星期，每聘请科甲名人，将科场题目，拟作一二文，登在报首，以代社论。这篇拟作的命意，社会中很重视。就是闱场中的主考官，也要把它当作阅卷的标准。《上海闲话》所说俞曲园作《文学子游》题目的拟作，有'圣道南矣'一句，登在《申报》上。主考官看见了，就把阅定的试卷，重新去取。这是丁酉年，乡试考场放榜前的事实。后来八股废了，改用经义策论取士，于是报纸上的材料，都成了策论的来源。"

曾建雄博士在对《申报》1872年所有言论的甄别和分类统计后发现，"被作为言论发表的文章230余篇，其中有80余篇徒有虚名或名不符实的'言论'（占三分之一强）。"

但是，就是在这样的"论说"堆里，一些真正现代形态的新闻评论开始零星出现了。

在1892年的《万国公报》第三十七册上有这样一篇李提摩太的文章《恭记皇上肄习英文事》，以现代的标准看，就是一篇典型的时评：

"前阅西报，敬悉皇上于几余之暇，召取同文馆士人入宫讲习英文。欲将英国文字语言贯通熟习，以裕圣学，俾他日中西交涉得有操持。此在中西明理之人同深庆幸，未始非中国振兴之转机也。

查天下万国文字多有不同，惟美与英为同文。即其各大国虽各有本国文字，而所派驻扎各国钦使多有同习英文以便交涉。且英商、教人士踪迹亦皆及远，故英人所至口岸多尚英国文字语言。且商路亦远。即以中国而论，凡有英人商埠，苟熟习英语即便与英人交涉相通。此非独中国为然，即各国之有英商口岸者无不如此。故英文英语其行于各处通商之地，学习而以为有益者殊不乏人。而所行因为广远，此亦人情时势使然也。

中朝化洽夷庚，同文称治。京师之中又设会同四译馆以教翻译。然各国自简派钦使以来，凡有交涉聚会多在总理衙门。即有时入觐龙光，皇上之于各钦差亦必籍翻译以通言语而传述。或不免参差。今皇上亲习英文其益甚多。英文熟习之后，凡英、美国人所著之书，其载各国之事，凡政治之得失国家之盛衰，武备何以修明，商务何以兴旺，教养何以推广，一切有益国家之政，可以一览而知，不必再索解人一益也。既知各大国前后政事，可以择善而从。有利则行，有弊则去。抉其富强之本，探其振作之源，然后以各大国可益之法以益中国之民，俾得转弱为强，转贫为富二益也。中外之情本无二致，惟语言不通则亦无由洞悉。一通英文则与通达英语之使臣等交接，可以当面咨询。情意愈亲，邦交愈固，义理愈明。且免通事传述之误三也。西人之学并非一得自私之见，与富强之政大有相关。惟不知西学之有益者，未免尚有违言。因而中国教养之方一时推行非易。若皇上既身先庶，职学习英文，以上行下，转移风化之机，其权尤易四益也。有此四益倘中国明达者，实有见地。以皇上之心为心，争自鼓励效尤。专求有益民生之学，则富国强兵之治日上云蒸。此固有心人所馨香祷祝者也。

[载第三十七册（光绪十八年正月）]

从这篇文章看，其叙事与论理界线分明，层次清晰，但最根本的，还是对一件新闻事实的意义作出判断，而不是当时一般"论说"只讲道理。这是新闻评论的本质属性。当然，像《万国公报》上《恭记皇上肄习英文事》这样的时评，在当时以长篇论说为主的文体环境中，尚属少见。我要说明的是，事物的发展就是这样，文体概念而形成自觉，但并非随着概念的出现才出现。

二、新闻记事中夹叙夹议的文体

早期的新闻媒体，无论中西，都没有报道与评论严格区分的规律和传统。这种传统和规律是在以后逐渐建立的。而在早期，则是夹叙夹议。早期的新闻评论，或新闻评论因素，往往就在叙事的栏目中发展。即使是"时评"栏目出现之后，也依旧保持着夹叙夹议的文体特征。

1897年9月25日《集成报》"杂事"栏目摘自当时《苏报》的一则报道："朝鲜国王藉人力为独立之国，由王位而称君主。今年又改元光武，俨然以汉光武帝自期，其志固不在小。无如朝政委靡，公行贿赂，内乱迭乘，外患频仍，不思振作，已属可危；然君臣燕雀处堂，不知远虑，徒假尊号以自欺，实不值旁观一笑。现闻韩王以君主究不若皇帝之尊，饬于庆运宫内，建筑高坛，俟工竣后择期即皇帝之尊位，然后宣布中外。但不知各国果以皇帝视韩王否也。按君主二字，何尝不尊，如英国之家君主，法美之有总统，均不称皇帝，而声威赫赫，谁不畏服哉？吁！韩王不求实政，但务虚名，窃恐因虚名而受实祸也。"

这段文字里既有事实的报道，也有评论——价值判断，以至事实判断。

梁启超 1910 年创办《国风报》，第一号起连载《宣统元年大事记（内史）》，除"宫庭恭记"特别像史书体例外，"用人行政"、"外交"等类下，则以事件做题，如"外交"下的"万国鸦片会"、"中日宿案议决"、"澳门划界问题"。每一条，往往都是夹叙夹议的笔法，有的则是一篇完整的评论。

以《国风报》第二号《本国纪事》栏目中《停止农工商富签彩票》为例："富签彩票流毒无既，本报已于时评中尽言之。摄政王毅然停止，谕令缓办，其为国利民福，三可胜言。新年前后，行政之差强人意者，当以此举为最足纪矣。惟该部办理兹事之本意，虽美其名曰提倡实业，而实则为部中各局委员俸薪耳。贤王独断，不为所惑，是真天下臣民之幸矣。"

这篇"纪事"，评论的形态就很明显。

三、"时评"栏目的正式出现，以及时评的正式界定

特定概念和栏目的出现，是新闻评论的一种文体上的自觉，它是零散偶生的新闻评论趋向，在长期的经验和积累的基础上的自觉和共识。"时评"栏目在 20 世纪中国报刊上的出现，即是这样。

据一士在 1828 年写的《报纸评论的析类》，"'时评'在今日为报纸上短评最普通之名称，吾国报纸，首设此栏者为时报。'时评'之'时'，盖义取双关也。自时报以'时评'受人欢迎，各报遂踵为之。亦有另标'新评''时事小言''暮鼓晨钟''随感录'等，要之，皆短评也。"

显然，他认为"时评"与 1903 年出版的《时报》有着重要渊源。

戈公振 1927 年出版的《中国报学史》写道："……狄氏灰心武力运动，乃创时报，为文字目之鼓吹。延陈冷为主笔。独创体载，不随流俗，如首立时评一栏，分版论断，扼其机枢。"

显然，他也认为，时评为《时报》首创。

这个看法，后来延续下来。

郭步陶《评的作法》："时评二字，本是时报先用起的，后来因冷血先生的时评出名，各报也有相沿而用，实在就是各报自己所撰的评论。"

当代新闻史研究者有的承袭了这种说法。

刘光祖、汪晓园撰稿的《江苏报刊编辑史》则发现，"最早运用短评这一文体的并非如狄葆贤所说是《时报》。早在《时报》之先的《新民丛报》上就有'国闻短评'，创刊于1904年3月5日的《中国日报》早就有'时评'一栏。但'国闻短评'并没有做到结合新闻事件加以评述，《中国日报》的'时评'栏里的评论也不多见。"

我在1904年4月25日出版的《东方杂志》第四期上，就看到明确标明为"时评"的栏目，此栏目中有时评25篇，每篇都很短，有的短到几十字，两三句话，既有具体的事实，也有判断或感叹，而且每篇都以事实为题，就像消息的标题，如：《粤督索裴景福于葡人》、《日人攻旅顺不下》、《俄欲坏我中立》。这当然是"一事一议"的。刊出时间也与《中国日报》大致相当。

因此，"时评"之"时"至少与《时报》之"时"没有太多关系。

应该说，就时评的文体形态和栏目名称来说《时报》都非先创。从1928年的"一士"开始，新闻史家长期承袭这种"时评源于《时报》"的说法，可能缘于胡适写于1921年的一篇文章《十七年的回顾》。胡适在这篇文章中说："《时报》的短评在当时是一种创体。""这确实是《时报》的一大贡献。这种短评，在这十七年来逐渐变成了中国报界的公用文体。"《时报》倡出这种制度之后，十几年中，全国的日报都跟着变了。"胡适的文章早于戈公振先生的《中国报学史》。《中国报学史》将胡适此文节录了一半，可见其重视。胡适和戈公振两位先生的影响比较大，所以这种说法也流传广。但胡适是在参加《时报》的纪念会上说的这番话，所谓"创体"云云，个人感触而已，并非认真的比较研究结果。

早期的时评已具有这样的形式特征：叙事简洁，有消息来源，有的注明消息来源的时间。虽"一事一议"，却不限于具体事实的判断。有的推论很远，大胆，且见微知著。

这里先举一篇最简单的时评。

韩国建宫

东报载韩国皇宫焚后,本拟选离宫居之。韩皇因信女巫之言,不愿转徙他处,拨十万金,命速建造。呜呼!国破家亡,已在旦夕,而惟由女巫之言是听,岂东方病夫之特色耶?

这篇评论只是发表了一番感慨,不脱中国古代史论感慨兴亡的格局。

而下面这一篇就不一样了:

英法协商

英法协商一案,可谓近年来英国外交界之一奇现象也。盖英法两国积年以来互相猜忌,各不相能。今乃忽有此举,而英人又复甚欢迎之,以为外交上之一成功。此何故耶?及探此事之起因,实为中国南部画定利益界限起见。呜呼!彼欧人以各相猜忌之国,有事则合而谋我。由此以观,吾恐全世界之重要外交事件,殆无一而非为中国也。

这篇短小的时评虽然表面上也不脱古代史论感慨兴亡的调子,但是,它已有国际政治的知识背景,有对事实的判断,有由此及彼的推理。

俄人车站执事之潜逃

俄人车站执事震于日兵之威多昏夜潜遁,严法峻刑不能止。抑前又闻俄兵争购巴豆,服之以求免于军役。于此可以见士气、决胜负矣。吾尝谓,察国家之虚实,已气之良窳,与夫种种文野之实情,莫显于战事。当太平多暇之日,得一中主,可以粉饰一切。恃其外交之长,使人国无从窥我之底蕴。即国家有其他变动,不过关系于社会之一部,犹不足尽显其内容。至战局一开,则与种种社会无不有至烈之影响,百脉奔赴,无一可自遁于局外。而社会之真象于以毕现。俄人未战以前,固宠然一大帝国,为世界所悚惧。兵刃既接,驯至无丑不备,此固非吾人之所能料。即其亲昵缔盟国,向以夸张强俄为宗旨者,至此亦讳无可讳,不得不委蛇其间,思所以自圆其说。俄之大势去矣。虽然,此固专制政教之结果也。

这篇时评,以一个具体的现象为由头,却思考了国家、社会的某种规律。篇幅虽短,却气局宏阔。最后,以一个普遍性判断收尾。

马加罗甫死

呜呼！马加罗甫死，而俄国极东之运命尽矣。自仁川旅顺之屡挫，固已奄奄一息矣。马氏至而军容复振，所作海军战术论，日本学校以为教科书。日人方惴惴焉，为逢蒙不能杀羿之虑。而孰意其自沉以死耶。马氏论战，重精神，轻物质。故到旅顺后，并不以残舰自馁，常欲奋死出港，以为联合海参崴舰队之计。乃竟以其旗舰触击于自设之水雷而轰毙。希则，物质诚有未可忽者耶？俄廷以阿列可塞夫骄疏而取败，且取败于区区一岛国，视为奇耻大仇，不报复不已。于陆军之苦氏，海军之马氏，皆军事界第一人，如车两轮，如鸟两翼，全国之视线皆集于兹。今也，忽弱其一个，以马氏偏重精神之理推之，其军气之摧陷，民心之动摇，当达极点。是岂非夺俄之魄而为极东一败涂地之先征与？旅顺残舰，不日消灭；海参崴亦将被日本探囊之取，而黑海、波罗的海舰队，又决不能东赴。于是，俄国极东无海军。日本陆军既战胜于韩境，而满洲又可以择地而上陆，乘俄军人心震栗，与夫胡匪之乘机而内扰以夹击其腹背。彼苦氏者亦将有一不能支厦之惧。于是，俄国极东之势力尽。呜呼！马氏之死，其影响于俄者大矣。

这篇文章，由马加罗甫之死而判断俄国在远东势力的消亡，具有层层推理的特征。

早期的时评，与"论说"相对，在篇幅上呈现"两极化"——"论说"特长，而时评特短。短小的"时评"的出现，本来是救长篇大套的"论说"难以实现大众阅读之弊的；同时，它也是报刊新闻性含量增强的重要表现。《时务报》时期就没有时评。时评篇幅的增长，是随着"论说"的消亡以及时评与论说两种文体的交融实现的。

郭步陶《评论的作法》(《申报》函授学校讲义之五)这样描述了这一过程：

"起初时，是论说和批评都在正张上刊列，大致论文在电报前，批评在电报后；论题可随意取材，评题多半在电文中寻觅。经过一段时期，论文无形取消，批评略加长。到了民国十八年以后，各报为舆论所鞭策，渐渐地有所改动，终于把论说和短评混合为一，成了现在的论评。"

"时评"的定义，在这个概念刚刚产生的年代里，其实并不包含字数短的限定，而是看是否针对一个新闻事件发表评论来与论说进行区别的。《时报》、《东方杂志》上的时评，固然往往一二百字。但是，《国风报》上的时评，往往很长。出版于宣统二年正月十一日（1910年2月20日）的《国风报》第一年第一号上有两篇时评，其中之一《立宪九年筹备案恭跋》，全文7000多字。另一篇《现今全世界第一大事》（评英国因上议院反对政府的财政案而导致下议院解散），全文只有700多字。

值得注意的是，《国风报》虽是旬刊，但是它的时评是配合当期的相关报道的。比如《立宪九年筹备案恭跋》，题下即有一括号称："参观本号文牍门补录原案"。读者既读到了作者对立宪筹备案的批评，也可以在当期对照他所批评的筹案原文。在《现今全世界第一大事》的题下，则注明"参观本号特别纪事门英国政界剧争记"。报道与评论可以相互参照。这种做法类似于今日《北京青年报》"今日社评"下面注明的"相关报道见本报某版"。

特别应该提出的是，刊登在1910年《国风报》创刊号上，由梁启超手撰的《国风报叙例》，是一篇关于报刊栏目和文体的重要文献。它以清晰的概念界定，反映了19世纪中叶以来中国报刊实践的经验积累和对文体的自觉认识，特别是对于"时评"的界定，对于研究近代以来中国报人新闻评论的业务思想，有着重要意义。

《国风报叙例》首先划定了"论说"与"时评"的界限：

"三年蓄艾，一秋餐菊，杜牧罪言，贾生痛哭，录论说第二"

"见兔顾犬，知人论世，言者无罪，闻者足戒，录时评第三"

从这个比较来看，"论说"有较长时间的思考，它是思想观点的直接陈述——直接诉之于接受者，而不及于"第三者"——具体的人和事。而"时评"，则是要评论人评事的。

如果说，这一层面的界定和比较，由于文字过于雅驯，显得还不是太清晰的话。那么接下来还有一层界定就比较清晰了：

"凡论说所论，则事之应取措者也，凡时评所评，则事之已举措也。"

这个定义是涉及对象的，时评有具体的对象，论说无具体的对象；对象，即新闻事实。

接下来进一步阐述时评与对象的关系：

"凡时评就国中所已举措之事而论其得失，而旨于规正者什八九。盖其举措已当，无俟规正者，则亦无俟谀颂也。"

这是强调时评的价值主要是对"不当"之事的批评。

"凡时评于外国大事，时复论列……惟评外事，则不及语其得失，惟推论其影响所及者。"

这更是强调时评的"事实判断"功能。而这种"事实判断"功能，是新闻评论与从古到今其他一切言论文章本质性区别。

可以说，"时评"概念的界定，是中国近代以来新闻评论意识的自觉和成熟的标志。

综述

新闻评论研究，应着眼于文体形式的演变，而不仅是评论的内容和载体。新闻评论史的研究亦应如此。像新闻传播的其他形式的进步一样，新闻评论作为一种新闻样式和传播方式，其产生也有一个偶然变异、长期积累、逐渐稳定和一朝自觉的过程。这样一个过程，在中国近代报业实践中，有可寻的轨迹，也有可资辨别的标准和要素。这样的标准和要素，应该包括议论与新闻事实的关系；从性质上看，这样的议论是直接指涉新闻事实的，是对新闻事实的判断。

新闻评论是一种不同于以往任何言论形式的职业化的写作形式。是随着近代以来大众传播媒介的产生和发展而逐渐产生的。就新闻的职业化写作来说，肯定是载体先于文体，内容先于形式。也就是说，当人们已经有了定期的出版物——月刊、周刊甚至日刊以后，并不见得同时获得与此相适应的新闻写作形式。新的新闻写作形式是由不适应到适应的调整过程的结果。这也是符合报刊由"意见纸"到"新闻纸"演变规律的。台湾学者程之行的《新闻传播史》说："撰写报业发展史的人，曾创立 viewspaper（意见报）来与 newspaper（新闻报）相对照。""先有意见报（viewspaper），其后才有新闻报"。"这种性质报纸的出现是一个必经的阶段。"比如，1895年创办于北京的维新派第一个机关报《中外纪闻》，虽然"日出一刊，就其内容而言实为杂志"。早期报刊以"政论"行事，不必有现代新闻评论文体。这个时候的报刊"论说"，并不具备新闻评论特定的形式特征和要素。随着报刊的大众化阅读，"政论报"不得不转为"新闻报"，新闻与无关新闻的"论说"并行刊出的时候，它们之间的不相关、不适应的尴尬就会提出自然的要求，一种与新闻直接相关的言论形式——新闻评论，就会自然产生，补充其间的空缺。中国19世纪末到20世纪初大多数报刊从栏目次序来说，都有过（除了"恭录谕旨"之外）首刊"论说"，其次新闻的模式。如"早期的《申报》在公元一九〇五年的大改革之前，报纸上只有论说文和新闻报道两种，论说只有一种仿佛现在的社论。"（徐载平《清末四十年申报史料》）其间虽偶有新闻评论的形式，或归入新闻，或归入"论说"。到《东方杂志》、《时报》、《国风报》在两者之间加入"时评"栏目，与新闻评论相适应的文体，就算真正被确立。当然，随着进一步发展，"论说"也会产生变化。这就是"论说"逐渐消失，或者"社论时评化"的进程。

（原载《国际新闻界》2003年第5期）

论时评的起源

自上世纪 90 年代末以来，我国媒体时评写作和时评栏目、时评版重新复兴，发展相当繁荣。由于此前因政治和社会环境的原因有几十年的中断，业界人士在言及时评的历史源流往往有模糊之处，而一些历史上有影响的名家和著作在谈到时评的起源时也多有所误。有鉴于此，本文在对中国早期时评多年研究的基础上，结合最近接触到的史料，尝试对时评栏目的起源问题及其创新扩散过程作更清晰的梳理。其实，对时评起源的正确认识和评价，已有前人谈到。本文旨在面对错误和矛盾的论述，给予合理的解释。

时评，作为近代报刊言论的创新性文体，首先是区别于更早地发展起来的近代报刊政论的——尽管后者相对于中国古代的议论文体而言，也有其明显的创新性（由梁启超创造的"新文体"——或称"时务文体"、"新民体"，正是对近代报刊政论创新性的概括）。新闻学者也正是在评论文体演进和文体创造的意义上，对时评的出现给予积极评价的。[1]

要梳理时评的起源，涉及几个方面的标准，一为形式特征；二为内容要素。第三是"时评"作为一个明确的报刊言论栏目的名称。

胡适在《十七年的回顾》中称《时报》的短评是一种创体[2]，指的就

---

[1] 见李良荣：《中国报纸文体发展概要》，福建人民出版社，2002 年版，第 40 页；转引自曾建雄：《中国新闻评论发展史》（近代部分），广西师范大学出版社，1996 年版，第 179 页。

[2] 《胡适文存》二集卷 3，黄山书社，1996 年版，第 284 页。

是被《时报》主人狄楚青称作"《时报》之评"的时评。后来胡适于1922年自己创办《努力》周报,对其"这一周"栏目的作品,有时称短评,有时称时评。一士①在1928写的《报纸评论的析类》中也称:"'时评'在今日为报纸上短评最普通之名称"。②

由此可见,篇幅较短是当年时评刚刚出现时的形式特征——这是相对于当时报刊普遍刊载的长篇政论而言的。胡适在描述《时报》的短评时还提到"几乎逐句分段",也是一个与当时的政论有明显区别的形式特征。

时评的内容要素,是更多地、更突出地包容新闻信息,直接针对新闻事件,直接引述新闻来源。1902年12月14日出版的《新民丛报》第22期刊出新年改版启事,其中说道:"丛报之体,本以评论为天职,今年之报,偏于论说而缺于实际,就中惟有'国闻短评'一门,稍具时评之体,殊为缺憾。"其中所谓"缺于实际"就是指以"论说"栏目为标志的报刊政论较少涉及新闻事实。

"时评"作为报刊栏目的名称出现,并逐渐成为报刊新闻评论的一种"共名",则反映的是媒体乃至新闻界对时评文体的自觉意识乃至共识。由此,"时评"栏目的普遍设立,反映的是时评文体意识在新闻界"创新扩散"的过程。在这个意义上,本文认为,尽管不能把时评栏目名称的最早启用简单看作时评文体起源的标志,但考察"时评"这个名称的源头,也并不是没有意义的,因为它可能更清晰地反映着这种创新文体的影响力的扩展。

一个影响较大的错误说法——时评始于《时报》

人们一般认为,时评的出现发生在20世纪初年③。但说到时评的具体

---

① 一士,姓徐,名仁甫。一士为笔名。著名清史掌故专家。民国期间曾任《京津时报》、《京报》编辑,并被聘为《晨报》、《国闻周报》特约撰述。据江苏文化数据库;徐凌霄、徐一士:《曾胡谭荟》导言,山西古籍出版社,1995年版,"民国笔记小说大观第一辑"。

② 《报纸评论的析类》,1928年8月,《新闻学刊》第五期。

③ 参见宁树藩:《中国近代报刊业务变革初探》,《宁树藩文集》,汕头大学出版社,2003年版。

起源，却有一些模糊的甚至错误的说法。其中最有影响的说法是起源于《时报》，或说是《时报》主笔陈景韩首创。①

时评起源于《时报》的说法，至少有两个权威来源。一是胡适的文章《十七年的回顾》，二是戈公振《中国报学史》。

戈公振《中国报学史》有这样一段话：

"狄氏灰心武力运动，乃创办《时报》，为文字上之鼓吹。延陈冷为主笔，独创体裁，不随流俗。如首立时评一栏，分版论断，扼其机枢。"②

这是时评起源《时报》之说较早也最权威的一个表述，它可能影响了后来学者的认识。

胡适1921年所作《十七年的回顾》有这样一段话：

"《时报》的短评在当日是一种创体……用简短的词句，用冷隽明利的口吻，几乎逐句分段，使读者一目了然，不消费工夫去点句分段，不消费工夫去地思考索。""《时报》创出这种制度之后，十几年之中，全国的日报都跟着变了，全国看报的人也不知不觉的变了。"③

这是时评起源于《时报》之说的说另一个更早，影响也较大的表述。由于胡适在思想文化领域的重要地位，这个说法遂成为一种根据。其后许多人的著述言及时评起源时，往往引述胡适的这个说法。比如，前述戈公振《中国报学史》就大段引述了这篇文章。民国著名新闻学者郭步陶的《编辑与评论》在讲到《时报》创造了时评文体时，也引用了胡适的这篇文章。

此后，时评起源于《时报》的论述还有：

一士在1928写的《报纸评论的析类》：

"'时评'在今日为报纸上短评最普通之名称，吾国报纸，首设此栏者为时报。'时评'之'时'，盖义取双关也。自时报以'时评'受人欢迎，

---

① 朱传誉：《报界奇人陈景寒》，《报人·报史·报学》20页，台湾商务印书馆，1985年第五版，第20页。
② 戈公振：《中国报学史》，上海古籍出版社，2003年插图整理本，第173页。
③ 《胡适学术文集·新文学运动》，中华书局，1993年版，第90页。

四、什么影响着新闻评论表达形式的流变 | 227

各报遂踵为之。亦有另标'新评''时事小言''暮鼓晨钟''随感录'等，要之，皆短评也。"

以记述报界掌故著称的民国著名报人和新闻学者郑逸梅也有类似的记述：

"所谓时评，指《时报》的评论而言，后来各报纷纷仿效，那是作为时局的评论而言了。"①

由于郑逸梅自己就曾在《时报》工作过，他的掌故记述往往可作新闻史的材料。所以，他的上述说法更加强了"时评"始于《时报》之说。

但是，这些说法都是不正确的。《时报》是1904年在上海创刊的。其时评性的专栏起初称"时事批评"，第一篇发表于6月25日②。而在1903年初，梁启超在日本创办的《新民丛报》第25号就已经有明确标明为"时评"的栏目了。1903年在日本出版的中国留学生刊物《江苏》、《浙江潮》、《湖北学生界》，也已经有明确标为"时评"的栏目了。所以，仅从报刊的创办时间的栏目名称这一点上说，就可以排除时评起源于《时报》的说法。

时评栏目起源于《新民丛报》

1902年末，已经在日本出版了近一年的《新民丛报》，在第二十二号（光绪二十八年十一月十五日，《新民丛报》以中国农历年为周期）上刊登新年第二十五期（即第二年第一期）的改版启事，其中一个突出变化就是明确设立多个分类时评栏目的"批评门"，有"政界时评"、"教育时评"、"学界时评"、"群俗时评"、"人物时评"、"杂评"和"评论之评论"——实际上形成了一个非常完备的时评群落，往往每期有十数篇之多。这样集中、整齐、壮大的时评规模，是一年以后出版的《时报》的"时事批评"栏目

---

① 郑逸梅：《从〈时报〉说到戈公振》，《郑逸梅选集》第六卷，28页，黑龙江人民出版社2001年版，第28页。

② 据曾建雄：《中国新闻评论发展史（近代部分）》，广西师范大学出版社，1996年版，第288页。

所难以望其项背的。当时国内大多数报刊也难匹敌。

1903年初,《新民丛报》如期改版成功,其最突出的变化正是增设了占全册页数四分之一的"批评门",增大时评的规模,形成了一个分类较为齐全的时评版块。时评的分量不仅在全册更为突出,时评的位序,也由第一年"国闻短评"所列的第15位,提前到第二位。

由此,我们也许可以初步断定:作为一个栏目的名称的"时评"概念,最早可能出现在1902年到1903年之间。

值得注意的是,在《新民丛报》改版启事中,还把《新民丛报》第一年的"国闻短评"栏目追认为"稍具时评之体"。

"国闻短评"其实始于1899年第26册的《清议报》,确实是与我国早期报刊盛行的长篇"论说"明显不同的体裁。《清议报》1901年底停刊,《新民丛报》1902年2月创刊后,一开始就延续设置了"国闻短评"栏目。1902年末《新民丛报》改版启事说它"稍具时评之体",反映了《新民丛报》对"时评"作为一种新文体的自觉意识。因为,一般来说,完整清晰的文体意识总是在文体的长期摸索和实践之后才出现的。

值得注意的是,无论是"国闻短评",还是"时评",这两个栏目都不是在《清议报》和《新民丛报》刚创刊时就设立的,因此,也往往被史家忽略,如戈公振《中国报学史》在介绍《清议报》的栏目时就未列"国闻短评";在介绍《新民丛报》的栏目时,也未列"时评"。但其实,这种在办刊过程之中才新设的栏目,恰好反映了新的新闻观念和文体意识在长期探索、积累后才最终形成的历史过程。这是符合实践与认识的规律的。

时评既以"短评"作为最明显的形式特征,较早出现的短评,正是《清议报》上的"国闻短评"。所以,一些学者认为《清议报》的"国闻短评"就是时评的源头。[①] 由于《新民丛报》一脉相承地接续了《清议报》在新闻性短评方面的创新传统,因此"时评"的意识和"时评"的正式名称较

---

① 曾建雄:《中国新闻评论发展史》(近代部分),广西师范大学出版社,1996年版,第179页。

早出现于这样一个创新团队之中,是更有可能性的。

《时报》时评的继承性

实际上,1904年在上海创刊的《时报》,也在上述从《清议报》到《新民丛报》的创新脉络之中。《时报》是由海外维新派出"党费十余万金以办此报"①,与海外维新派的血缘关系和梁启超对时报创刊的重要影响,都是历史事实。同人记载:"罗孝高、狄楚青方奉南海先生命在上海筹办时报馆,任公实亦暗中主持,乃日夕集商,其命名曰《时报》及发刊词与体例,皆任公所撰定。旋即赴东。而《时报》初办时所登论说,亦多系任公从横滨寄稿来者。"②正是梁启超为《时报》写下了创刊词——为其奠定了包括新闻评论观念在内的新闻传播观念和操作方法。《时报》创刊时短评栏目的名称"批评门",也打上了《新民丛报》1903年改版后"批评门"这个栏目(各类"时评"就是其下的子栏目)的印记。因此,可以说,《时报》的时评,只是梁启超在《清议报》、《新民丛报》评论经验和观念的自然延伸。曾建雄在《中国新闻评论发展史》(近代部分)一书中指出,"后来以时评名闻中国报坛的《时报》,也正是根据梁启超的设想,一创刊就重视运用这种言论体裁",就正确地揭示了这种文体创新的传承脉络。

人们往往看不到(或者故意回避)《时报》与梁启超创办的《清议报》、《新民丛报》之间这样一种一脉相承的创新线索,是因为,一方面,《时报》在经营和思想上越来越脱离海外维新派和梁启超的影响,走上了一条"纯粹为办报而办报,不杂丝毫政治或商业之观念"③的道路,逐渐形成独立的民营报纸的形象。《时报》的这种离心倾向曾令海外维新派大为不满,指其时报主人狄楚青为"叛党之人"。梁启超也曾指《时报》"于党事种种不

---

① 丁文江 赵丰田编:《梁启超年谱长编》梁启超至康有为书,上海人民出版社,1983年版,第432页。
② 《梁启超年谱长编》,第337页,录罗孝高:《任公轶事》。
③ 戈公振语,参见《郑逸梅选集》第六卷,第34页。

肯尽力,言论毫不一致,大损本党名誉"。《时报》还曾经抵制海外维新派为控制《时报》派去的总主笔。①这些矛盾都为我们理解何以《时报》同人的历史记述绝口不提其与维新派的历史关联。

另一方面,由于进入民国后以梁启超为首的"研究系"在民初政治生活中与北洋军阀多次合作,有历史污点,特别是"研究系"与后来当政的国民党之间长期以来的历史矛盾,加上维新派与革命派在清末的历史纠葛,所以,《时报》同人在述及自身的业务源流时,会自觉"切断"与梁启超和《新民丛报》的历史关联。他们同时也"切断"了时评发生的真实历史,无形中创造了一个《时报》"时评"的"横空出世"的神话。

按照法国学者福柯"知识考古学"的理论,历史的记载本身和关于历史的陈述,都受着陈述者不同历史语境,即政治、社会环境的影响,其中"权力"对于短程的构造起着非常重要的作用。对于时评始于《时报》这个"知识"几乎异口同声的断言和对这个结论的传播,正需要我们在清末和民国的政治环境中得到理解。

此外,在这个视角中还应注意到书写历史的人的历史关联:写《中国报学史》的戈公振,曾是《时报》的一员大将②;而时评为《时报》所创这个说法的重要来源——《十七年的回顾》的作者胡适,当时正是《时报》的座上客,为祝贺《时报》的生日而作,而且发表在《时报》上。在民国期间新闻评论的两部教材中都持时评始于《时报》说的著名新闻教育家郭步陶,最早也曾在《时报》工作过。③这些历史书写的细节,往往容易被人忽略,但也都构成影响"知识"的"权力"。可以说,与《时报》有历史关联的一批历史记述者,有意无意地一起编织了时评始于《时报》的神话。

---

① 《梁启超年谱长编》,第432页,梁启超至康有为书。
② 参见《从〈时报〉说到戈公振》,《郑逸梅选集》第六卷。
③ 郭士愉:《回忆父亲郭步陶的办报活动》,《新闻研究资料》第三十一辑,中国新闻出版社,1985年版,第143页。

此外，早期一些新闻史著作，如胡道静《上海的日报》，在谈到《时报》的革新，录梁启超所作发刊例，却无一语提及梁启超，只说："狄葆贤延陈冷为主笔，悉必研究新闻纸的革进，《时报》就以独创的体裁刊出了。其发刊例云……"① 这些，不管有意无意，都对梁启超对《时报》的影响起到了遮蔽的作用。

时评栏目的扩散

自《新民丛报》从1902年末提出改版方案和1903年初实现改版，建立"时评"版块之后，1903年初，"时评"栏目就已经在多家中国旅日留学生刊物中使用了。《江苏》是从1903年第一期起就开设"时评"栏目。《浙江潮》则是从第二期起才开设时评栏的。值得注意的是，一个新刊物在第二期就重新更改栏目设置，这是不同一般的。从中可见这是对别的刊物采用"时评"栏目所做出的快速反应。几乎同时开办"时评"栏目的还有《湖北界》。但是，它虽然第二、三期都有"时评"栏目，但此栏刊登的文章完全是译报，并非《新民丛报》那样形式特征明显的时事短评。也就是说，它只是"徒有其名"，在文体上还并没有真正实现转变，在写作的能力上还没有做好适应这种新文体的准备，就匆匆设立"时评"。这本身就证明了"时评"这种标志着新文体的新栏目的影响力和仿效效应。

与《浙江潮》从创刊第二期起才开设时评栏相似，1904年在国内创刊的《东方杂志》也是从第四期起才增设时评栏目的。它们都反映了一种面对新的事物及时调整、及时吸纳的姿态。这反映的正是时评作为一种文体创新的扩散过程。1905年，孙中山领导的革命派报刊《民报》在日本创办，也开设了"时评"栏目。

这样，如果不以"时评"这个确定的栏目名称作为标志，而以"时事短评"这样一种文体特征作为标志的话，那么，渐次出现的序列是：

---

① 《中国近代报刊发展概况》，新华出版社，1986年版，第335页。

1899 年《清议报》的"国闻短评"

1902 年《新民丛报》的"国闻短评"

1903 年《新民丛报》"批评门"中的"时评"

1903 年旅日留学生刊物《江苏》、《浙江潮》的"时评"

1904 年《东方杂志》的"时评"

1904 年《时报》的"批评"

1905 年《民报》的"时评"

如果以"时评"这样一个确定的栏目名称作为标志的话,那么渐次出现的次序是:

1903 年《新民丛报》"批评门"中的"时评"

1903 年旅日留学生刊物《江苏》、《浙江潮》的"时评"

1904 年《东方杂志》的"时评"

1905 年《民报》的"时评"

1907 年《时报》的"时评"

以上分析和本文前边的研究可以看出,"时评"栏目这样一种创新,首先是在相近的报刊形态和相近的办刊环境中迅速扩散。相近的报刊形态就是期刊;相近的办刊环境就是海外期刊,具体而言,是中国人在日本创办的期刊。其扩散到中国内地和其他报刊形态——日报的速度也很快,但相对前者略迟。20 世纪初年,中国的报刊虽然已经度过了早期"报刊同源"——报纸和期刊在形态上分不清的阶段,各自有了自己的运作特点。但是,"时评"栏目作为一种创新由期刊向报纸扩散的路径还是比较清楚的。或者说,时评文体在期刊上的长期实践和经验积累对于报纸采用这一创新形式的影响还是很大的。这是因为当时业界的一个新闻观念,即"丛报之体本以评论为天职"[①],"报纸以揭载新闻为主,而杂志以揭载评论为

---

① 《新民丛报》第 22 号所刊《新民丛报第二十五号以后改良告白》。

主"①。所以,时评作为评论体裁的创新经验,其起源于期刊,就不足为怪了。由于戈公振《中国报学史》对于杂志和报纸是分别叙述的,因此,也就难以反映时评栏目跨越期刊与报纸的创新扩散过程。而这种新闻传播形态的创新扩散过程正是新闻业务史研究的重要内容。

在中外新闻业务史上,像时评栏目这样的创新扩散过程,不乏其例。比如,20世纪70年代美国各大报纸开设"社论版对页"(Op-Ed Page),但这种创新形式其实此前已在《纽约时报》研究了多年,还可以上溯到20世纪20年代的《纽约世界报》。一种新闻传播形式的创新,都非一朝之事,而是往往经历长期的摸索和经验积累的过程,最终才形成一个明确的概念和与之相应的理论表述。当明确的概念产生之后,特别是当时代和社会有了明确的需求之后,其扩散的速度就比摸索和积累的过程快得多了。

(原载《国际新闻界》2009年第2期)

---

① 戈公振:《中国报学史》,上海古籍出版社,2003年插图整理本,第6页。

论早期评论的发展对现代新闻周刊的贡献

评论在我国期刊的发展过程中占有重要的地位。早期的许多期刊,除少量事实性信息外,几乎全部为言论。戊戌变法时期,梁启超在北京创办的《中国纪闻》,"只有论说一篇,别无记事"①。甚至我国最早的文摘性旬刊《集成报》(1901年创刊),也都有"每期必有的本馆论说"。②

应该说明的是,在中国新闻事业的早期,存在着一个"报纸杂志没有分别"③的时代,学界为避争议,概以"报刊"称之。但本论文研究的对象,则已可确认为期刊了。这是因为:第一,自《申报》(1871)、《上海新报》(1872年由每周三次改为日报)、《循环日报》(1874)等每日出版的中文日报产生,就标志着报纸与期刊从此"分身揖别"。此后的书册式、长周期的出版物就应认作期刊。第二,这些期刊已经逐渐产生了早期"报刊未分"时代所没有的内在的系统性趋向和相应的形式特征,尽管它们有的仍然带有"报"、"周报"、"旬报"这样的刊名。"报纸以揭载新闻为主,而杂志以揭载评论为主"④,——戈公振的这个断语,也正是和只能是在"报纸杂志没有分别"时代结束之后做出的。

学界一般认为:"现代意义上的新闻周刊是指以1923年亨利·卢斯和

---

① 梁启超:《初归国演说辞·鄙人对于言论界之过去与将来》,饮冰室文集之二十九,第2页。
② 潘庆德:《集成报》,《辛亥革命时期期刊介绍》第一集,人民出版社,1982年版,第69页。
③ 潘贤模:《近代中国报史初篇(断章报史)》第一章的第二节即为《报纸杂志没有分别》,中国社会科学院新闻研究所《新闻资料研究》1981年第二辑,第301—302页。
④ 《中国报学史》,上海古籍出版社,2003年插图整理本,第6页。

布里顿·哈顿创办的《时代》为开端的这类周刊"[1]。但实际上，这个认识，不可能排除此前不同国家的期刊在这个方向上的实践与经验积累。本文所关注的中国早期期刊上的评论，正是那些期刊中的新闻性要素之一；它们的发展，就是使现代新闻周刊最终形成自身形态的历史过程。

首页评论的演变和形态特征

把言论置于每期首页，是我国早期期刊评论经过漫长的发展稳定下来的一个突出的形态特征。

此前置于刊首的，往往是"谕旨恭录"的栏目。1896年出版的《时务报》，开始把梁启超的《变法通议》和编者自撰的其他政论文放在"恭录谕旨"之前的刊首位置。此后如1902年出版的旬刊《外交报》，"首论说，选择东西外交家所著，间由自撰，或登来稿。次谕旨……"。1904年出版的月刊《东方杂志》也把"论说"栏目放在"谕旨"前面。

"论说"是政论体裁，有自撰，也有来稿，还有的转载自其他报刊。比如1904年创刊号的《东方杂志》，放在开头部分的是连续7篇"论说"，有的注明"本社撰稿"，然后是署名。有的则注明录自其他报刊——其实是转载。到梁启超1910年创办《国风报》，始将本社自撰的论说与他人撰写的"时贤伟论"用不同的栏目区分开来，"凡论说，本报之精神寓焉"[2]，"论说"即为自撰社论的专有名称。

"论说"一般主题重大，结构稳定、节奏从容。比如，《新民丛报》在创刊号的"本报告白"中介绍栏目，第一条就是："论说：必取政事学问之关于大本大原切于时用者乃著为论。"但它却不承担对新闻事实的具体判断。

---

[1] 缪书平:《简论现代新闻周刊的特征》,《新闻周刊的理论与实践》,新华出版社,1991年版,第33页。

[2]《国风报叙例》,《饮冰室合集》第三册。

"时评"是"论说"之后在各种时政性期刊普遍确立下来的评论类型，其刊出位置也居于"论说"之后。比如，在《新民丛报》的栏目中，"论说"居第二，而时评性质的"国闻短评"则位列第十五。它区别于"论说"的最重要之点，就是它比"论说"更多地包容了事实性信息。也比"论说"更有时效性。实际上，早期一些期刊的时评标题，就只标出事件性信息。比如，1902年《新民丛报》创刊号上《国闻短评》栏目的《顾问大臣勉旃》、《北京掠夺事件》、《奥国人种之争》；《东方杂志》的时评《粤督索裴景福于葡人》、《韩国建宫》、《俄欲破坏我中立》。

《新民丛报》的《国闻短评》时评是一个重要的里程碑，"择中国外国近事之切要者略加绪论，谈言微中，闻者足戒"①。这样一种评论形态不仅最早地在时政性的期刊上创造出来，而且长期在时政性期刊上繁荣。1904年创刊的新中国成立前刊行时间最长的期刊《东方杂志》，从第四期起就有与《新民丛报》的《国闻短评》、《时报》的《对事批评》同样形态的时评栏目——《时评》，而且连续刊登了25篇。1905年同盟会的机关刊物《民报》在日本创刊，也设置了相同的"时评"栏目。

可以说，"时评"的出现是早期政论性期刊向新闻性期刊演化，由"政论本位"向"新闻本位"演化的一个标志。

时评不仅重视新闻事实的陈述，也重视交代信息的来源。比如，1902年《新民丛报》创刊号上的《国闻短评》第一篇《顾问大臣勉旃》："回銮后第一新政，即置顾问大臣是也。据日本报章所记：置顾问议长一人、副议长一人……"。第二篇《北京掠夺事件》"联军之役，各国兵队野蛮暴掠，无所不至。凡北来者皆能言之。其中俄兵最甚，法次之，日本兵纪律最严。此天下之公评也。近者日本各报历载当时其军队在北京掠夺情形，千口一词。其中有《万朝报》者言之尤详……"

其实，早期时评中事实性信息的比重往往大于其中评论的比重。也就

---

① 《新民丛报》第一号《本报告白》。

是说，它们传播事实的功能往往大于其评论事实的功能。梁启超手撰的"《时报》发刊例"对作为时评栏目的"批评"栏目的功能可以说明这一点："凡每日出现之事实，以简短隽利之笔评论之，使读者虽无暇遍阅新闻，已可略知梗概，且增事实之趣味，助读者之常识。"①——显然，它是为了增加报刊的信息性的。这一点对于期刊来说，更为重要。因为期刊的信息性往往比日报要弱一些。

"论说"的抽象、宏观、静态与"时评"的具体、微观、动态相互补充，成为很长一段时期时政性期刊的评论景观。当然也有发展变化的趋势，那就是"论说"受更加符合新闻规律的"时评"的影响，而向后者逐渐靠拢。"论说"在选题向"时评"靠拢的较早迹象，是《新民丛报》之后梁启超创办的《国风报》上。有学者观察到："梁启超办国风报，于论说之选题，文章之连载，均注意革新。如论说之选题，'兼抽象和与具体的，抽象的者，泛论原理原则也；具体的者，应用于时事问题也'"②。显然，这已同早期论说全部都是抽象论题有较大区别。

到了《国风报》时期，"时评"的地位更为突出。首先现在版面的编排位置上：梁启超1902年创办《新民丛报》时，作为时评先驱的《国闻短评》居于"第十五"的位置；而到了梁启超1910年创办《国风报》时，"时评"的位置已居第三，紧跟"论说"之后。

《国风报》还创造了"时评"与报道相配合的制度。第一是，"凡遇有特别重大事件发生，为国人所宜特别留意者，则为特别记事，无之则阙，事过则止。凡特别记事，每追叙原因，推论结果，与时评相辅。"即时评刊发于前，在时评的标题下注明，请读者参见后面的"特别记事"。第二是，"时评所纠者录其原文"。③

---

① 《〈饮冰室合集〉集外文》上册，北京大学出版社，2005年版，第155页。
② 赖光临：《梁启超主持之报刊及其影响》，李瞻主编：《中国新闻史》，台湾学生书局，1979年版，引文出自《国风报叙例》。
③ 《国风报叙例》。

此后有一些期刊，特别是时政性周刊，干脆取消社论，而以一组短小的时评刊登在开头的位置。比如，1922年创刊的《努力》周报上只在开始的第三期、第五期的卷首刊发过两篇署名"适"（胡适）的社论，此后直到一年后停刊，便不再发表社论，基本上以时事短评栏目"这一周"作为刊首文章。1924年创刊的《现代评论》周刊，是一家由一批北京大学教授创办，包含"关于政治，经济，法律，文艺，哲学，科学各种文字"的纯言论刊物，它也是以一组"时事短评"列于刊首。1925年著名政论家章士钊创办《甲寅》周刊，就放弃了社论，而以一组时评与"特载"栏目交替放置在刊首位置。

把一组短小的时评放在刊首的位置，比一篇社论的信息性、可读性都强一些，这是传统的政论性期刊面向市场的一种姿态调整。

《努力》周报"这一周"栏目是具有的周刊特点的言论形态。它往往对一周事件的新闻价值作出判断，然后选择最有价值的予以评论。比如，1922年6月25日第八期的"这一周"，首条第一句："本周最大的政治变化是广东的革命与浙江的独立"。7月17日至23日的"这一周"写道："这一周中国的大事，并不是董康（当时的财政总长）的被打，也不是内阁的总辞职、也不是四川的大战，乃是十七日北京地质调查所的博物馆与图书馆的开幕……"

这个特色后来被不同的周刊传续。比如，1925年创刊的《生活》周刊，从第三期起就将位于"封面"的第一个栏目改名为《此一周》。这个兼有纪事与评论的文体置于每期卷首的位置，增强了周刊的新闻性。比如，第四期上的《此一周》为《关税会议开幕》：

"此一周，战事在混沌中，无可谈。谈关税会议。

关税会议，已于二十六日开幕了。我们老百姓，要大大注意，中国为什么穷？吾敢说：'中国之穷，穷于关税'。

请看民国十三年海关报告：

进口货价1001201677（海关银两）

出口货价 771784468

出入相抵，进口货价比出口货价约多海关银两二万四千万两，约合银元三万六千万元，即为民国十三年中国对外商业损失之数。

一年损失如此，看海关报告，差不多年年如此，中国哪得不穷？

若使中国自由订关税，进口重些，出口轻些，或单征进口税，免出口税，何至年年损失，使国家穷到这种地步。"

这样的选题、结构和语言，轻松自如，似谈家常。作者以新闻为由头，随意着笔，引导读者观察和思考。这么短的文字，非常浅显地向读者讲明了关税自主的道理。更为轻松自然和平民化。符合《生活周刊》读者品味。

1937年，著名新闻人谢六逸在抗日烽火中创办《国民》周刊，是一个新闻性较强的，具有现代新闻周刊形态的刊物，封面被大幅抗战图片铺满，封二、封三、封底，也皆为新闻图片。内页还有各地通讯和信息性栏目《时事一周》。而位于刊首的文字，则是两个页码的短评栏目。后来改为单篇的长言论，由编委轮流执笔，相当于社论。

实际上，上述两种卷首言论往往为一些期刊交替使用。比如，《国闻周报》前期曾将《编辑者言》或社论置于卷首，后期也改为一组时评——《一周简评》作为卷首言论，以新闻事件为题，突出新闻性。这是周刊言论在经过几番调整之后在政论性与新闻性之间取得的一种平衡。

总体而言，由"政论时代"为起点的我国早期政论性时政期刊，发展到20世纪30年代中期，基本呈现出两种相距并不太远的倾向：政论性（有的是专论）倾向与新闻性倾向。这表现为：有的政论性很强的期刊，也设有针对时事的评论选题和信息性的栏目，以补充其新闻性。而新闻性较强的周刊，则体现为以事件性评论为主的评论和通讯类文章。有的周刊在这两种倾向之间调整平衡，比如《国民》周刊。就新闻周刊的刊首评论而言，也在短篇的事件性评论与长篇的社论之间徘徊。

在评论置于刊首的传统下，逐渐产生了我国早期的期刊评论一个有特色的形式特征——"文起封面"，即一些期刊在封面直接刊登评论文章。

比如 1924 年创刊的《语丝》周刊、1925 年创刊的《生活》周刊。这两种都是廉价刊物，其实是没有封面，其页数也是从这一页开始的，第一页登不完的文章，直接转到第二页。这种做法无非是为了节约成本，因此显得比较粗糙。1930 年创刊的《十日》旬刊、1948 年创刊的《新时代周刊》，也都是如此。虽是廉价刊物，低成本运作，但内容质量并不低，更不低俗。

当这种突出首篇评论的"文起封面"格局，一旦被引用到比较精良的政论性期刊上，特别是封面刊登完整的一篇评论，那种节省页面的低廉色彩就不见了，而成了一种突出首篇评论的"封面评论"制度。这种"封面评论"制度，是那个时代政论性新闻期刊的一个特色，连佛教徒创办，"以阐扬佛法真义及研究批评古今东西各种学说思想时事为宗旨"的《觉群周报》（1945 年 7 月创刊），也是以首篇言论占据封面，甚至把两篇重要言论嵌套在封面刊出。

评论在刊物中的关联性功能与交流性功能

从整体结构上看，现代期刊与报纸的一个重要区别是更有系统性。较早提出期刊结构的系统性特征的，是 1919 年罗家伦发表在《新潮》第 1 卷第 4 期上的《今日中国之杂志界》。到 1927 年，徐霄汉在北京新闻学会创办的《新闻学刊》创刊号上发表《新闻文学概论》更为明确地指出："大抵定期刊物之批评纪载，均贵有系统详明周密为合格。盖定期刊物，因中间有时间上之隔离，其时间相隔愈远，则其新闻之严格意义愈少，而于历史的记载为渐进。取此隔离之时间内之事实，而整理之、编述之，使读者获得系统的观念、清明的印象，即合于定期刊文字之原则。"

这种系统的表现之一就是报道与评论的关联性。梁启超 1910 年创办《国风报》。在创刊号的《国风报叙例》中有这样一句话："凡全卷各门类所论述，恒相互发明"，这表明，他有意识地使各个栏目的内容产生关联性，形成全篇的系统性。这是对现代新闻周刊传统规律和编辑意识的充分自觉。

比如，出版于宣统二年正月十一日（1910 年 2 月 20 日）的《国风报》第一年第一号上,"时评"栏中有《立宪九年筹备案恭号跋》,"文牍"栏中就对应着安排《宪政编查馆会奏遵拟宪法大纲并逐年应行筹备事宜折》——这是那篇时评所批评的"原案"文本。在那篇时评的标题下还以一括号加注:"参观本号文牍门补录原案"。另一篇时评是《现今世界第一大事》,评的是英国政潮;与此相应,"特别记事"栏目中就安排了《英国政界剧争记(一)》;那篇时评的标题下,也有一括号注明:"参观本号特别记事门英国政界剧争记"。这两组内容都做到了评论与记事相呼应。《国风报》第一年第二号"时评"栏有《读农工商部筹借劝业富签公债折书后》;而在"著译"栏中,就有《富签公债说略》;在"本国记事"栏中还有一则"停止农工商部富签彩票"。其中说到:"富签彩票之流毒无既,本报已于时评中尽言之。摄政王毅然停止,谕令缓办,其为国利民福,胡可胜言。新年前后,行政之差强人意者,当以此举为最足纪矣。惟该部办理兹事之本意,虽美其名曰提倡实业,而实则为部中各局所委员俸薪耳。贤王独断,不为所惑,是真天下臣民之幸也。"《国风报叙例》中谈到了这种评论与"记事"、"文牍"的关联性:"凡遇有大事发生,为国人所宜特意留意者,则为特别记事,无之则厥,事过则止。凡特别记事,每追叙原因,推论结果,与时评相辅。""凡文牍,有用者录之,时评所纠者录其原文。"

1924年由国闻通讯社创办的《周闻周报》是旧中国比较精良的一份新闻周刊,在重大事件上往往是评论、报道、图片三种形式一起使用,达到了集中、突出的整体效果。比如,在1925年6月7日出版的第二卷第二十期,内页刊登的图片皆为"五卅惨案"的新闻图片。而该期社评分别为《静穆的悲哀》、《法律上之五卅事件观》、《南京路之血》,也都是"五卅"题材。直到8月份,每期都有关于"五卅惨案"的社评,形成了周刊所特有的集中传播的强势。

在这一时期,一些除了已经注意到评论在整个刊物系统内部的关联性之外,还自觉地利用言论实现编者与读者、作者之间的交流,以1924年创刊的《国闻周报》上的《编辑者言》最为典型:有哪些稿子没有能够刊出,有哪个栏目为何仍然付诸阙如，已经收到了哪些稿子，下期将要刊出什么内容，等等。其第一卷第三期的《编辑者言》甚至有这样的内容："本报创办伊始，编辑形式均甚特别，手民尚未习惯，以致错误甚多，从本期起，已与严定办法，以后不致再如前错误。"第一卷第五期的《编辑者言》中则有这样的话："江浙战事确已难免，本报纪载，一切以慎重翔实为主，重在辑存各项确实告与重要文电为日后参考之资，附刊详图已备有多种，容分期限揭载，惟阅者察之。"

类似《国闻周报》上的《编辑者言》这类文字，在期刊的实际运行中，也有选择放在刊末位置的，比如，1932年创刊的政论周刊《独立评论》的《编辑后记》。它仍然有那种编者与读者、作者之间轻松如话的交流性，但除了传递一般的编辑信息之外，它还往往表达对编者某篇文章的看法，包括不同意见。

正是通过这种具有交流性的言论形态，刊物体现了刊物对读者、作者的接近性和服务性。它作为一种标志，反映了中国时政期刊从早期的政论期刊传统向市场化的现代新闻周刊的演进趋势。

（原载《国际新闻界》2007年第12期）

论我国早期新闻评论中的交流性因素

——以梁启超为例

近代报刊的新闻评论,与中国传统的议论文相比,在语言层面上发生了一些适应大众传播的微妙变化。其中之一是交流性增强。梁启超是中国传统议论文转向现代新闻评论重要标志性作者。他的作品中就比较清晰地显示出这种变化。

本文所称的交流性因素,是指那些在评论文本中使受众产生交流感的语言因素。这种交流感,当然属于拟态的交流感,即它虚拟设定了一个交流对象,并在文本中创造了交流的气氛。

有意设置交流性因素,在我国有悠久的传统,《史记·太史公自序》中,司马迁就通过"太史公"与"上大夫壶遂"对话的方式来阐明自己的史学观点。近代以来大众传播环境及报刊市场促进了作者受众意识的增强,使得议论性文本中的交流性因素更为多样化,也更为频繁和突出

应该说明的是,梁启超的新闻评论与他的学术文章、政论,就表现形式来说是相互影响的。报刊这个传播环境给了这些不同性质的作品共同的传播特征。梁启超文章中的交流性因素,也是从其政论、学术文章,乃至演说自然地延伸到新闻评论中去的。

一、交流性因素的表现形式

其一,自设问答。

"设问"是一种交流性因素,因为设问其实是代替隐含的读者提问,因此,实际上是"设"了一个交流对象。同时,它还创造了一个有来有往的交流性节奏,从而打破了单一主体的长篇议论容易产生的单调沉闷感。

简单的自设问答,在中国近代的政论中就已经零星出现,比如王韬的早期政论著中有"说者以为"、"论者谓"[①],郑观应的《盛世危言》和《万国公报》的早期文章中,也出现了"或问"、"或曰"等代替他人提出问题的形式。[②]

在梁启超早期政论《变法通议·论不变法之害》一文中出现了以"难者曰"设置的交流性因素。以"难者曰"带起的辨驳性论证结构共四处。比如:

"难者曰:'今日之法,匪今伊昔,五帝三王之所递嬗,三祖八宗之所诒谋,因代率由,历有年所。必谓易道乃可为治,非所敢闻。'变之曰:'不能工巧匠创法,非圣人也。不能阻碍时,非圣人也。上观百世,下观百世,历世大法,惟本朝为善变。'"

在《论金银涨落》一文中,已使用"曰:……"代入模拟他者的设问。而同样以"曰:……"或"梁启超曰"作为应答。

比如,"曰:'金贵银贱之为大害于中国,夫人而知之矣,敢问亦有为利于中国者乎?'曰:'有以银贱之故,中国出口货可以畅销。何以言之?如十年之前丝价……'"[③]这是双重的自问自答。

梁启超发表于1902年的《论小说与群治之关系》在首段概括论点之后,即说:

"吾今且发一问:人类之普通性,何以嗜他书不如嗜小说?答者

---

① 分别见:《弢园文新编》中《原人》、《原士》和《俄人志在兼并》等篇,三联书店,1998年版。
② 分别见:《盛世危言》的《议院上》等篇和《万国公报文选》所收《儒教辩谬》等,三联书店,1998年版,第31页。
③ 梁启超:《饮冰室合集》第1册,中华书局,1989年版。

曰：……"①

发表于1902年的《新史学》，梁启超以"新史氏曰"作为自己意见的提示语，而以"或者曰"作为设置交流对象的提示语。文章一问一答，节奏十分生动。

这种自设问答的形式，最终成熟地运用于梁启超纯粹的新闻评论之中。比如，1911年发表的《收回干线铁路问题》：

"……据大清商律以设立之各省铁路公司，政府果有以一纸命令取消其权利之权利乎？此一问题也。或曰：国家既能以权利予人民，亦自当能取其既予之权利而夺之。苟国家非留保此种权利，则统治权之本质，何由得圆满，而权利渊源在国家之谓何矣？应之曰：变更人民权利之权利，诚属于国家，然国家当由何机关以行使此权利，此言法治者所当谨也。"②

文中的"或曰"和"应之曰"，就是自问自答，以交流的形式更深入地阐释自己的观点。同时使文本显得活泼。

总体来看，这种"自设问答"的交流性因素，可以说是发扬传统。其主要的功能还是论证层面上的功能。但也起到了活跃节奏的效果。

其二，在文本中不断提及受众。

比如，梁启超1915年《孔子教义实际裨益于今日国民者何在欲昌明之其道何由》一文中，开头就写道：

"吾骤揭此问，读者得毋以为腐谈而目笑存之。然吾颇信此正未易置对，吾不审读者诸君，当未读吾此文以前，其曾以此疑问往来于脑际者果有几人，吾又欲读者诸君，既睹此题后，暂掩卷勿视吾文，试各以其意答之，吾窃计人人所答者决不相同。"③

在这短短一段中，三次提及"读者"。这是直接呼唤读者"对话"的

---

① 《饮冰室合集》第2册，中华书局，1989年版。
② 见《国风报》第二年第十一号。
③ 《饮冰室合集》第4册，文集之三十三，中华书局，1989年版，第60页。

交流性因素。这样一种交流形态，是大众传播时代作者心中读者意识的自觉，在中国传统的议论文中从未出现过，应予充分的注意。因为，中国传统的议论文写作，或者是为了"藏之名山"——根本就没有现实的读者；或者是体现为表章、书信等有着特定传播对象的文本，或者供小范围亲友间欣赏。这几种文本的写作，都不会使作者产生通过提示性语言吸引读者注意、强化交流感的意识。而大众传播时代的读者"多数不定之人"[1]的身份，才会使作者产生这样的交流意识。

其实，当年报刊政论文中出现的这类与受众交流的提示语，不仅是"读者"，还有"看官"、"闻者"、"论者"等好几种称呼，在陈独秀为《安徽俗话报》写的白话评论中，则为"大家"、"列位"。比如陈独秀《瓜分中国》一文的结尾：

"唉！大家睡到半夜，还是大家振作起来，做强国的百姓好，还是各保身家不问国事，终久是身家不保，做亡国的百姓好好先生呢！"[2]

这种提示语在稍后《民立报》上章士钊的评论中也频频出现，比如1912年的《达赖喇嘛之专使》，首段即说：

"前夜本社按路透社特约电，言达赖喇嘛之专使，已抵俄京，此种行动，此种行动，或至惹起藏边之风云。记者请略记数语，以促读者注意。"

文中有：

"读者当知持英俄在藏势力之平衡者，乃吾国之势力。"[3]

其三，明确点出特定的诉求对象。

梁启超《论学术之势力左右世界》是一篇典型的政论，在语言中与其他政论文章没有什么明显的区别。但是，末尾却突然出现了这样一个诉求对象：

"吾欲敬告我国学者曰：公等皆有左右世界之力，而不用之何也？公等

---

[1] 戈公振：《中国报学史》，上海古籍出版社，2003年插图整理本，第9页。
[2] 《陈独秀文章选编》上，三联书店，1984年版，原载1904年3月31日《安徽白话报》第1期，第21页。
[3] 《章士钊全集》第2册，文汇出版社，2000年版，第266页。

即不能为倍根、笛卡尔、达尔文,岂不能为福禄特尔、福泽谕吉、托尔斯泰?即不能左右世界,岂不能左右一国?苟能左右我国者,是所以使我国左右世界也……"①

这样在文章中专门提示诉求对象,是明显的交流性因素。它是大众传播环境的表征,尽管这篇文章的内容是学术性的。

1910年《论直隶湖北安徽之地方公债》的最后一段:

"……吾敢以一言正告诸公曰:中国政治机关苟非根本的改革,则自今以往公等其无望能得一文之公债也。……"②

这里的"诸公"也是特定的诉求对象,即当时把握国家财政大权的人。

梁启超还有许多有着特定诉求对象的评论作品,较早集中发表的有1902年《敬告留学生诸君》、《敬告当道者》、《敬告我同业诸君》和1903年的《敬告我国国民》。1910年《为国会期问题敬告国人》、1911年《敬告中国之谈实业者》、《敬告国人之误解宪政者》,一直到1925年为五卅事件所作《为沪案敬告欧美朋友》、《沪案交涉方略敬告政府》。

这些作品都比一般政论作品有着更强的交流性色彩。它们往往是"公开信"的形式,还保留着传统书信体的形式特征。书信的口吻会增强评论文本中的交流感,因为:书信就是有着特定传播对象的文本。

比如《敬告留学生诸君》,首句为:

"某顿首,上书于所最敬爱之将来中国主人翁留学生诸君阁下。某闻人各有天职。天职不尽,则人格消亡。今日所急欲提问于诸君者,则诸君天职何在之一问题是也。"③

《为国会期问题敬告国人》,分9篇,分别"敬告"了"监国摄政王"、"政府诸公"、"各督抚"、"国中有闻誉之君子"、"一般国民"、"农民"、"国

---

① 《饮冰室合集》第1册,文集之六,中华书局,1989年版,第116页。
② 《饮冰室合集》第3册,文集之二十一,中华书局,1989年版,第106页。
③ 《饮冰室合集》第2册,文集之十一,中华书局,1989年版,第21页。

中有资力之人"、"留学生"、"资政院议员"等9个对象群体。可见他已经具有了成熟自觉的对象化的传播交流意识。

这是一批同一特征的作品，反映了梁启超对这种写作手法越来越自觉地运用。

其实，即使在这类针对特定诉求对象的评论中，梁启超也还是尽可能注意到与一般读者的交流，比如，在《敬告中国之谈实业者》一文末段有这样一句就是对一般读者的交流性提示语：

"吾国民苟非于此中消息参之至透，辨之至深，救之至勇，则吾见我父老兄弟甥舅，不及五稔，皆转死沟壑而已。吾口已瘏，吾泪已干，我父老兄弟甥舅，其亦有闻而动振于厥心者否耶？"[①]

这种有着特定诉求对象的评论文本，在当年很流行，比如，章太炎的《敬告对待间谍者》(1912)，胡适的《敬告中国的女子》(1906)等等。

其四，以按语、附言的形式与读者交流。

按语本身就有正文之外的交流功能。如今习见的按语，多为"编者按"。而编者按的功能有着很强的交流性，它是"编者在记者（或作者）和受众间架设的一座沟通的桥梁。"[②] 梁启超则为自己的文章加按语，除了补充正文信息的功能之外，其直接对读者说明正文、解释正文的意图跃然纸上。

如发表于1905年的《开明专制论》文前的"著者识"：

"（一）本篇因陈烈士天华遗书有'欲救中国，必用开明专制'之语，故畅发其理由。亦抑鄙人近年来所怀抱之意见也。……（二）本篇虽主张开明专制，然与立宪主义不相矛盾，读至终篇自可见其用意所在。……（三）本篇凡十章，为释者三，为述者，为论者五，皆用严正的论理法（演绎法归纳法并用）不敢有一语凭任臆见。……（四）本篇以避文字复沓之病，

---

① 《饮冰室合集》第3册．文集之二十一，中华书局，1989年版，第122页。
② 胡文龙、秦珪、涂光晋：《新闻评论教程》，中国人民大学出版社，1998年版，第256页。

故多用附注，与正文相发明，望读者勿忽视。"①

这篇按语表现了作者非常强烈的交流意识：十分关注读者动态的阅读反应和效果。

1910年的《币制条议》文头的"著者识"一共三条，最后一条是："篇中之文，务取通俗，几于参用白话，凡欲使读者了解而已。若律以文章义法，则惟有惭赧。"②

这一条按语，很有意义：一是它明确向读者显示：这虽然是一篇内容比较专业的文章，却尽可能通俗易读，以使读者不至于望而却步。二是它明确显示了梁启超为了实现文章的广泛传播宁可放弃"文章义法"的价值判断。实际上，梁启超之所以对近代议论文体转型过程中做出了突出贡献，就在于他为适应大众传播规律，一次次果断放弃传统的"文章义法"。

二、演说风习与评论中交流性因素的关系

日本学者小森阳一从日本明治时期的演说风习来解剖当年报刊政论的文体特征，这对于我们理解历史环境中文体生成的影响因素，具有深刻的启发性：

"'演说'的文本是一种冒充的口语。它一边在预设着'可按其原样讲述'的前提，一边在书写文字稿。因此，它是一种力图从结构的角度进行创新的新型书写文本。"③

这项研究给我们的启示是：第一，演说影响写作风格；第二，演说促进言文一致。我们在梁启超的作品中都可以看到这种端倪。

我国清末民初，也是一个演说盛行的时代。无论是从《梁启超年谱长编》的记述，还是从《饮冰室合集》收录的文稿来看，梁启超都是一

---

① 《饮冰室合集》第2册，文集之十七，中华书局，1989年版，第13页。
② 《饮冰室合集》第2册，文集之二十二，中华书局，1989年版，第1页。
③ ［日］小森阳一：《日本近代国语批判》，吉林人民出版社，2004年版，第32页。

位演说活动频繁的人。演说文本的写作，可能会对他评论写作产生一定影响。

前面介绍的一种交流性因素——在文本中不断提及受众，比如梁启超文章中像口头禅一样的"诸君"，就很可能受当年演说风习的影响，因为不断提及受众恰恰是演说的语言特点，是直接面对受众的演说环境所要求的。这在演说理论中被称作"呼语"，"呼语是对听众心理施加影响的重要方法之一，如果运用恰当，可以起到激发听众情绪、吸引听众注意、引起听众思索等方面的作用"[①]。由于演讲是现场真实交流，对演讲的切身经验可能会增强评论作者在文本中的交流意识。

语言学家高名凯说："所谓'语言风格'是人们在某种特殊的交际场合中，为着适应某种交际目的而在言论中形成的特殊的言语气氛或格调。"[②]这一断语，恰可以说明演说经验如何影响了梁启超的言论风格。

梁启超的早期演说，往往事先写好的稿子，如1898年《保国会演说词》中所说的"以笔代舌"。[③]

1899年梁启超流亡日本之后，有一篇《论内地杂居与商务关系》，开头是：

"诸君，小弟日前到神户，承诸君过爱，款待优隆，小弟感激无已，前者数次演说，诸君不弃，屡屡择其言，弟心窃自欣幸……"

其中说"有所欲演说者，谨书以奉告"，可见仍是"书面发言"。但是，即使如此，还是多次插入了"诸君"这个交流性的提示语。可见演说情境对梁启超的交流意识产生了一定影响。从此，"诸君"这个演说情境的提示语，就一直存在于梁启超一生的演说词中（后期的演说词中也有"先生们啊"等呼语），并由此延伸到他的评论中。

[①] 陈建军主编：《演讲理论与欣赏》，武汉大学出版社，2005年版，第96页。
[②] 高名凯：《语言论》，商务印书馆，1999年版，第477页。
[③] 《饮冰室合集》第1册，文集之三，中华书局，1989年版，第27页。

比如，1922年11月6日对女子师范学校师生的演讲《人权与女权》有这样一段：

"我要出一个问题考诸君一考：'什么叫作人？'诸君听见我这话，一定又要说：'梁某只怕是疯了！这问题有什么难解？凡天地间圆颅方趾横目睿心的动物自然都是人。'哈哈！你这个答案错了。……"

这种生动的现场交流效果，既包括"设问"，也包括"不断地提及受众"这两种因素。

而梁启超晚期的一些文章风格也与演讲相似。比如1922年应《申报》之约所作《五十年中国进化论》的第一段：

"申报馆里的朋友，替他们的'馆翁申老先生'做五十整寿，出了许多题目，找人做寿文，把这个题目派给我。呵呵，恰好我和这位'申老先生'是同庚，只怕我还是悉长几天的老哥哥哩。所以我对这篇寿文，倒有点儿特别兴味。"①

文中多处出现了"诸君"、"我劝诸君"等具有演讲特征的交流性提示语。

人们谈到梁启超的评论风格，往往以其在《时务报》、《新民丛报》时期的"新文体"作为标志——其实，那只是"新体古文的一种变种"②，而忽略了他晚期语体风格的文章。这种语体风格与他晚期频繁的演说活动关系密切，一直保持到梁启超1925年为五卅事件而作的一系列评论中。这些评论既有对普通受众的提示语——"诸君切忽忘记"，也有对特定对象的诉求——"我有几句话要和热血青年们说"③。这些评论中对交流对象的提示与同期演讲《国产之保护及奖励》中的"研究社会问题的先生们注意啊！"④功能完全一样。

---

① 《饮冰室合集》第5册，文集之三十九，中华书局，1989年版，第39页。
② ［日］佐藤一郎：《中国文章论》，上海古籍出版社，1996年版，第239页。
③ 《谈判与宣战》，《饮冰室合集》第5册，文集之五十二，中华书局，1989年版，第16页。
④ 《饮冰室合集》第5册，文集之四十三，中华书局，1989年版，第86页。

从另一个角度看，当年演说既多，演说文稿直接刊登于报刊，也很普遍。演说与评论文稿之间，并不存在截然的界线。那个时代的许多评论文稿，尤其是白话体的评论文稿，往往就是以演说口吻写成的。其影响可从胡适1906年16岁时发表在《竞业旬刊》上的《敬告中国的女子》，其中一段：

"我有一句话，要向我们中国的女子说：'你们要做一个好好的人呢？还是要做一种没用的废物呢？'我晓得你们一定回答我说：'我们又不是发痴，为什么自己要做废物呢？'哈哈！你们要不做废物，却不是嘴边说说就可以做得到的，我如今且说几宗要紧的方法，请你们大家听听。"

这与梁启超《人权与女权》的那段演说十分相似。

除了近代演说风习的影响之外，我国宋元以来的"话本"写作传统，也为近代新闻评论中交流性因素的增强提供了范本。比如，胡适1906年曾在《竞业旬刊》上发表过这种演说腔调的口语化的评论，常常提到"看官要晓得"，"看官是晓得的"①；陈独秀发表在《安徽俗话报》上评论中，往往有"列位听者""列位请看"②等等，还有陈天华《猛回头》中更频繁出现的"列位"，如"列位！你道印度这大的地方，怎么灭的？"都是模拟"话本"的语气写作的，与演说中的"呼语"功能完全相同。中国历史上没有西方那样公共空间的政治演说传统，但民间"说书"的形式则与之近似。而"话本"正是一种模拟"说书"的写作。它在文本中保留了"说书"的现场交流气氛。

小结

交流性因素在政论、新闻评论、报刊学术文章中的明显增强，是近代言论作者大众传播意识的自觉。梁启超对交流性因素的运用，构成了他言

---

① 见《胡适全集》第21集，《顾咸卿》等篇，安徽教育出版社，2003年版，第22页。
② 见《陈独秀文章选编》上，《恶俗篇》、《说国家》等篇。三联书店，1984年版。

论风格的一个部分。各种交流性因素为言论文本增强了变化的节奏，使其比传统的议论文更为生动活泼。这样一种语体风格的变化，应当引起注意。它对于当代媒体言论的写作和人们自觉地把握言论的传播规律，也有着重要启示。

论梁启超后期评论风格的变化

——兼论梁启超对新闻评论形式演进的贡献

关于梁启超对中国新闻评论的贡献，前人的评价主要集中于他对政论文体的改革，"创造出一种较能符合报刊宣传要求的新文体——报章体"[①]。其文体特征，主要表现为语汇的丰富、节奏的奔放和情感化——所谓"时杂以俚语、韵语及外国语法，纵笔所至不检束"，所谓"笔锋常带感情"。[②]但这些，都还没有反映出他的风格在实际新闻运作环境中的适应性变化，即对新闻要素的自觉接纳和对新闻传播规律的自觉把握。后者才是中国新闻评论最终形成的原因。

前一种文体创造，主要体现在从《时务报》到《清议报》时期，至《新民丛报》为止；后一种文体变化，从《新民丛报》时期开始，到《国风报》时期基本完成。1905 年大致是一个风格的分界点。但实际上，所谓梁启超的"后期风格"，其实是由并非同时出现的不同的文本要素共同构成的。由于一个人的写作风格有性格、情感的因素，具有一定的稳定性，前期风格的痕迹，也会偶尔在后期出现。

本文试图从影响因素和文本要素上着眼，揭示梁启超后期评论中那些

---

① 宁树藩：《中国近代报刊业务变革初探》，《宁树藩文集》，汕头大学出版社，2003 年版，第 68 页。

② 梁启超：《清代学术概论》，《饮冰室合集》第 8 册，《饮冰室专集》之三十四，中华书局，1989 年版，第 62 页。

稳定出现的新变化。这些变化具有个人风格的性质，更具文体演进的意义。由这样一个认识视角也可以反映中国近代以来报刊政论向新闻评论的演变过程。

一、影响因素和构成因素的变化

1. 论争的影响

胡适在论及《新民丛报》与《民报》在日本的论争时说："这种笔战在中国的政论文学史上有一点良好的影响，因为从此以后，梁启超早年提倡出来的那种'情感'文章，永永不适用了。帖括式的条理不能不让位给法律家的论理了。笔锋的情感不能不让位给纸背的学理了。梁启超自己的文章也不能不变了。"[①] 后来又谈道："这种解放的新文体曾有很伟大的魔力。但议论的文字不是完全走情感的一条路的，经过相当时期的教育发展，这种奔放的情感文字渐渐被逼迫而走上了理智的辩驳文字的路。梁启超中年的文章，也渐渐从奔放回到细密，全不像他壮年的文章了。"[②]

为什么论争会改变文风呢？因为论争会使作者更多地着眼于论据和论证，会使表达更为严谨，因此相应地就会抑制奔放的风格，也不会再顾及那种叠辞复句的美学效果。

比如，在梁启超与朱执信论争土地国有问题的双方辩论文章中，使用的论据包括：美国亨利·乔治的"土地单一税"方案，英国大卫·李嘉图的土地报酬递减法则、西方公营企业的生存状态、中国土地投机的成功实例、中国的《赋役全书》、国家决算，甚至列出了英国五十年土地收入统计表。为了在逻辑上击倒对方，双方则大谈三段论、排中律。朱执信甚至直接写出了微分算式。双方甚至在土地收入如何计算的问题上纠缠不

---

① 《胡适学术文集·新文学运动》中华书局，1993年版，第130页。
② 胡适：《中国新文学大系·建设理论集导言》，欧阳哲生编：《胡适文集》第1册，北京大学出版社，1998年版，第110页。

休。①

如此密集和厚重的论据，自然加大了文体承载的负担，使得写作不可能保持以往挥洒般的轻盈节奏。

2. 新闻事实的密集

李良荣《中国报纸文体发展概要》说："《时务报》问世后，才一扫言论不论政的旧俗，敢于面对现实，但一般都论述普遍的社会现象，缺乏时间性和新闻性。它们是政论，不是新闻评论。"② 新闻事实信息是中国近代以来政论发展到新闻评论的一个标志，这在梁启超的文章的变化中表现明显。

梁启超早期那种奔放恣肆、情感度过强的风格原本不利于叙述要素完整的新闻事实。如1900年3月《清议报》39册的《书十二月二十四日伪上谕后》，评慈禧预立储君。这是一个新闻性很强的时事评论。但是，这篇评论明显没有客观、清楚的叙事。一开始就是以"呜呼"带起的一段情感发泄，事还没讲清楚，情绪却已达到极点。

此后每一段评论之后均以"读十二月廿四日伪上谕，而不发竖眦裂者，岂得复为人哉！岂得复为人哉！"结束。

这篇针对新闻事件的评论，仍然带有骈骊的余韵。比如："得百愚公，何山不移？得千精卫，何海不填？"

而到了1904年12月《新民丛报》第59号发表的《呜呼俄国之立宪问题》，开头写道：

"前记俄国地方议会要求立宪一事，尔后日有所闻，至阳历十二月十九日揭晓，而终归专制党之胜利。呜呼！俄国之前途黯澹。呜呼！俄国之前途黯澹。今撮录半月来之消息如下……"

此后录自12月12日至于19日路透电、法国《巴黎新报》、日本外务

---

① 参见马少华：《知识结构与人文关怀》，《读书》，1996年第10期。
② 李良荣：《中国报纸文体发展概要》，福建人民出版社，2002年版，第40页。

省报告等多个来源的新闻共9条,然后才是"评曰:……"

1905年1月《新民丛报》60号的《续纪俄国立宪问题》,开头就说:

"吾日读报纸,摭其关于俄国内政问题者汇观之,不禁联想及一千七百八十六七年间法国之情状也。今续纪近报,再系以论。"①

梁启超在文中罗列了十数条新闻电讯然后才开始议论,文中事实性信息的篇幅远远大于评论性信息。

1905年1月《新民丛报》第61号为俄国革命而作的《自由乎?死乎?》,引述"路透电"、"柏林电报"、"伦敦电"、"各地电报"等几种来源的电讯共31条,占了全篇的绝大部分文字。

这一时期,一种叙事与议论截然两分的结构,在梁启超的文章中比较稳定地出现。这是以往政论体裁所没有的结构。这种事实含量和结构上的变化,在很大程度上改变了评论的整体面貌。

如何看待这种评论文体呢?

第一,这体现了梁启超对评论的新闻性,特别是事实材料的重视。这是他从传统政论向现代新闻评论转化的表现。

第二,传统的政论性期刊本来就有事实性信息不足的弱点。《新民丛报》也存在这样的问题。在评论中大量引述事实性信息,有利于弥补全刊新闻信息不足的弱点。

3. 时效性因素

梁启超创办并为之写作的媒体,都是旬刊、半月刊,而不是日报。然而,正是由于出版周期的限制,更显出他对时效性的追求。特别是对时评栏目"国闻短评"时效性的重视。

"国闻短评"始于1899年的26册的《清议报》,1902年,梁启超创办《新民丛报》,仍然延续了这个栏目。但在《清议报》时期,"国闻短评"虽为针对新闻事件的短评,但一般都不注明时间要素。而到了《新民丛报》时

---

① 夏晓虹编:《饮冰室合集集外文》,北京大学出版社,2005年版,第226页。

期，时间要素则非常突出。

1902年8月5日，发生中国在日本的留学生被遣送事件。为了对这一事件新近发展进行评论，本应于阴历七月一日出版的第十三号《新民丛报》在已全部印刷完之后，不惜临时抽掉社论栏中一篇文章而补入一篇针对阴历七月二日（西历8月5日）事件的时评《论学生公愤事》，并加按语说明："本报论说定例，皆论通义，不论一专门之问题。此篇应登'国闻短评'中。今载于此者，因全报印刷已成而兹事关中国前途甚大，亟宜布告海内，攒曲直于国民，不能俟诸半月以后。故将已付印之'新民说'抽出，置诸次号，先登本篇。"

这篇按语特别注明"初二日漏下三刻"；时评后加"附记一则"，补充事实，注为"初三日下午记"。这都既反映了梁启超与评论相关的事实发展的重视，也是有意向读者直接显示评论的时效性。

此后，随着事件的发展（中国驻日公使要求日本警察入署拘捕学生），在外旅游的梁启超以书信的方式寄回对这一事件的评论，用"尺素六千纸"为题在《新民丛报》第十四号的"国闻短评"栏目上发表，有时一天之内发回两次。由于《新民丛报》是半月刊，所以梁启超分日寄回的时评，也只能合在一起刊出，但每篇都一丝不苟地标明写作寄出的时间，仿佛消息的"电头"。

1910年《国风报》在上海创刊之后，梁启超的评论更是尽可能保持着与新闻事实在时间上的接近性。比如，《国风报》第二年第十期发表的《论政府违法借债诿过君上之罪》，首段叙事，以"四月初六日，突然有宣布外债用途之明诏"作为由头和时效性标记，这一期刊物出版时间为宣统三年四月十一日，中间只隔五日，还要考虑到，这一消息从北京传到日本，由梁启超写了评论，再传到上海《国风报》刊出这样一个过程，对于一个十日出版的旬刊来说，不能不说是时效性很高的了。

4. 主题的变化

从1901年到1911年，清朝政府在内外压力之下逐渐开始政治和行政制度的各项改革。自1905年与革命派的论战之后到1911年辛亥革命的数年里，梁启超在《新民丛报》、《国风报》上发表的评论，许多都是针对清廷试图进行的政治经济改革提出自己的专业性判断和批评、建议。这与他前期作品中倡导鼓动改革的主题有明显的区别。

《梁启超年谱长编》1910年条下有这样一句话：

"先生在《国风报》时之言论，比以前各报时尤为切实。"①

郑振铎在《梁任公先生》中说：

"这个时候梁氏的政论，已不仅是宣传鼓吹自己的主张，或攻击、推翻古旧的制度而已，这样的时代，即著《变法通议》的时代，已经过去了；他现在是要讨论实际上的种种问题以供给所谓'建设时代'的参考了。"②

尽管一个人的风格具有稳定性，但议论主题的变化还是会对风格产生影响。因为在具体的政策措施问题上的专业判断，毕竟比鼓动性的文章需要更少的情感注入，更多的理性注入，同时还有更多的学理、论据的注入。写文章的态度和文章中的元素含量变化了，文章的风格也不能不变。

5. 大量学理知识的引入

如果说，梁启超的前期代表性言论（如《少年中国说》）是"笔锋常带感情"的鼓动性政论的话，那么他后期的代表性言论，则为基于知识学理、制度研究和历史考察而对新闻事实做出的判断。这以1905年的《关税权问题》作为标志。

《关税权问题》这篇评论，只有对事实的判断，没有情感的羼入，是梁启超后期"纯新闻评论"的典型作品。此文开头即列出新闻事实：

"四月十六日上谕：户部尚书铁良，着派充督办税务大臣；外务部左侍郎唐绍仪，着派充会办税务大臣。所有各海关所用华洋人员，统归节制。

---

① 丁文江、赵丰田编：《梁启超年谱长编》，上海人民出版社，1983年版，第501页。
② 夏晓虹编：《追忆梁启超》，中国广播电视出版社，1997年版，第72页。

钦此。"

随后，在第二段，梁启超即对此事作出简洁明快的判断："此事于理宜行乎？曰：宜。于时事可行乎？曰：未可。"

为了支持上述判断，梁启超在后面详细回顾了五十年中国关税权的演变历史：帝国主义各国是怎样逐渐控制了中国的关税权，而腐败的清王朝又是如何一步步出让这项主权的。用以证明，关税权的现实状况，不是仅凭一纸任命书而能够轻易改变的。

像这样冷静的判断，还突出体现在1910年他针对"国民筹还国债"运动而写的几篇评论——都是在价值上肯定了"国民筹还国债"（对甲午战争与八国联军的战争赔款）之议的爱国热情的基础上，分别从财政、国民生计、对外关系以及筹还国债的执行机关等多个方面来论证"国民以爱国义捐之形式筹还国债，万不足以集事，且弊余于利"。为了论证自己的观点，他拿普法战争后法国人偿还普鲁士债务作了对比，认为两者性质和条件不同，法国人做是可以的，我们做就不行。在他提出的建议中，我们还可以看到他对于国际股票市场金融规则和股份公司的规则、规律的掌握。

这一时期他基于财政、金融、经济、法律学知识而写的时事评论与他此前和同时的相关研究论文可作一对照：

新闻评论	研究论文
国会开会期与会计年度开始期（1910）	中国国会制度私议（1910）
国会与义务（1910）	
资政院章程质疑（1910）	
为国会期限问题敬告国人（1910）	
请愿国会当与请愿政府并行（1910）	
论政府阻挠国会之罪（1910）	

续表

新闻评论	研究论文
读农工商部筹借劝业富签公债折书后（1910）	中国国债史（1904） 公债政策之先决问题（1910） 外债平议（1910）
论直隶湖北安徽之地方公债（1910）	
国民筹还国债问题（1910）	
再论筹还国债问题（1910）	
评一万万元之新外债（1910）	
读度支部奏报各省财政折书后（1910）	续译列国岁计政要叙（1897） 中国改革财政案（1902） 论国民宜求财政常识（1910） 地方财政之先决问题（1910） 节省政费问题（1910） 论地方税与国税之关系（1910）
读度支部奏定试办预算大概情形折及册式书后（1910）	
亘古未闻之预算案（1910）	
为筹制宣统四年预算案事敬告部臣及疆吏（1911）	
为筹制宣统四年预算案事敬告部臣及疆吏（1911）	
朱谕与立宪政体（1910）	各国宪法异同论（1899） 立宪法议（1900） 论政府与人民之权限（1902）
责任内阁释义（1911）	
论币制颁定之迟速系国家之存亡	中国货币问题（1904） 币制条议（1910） 格里森货币原则说略（1910）
读币制则例及度支部筹办诸折书后（1910）	

由上表可以看出：梁启超的新闻评论与他的研究性文章之间呈现对应关系。即：它的新闻评论都有相应的研究作为支撑。这个时候的梁启超的文章，已经由一位早期思想启蒙意义上的鼓动性政论，而变为以专业知识为背景，建立在研究基础之上的专业判断了。

应该说明的是，梁启超前期作品，从《变法通议》到《少年中国说》，也有一些学理知识，但那些学理知识在文章中只是一种象征性符号，零散破碎；而其后期评论中的学理知识，则是研究和运用的组成部分，完整而清晰。

实际上，梁启超在财政、金融、法律、国会制度和和国际关系等多个学科都有专门的研究，主要涉及现代行政的知识与规范。这些都超出了一个传统中国知识分子和专业新闻工作者的知识结构。而清末民初的中国，正是在由传统行政向现代行政转化的过程中，恰好需要这些专业知识背景的判断。这就是梁启超后期评论对时代的贡献。

6. 引入图表元素

图表是近代以来报刊文章中崭新的元素。在新闻评论中插入图表，无疑加强了论证效果，但同时也必然改变传统论说文的外在形态。

1899年最早出现于《清议报》第26册中的"国闻短评"栏目，有一篇《所谓海军者何如？》，第一句话就是："据日本时事新报载中国现时海军力列表如左——"1902年第八号《新民丛报》的"国闻短评"《粤学端倪》，竟然择录了广东广雅书院改为省学堂后颁布的课程表和学校经费表，占了好几页的篇幅。

在1905年与革命派的大论战中，梁启超在《答某报第四号对于本报之驳论》中开列了对方挫败之处的一大表格，分为"我所主张彼不能难者"7项、"彼所主张而不能说明其理由者"8项、"彼所难我为无故而放矢者"8项、"彼以我之所主张难我所主张者"1项、"彼所主张全属门外汉语者"4项、"彼所主张为自相挑战者"4项、"彼以自己之理想主张他人之术语者及引人之语而遗其半者"6项。

梁启超的评论《论俄罗斯虚无党》中，就把从1845年到1881年俄罗斯虚无党发展历程式的简要年表列于评论之中，并附注说："以上所列干燥无味之年表，或令读者生厌，然非略知其事迹，不能审其发达变迁之顺序。故不辞拖沓为铨次之。若语其详，又非数十纸不能尽也。"

在上一个世纪之初，新闻评论曾经产生了一些超越传统文本的创造性形态和新元素，其中包括图表，这些元素在后来的近百年间逐渐淡出，但是在当代国外报刊中却可以看到相似的形态。在当代"信息爆炸"、注意力资源稀缺性凸显的时代，这些形态也许可以成为丰富新闻评论表现形态，增强新闻评论传播效果的选择。

二、梁启超对新闻传播规律的自觉

上述内容只是从文本要素的角度客观地反映梁启超文章风格的变化。这些变化的内在原因，当然是因为梁启超对于新闻传播规律和大众传播心理的深刻把握。

1910年梁启超致徐佛苏的信中说：

"……杂志之性质极难为通俗的；况公所办之报，限于政治问题，导以兴味，而非易乎。……故弟谓办日报为佳，今更不能，则亦惟有于此范围内求特色耳。……若旧稿则惟《财政博议稿》存有三十万言，（《国史稿》虽亦有十余万言，更绝对不适用矣。）但其体裁不适于登报。……"[①]

这一段话反映的是梁启超对不同媒体、不同文体的传播规律的自觉。

在1910年为《国风报》创刊号所写的《叙例》中梁启超表达了他对大众传播——接受规律的认识：

"近儒之研究群众心理者，谓其所积之分量愈大，则其热狂之度愈增。百犬吠声，聚蚊成雷，其涌起也若潮，其飙散也若雾。而当其热度最高之际，则其所演之幻象噩梦，往往出于提倡者意计之外，甚或与之相反。此舆论之病征也。而所以致病之由，则实由提倡者职其咎。盖不导之以真理，而惟务拨之以感情，迎合浅佻之性，故作偏至之论。作始虽简，将毕乃巨。其发之而不能收，固其所也。"

这一段认识，与他前期作品中强烈的情感化风格有着明显区别，应该是他后期风格自觉变化的内在原因。因为正是他自己曾经得意地评价他的前期文章"笔锋常带感情"。

梁启超所处的历史时期是文体探索与创新的活跃时期，也是报刊言论

---

① 《梁启超年谱长编》，第510页。

形式演进的重要时期。梁启超通过对自己评论风格的自觉改变，实现了对中国新闻评论的贡献。有学者认为，"'流质性'是梁启超性格的典型特征，它包含了不稳定性、复杂性、发展性、适应性、变易性、开放性的意义"。[①]本文认为：正是这种性格特征使得梁启超担当了一个文体变革和文体创造时代的重要推动者。梁启超风格的转变，受其思想发展、个人际遇和知识结构的影响；但从新闻评论的发展线索来看，是具有一定普遍性和规律性的。这对于当代新闻评论的发展，也有一定的启示。

（原载《国际新闻界》2008年第11期）

[①] 罗义华：《论梁启超的"流质性"与转型期的中国文学的现代品格》，华中师范大学出版社，2007年版，第136页。

"社评"的选择

——一种评论史角度的观察

当主流媒体依然保持着年节、重大会议才偶一露面的社论规格的时候，不声不响地，一些走向市场化的报纸和新锐报纸上，则出现了每天一篇、每期一篇的时评风格的"社评"栏目。比如：以挂"本报评论员"并真实署名的《北京青年报》每天二期的"今日社评"、《工人日报》每周五期评论版的以本报评论员真实署名的社评；发表在报纸头版、不署名的《21世纪经济报道》社评、《经济观察报》社评。

与主流媒体的社论不同，这些"社评"，无一不是时评。比如《北京青年报》2002年1月9日二版的"今日社评"是《且看足协如何钓"大鱼"》，评的是当日一、二版关于"黑哨"的两条消息。《21世纪经济报道》2002年1月14日的社评《价格听证会错位 民主化不是市场化》，评的是12日召开的铁路春运价格听证会。《经济观察报》2001年12月10日的社评《昂贵的户口交易》，评的是北京市以纳税额作为条件给外地在京企业老板开放常住户口的政策，而由头则是："北京'户口交易'有价无市的局面终于被打破。北京鸭王烤鸭店有限公司总经理获得了该市地税部门的3年纳税304万涉税证明"。

这种现象，对于中国报纸的言论走向具有什么意义？需要在中国报纸的评论史的轨迹中寻找答案。

（一）

我们一般认为，社论是中国报纸言论的最高规格，它代表报纸编辑部的立场发表重要观点。"社论的论题是针对当前重大事件、重大典型和重大问题发言的，具有鲜明的政策、导向性和指导性。"[①] 正是因为"高"和"重"，所以社论寻常难见，不能作为天天使用的言论武器，尤其不肯轻易使用于随时出现的事件性新闻。这样，对主流媒体来说，社论遂变为中央、地方重大会议、可预知的重要历史性事件（如香港、澳门回归）和新的一年和重要纪念日才有的特殊文体，虽然由媒体专门人员——评论员操笔，但往往已经不再有新闻评论的一般品格，成了一种"规格文体"。

这是一种特殊的文体现象。外国报纸，比如《纽约时报》，每天不止一篇的 Editorial，我们就译作"社论"，因为同样不署名，同样代表报纸编辑部观点，比如 2002 年 1 月 1 日的社论《Here Comes the Euro》（欧元来了）。新加坡的《联合早报》，每天发表言论不止一篇，其中一篇不署名，直接叫作"社论"——这是与我们一样的中文称呼，比如 2001 年 3 月 4 日的社论《中美应慎防擦枪走火》，评的是中美撞机事件。韩国《朝鲜日报》的社论也是每天一篇的时评，不长，比如 2001 年 9 月 17 日的《滚雪球似的"李容湖事件"》，710 字。而每天发表的社论，甭管它叫什么，自然是对新闻事件的反应，自然不可能不是时评风格。

再看我国新闻史上，著名的《大公报》社评，也是每天一篇由主笔撰写，不署名，有"看完大样写社评"的操作传统，自然是时评无疑。而《大公报》除"社评"之外，再无"社论"之说。比如，主笔张季鸾所作名篇《蒋介石之人生观》这篇《大公报》社评，就是在 1927 年 12 月 2 日蒋介石与宋美龄结婚的这一天批驳蒋介石关于婚姻的观点。

[①] 胡文龙、秦珪、涂光晋：《新闻评论教程》，中国人民大学出版社，1998 年版，第 213 页。

因此，无论叫社论、社评、社说，还是别的也好，不署名——代表编辑部的言论立场，才是其本质；而出现的频率，只是其规格和风格：天天出就是时评，不天天出就基本上不大可能是时评。现在《北京青年报》每期的"今日社评"，文章后例有一句注明："相关报道见本期某版"，这就是《大公报》"看完大样写社评"的传统。只是以本报评论员后缀真名的形式发表，实际上是明示比社论的规格低一些。由张天蔚、潘洪其、蔡方华等三四名评论员组成的作者队伍，虽非"主笔"，但相当于《大公报》后期的"社评委员"。只是"社评"之外，作为体制内的主流媒体，《北京青年报》还会在中央、地方重要会议时再发的"社论"，以顾全规格；而《21世纪经济报道》、《经济观察报》则像当年的《大公报》一样，既有社评，就无社论了。因为作为报纸编辑部言论的时评品格，正是他们所选择的"社论"形式。

（二）

考之中国报纸评论史，作为编辑部文章的社论文体之演变，的确有一个由一般论说文到时评的过程。这也是新闻规律和新闻评论规律逐渐显现的过程。

从文体上说，中国社论的起源是早期报上的论说文。"社论"早于时评。

徐载平《清末四十年申报史料》说："《申报》初创时期的论说文，和现在报纸上的社论有些类似，但不尽相同。那时的论说文，往往把所要论述的事情的原委叙述一番，比较冗长，不象现在报纸上的社论那样简要。这是因为那时的论说文，不是配合新闻报道的关系。""早期的《申报》在公元一九〇五年的大改革之前，报纸上只有论说文和新闻报道两种，论说只有一种仿佛现在的社论。"

戈公振《中国报学史》写道："同、光间之报纸，因受八股盛行之影响，仅视社论为例文，经甲午、庚子诸变后，康梁之新民、自强诸说出，始为社会所重视，革命派之报纸，则以社论为主要材料，执笔者亦一时之知名人士；惟其有明确之主张与牺牲精神，故辛亥革命乃易于成功耳。当光绪末年，宣布预立宪时，各报均延学律之士主笔政。时报创刊后，曾于社论外，别立时评一栏，分别论断，报其机枢，与今之模棱两可，不着边际，截然不同，故能风靡一时。"

这反映了先有社论后有时评的历史过程。

然而，从后来的一些新闻实践和徐宝璜的归纳来看，社论就应该是报社自己组织写的时评。他在《新闻学》第九章中说：

"社论须以当日或昨日本报所登之新闻为材料而讨论之，此理甚明。例如访员报告省议会为兴某种建筑，特拨一款，此新闻也。社论编辑以此为材料而讨论本省能否添此担任，某种建筑是否为必要，听拨之款项是否敷用，抑或有余，此社论也。访员与社论编辑职务上之分别，即在一则供给新闻，一则对于新闻加以批评耳。新闻既为多数阅者所注意之最近事实，故详言之，社论第一须以事实为材料，第二须以多数阅者听注意之事实为材料，第三须以最近之事实为材料。由此可见，徒于社论中因发牢骚而无端谩骂他人者，或以四书五经上之句子为题而发挥讲道德谈仁义之空论者，或以类似《西学原出中国考》《中国宜亟图富强论》之题，而做极浮泛油滑之策论者，均属不当，因其非以事实为材料也。"

这个定义，否定了早期报纸的"论说"作为社论，直接以时评作为社论之本。

而张友渔的 1932 年在燕京大学新闻系的讲义《何谓社论》一文，明确说出："或称时评，或称新评，二者原为社论外之短评，今则渐变成社论之体制矣。""社论必为关系时事之评论"。这是对社论时评化进程和结果的描述。

顾勇华、陈杰在《中国新闻评论名篇选析》中写道："张季鸾的社评的出现，标志着近代新闻评论——报章体的结束和现代新闻评论——当今我们熟知的新闻评论的开始。张季鸾新闻评论文体的特点有三个方面：第一，以新闻立论的初始根据。'看完大样写社评'。第二，评的是新闻，论的是政治，有别于学术论文。第三，用语通俗浅近，面向最广泛的读者。"

这种以时评作社论的做法影响很广，不止《大公报》。抗战时期进步人士在香港办的《华商报》，每天一篇社论放在报纸头版的右下角，多数都是时评，有的是评近日消息，有的由头就是当日本报其他版上的消息。比如民国三十年（1941年）7月17日的社论为《要求恢复张学良将军自由的呼吁》，由头就是当时报纸四版上的消息："东北军旅港人士三百余名要求为张学良恢复自由而发表了一封公开信。"而7月9日的社论《美军接防冰岛》，评的是8日头版头条消息《美军占领冰岛》。

至于"社论"与"社评"有什么区别？1947年程仲文所著《新闻评论学》说："社论：代表报社而发表的言论，往往为一张报纸的基本态度，由主笔属稿，其意见可反映各该报纸的一贯主张，及其办报的根本政策。社评：也是代表报社而发抒的新闻评论，俗以长篇为'论'，短篇为'评'。"

郭步陶编的《评论作法》（《申报新闻函授学校讲义》第五）则说："评论两个字的意义，本来不完全相同。一般人说短的是评，长的是论，这话并不一定靠得住。评和论自有它的界说，并不是拿长短来做标准的。论是把所说的题目，理出头绪来，说出一番道理，使人读了眉目朗然，不至是非颠倒。评是把事理的曲直或人物的优劣加以评判，使人知道责任所在之处。"而对于作为报纸言论栏目的"评"与"论，他则干脆持无区别的观点："社论，社评、时评、评坛、评论，这五个名词，看来好像有些分别，但就实际说，各家报纸用它们，总是当作一个名词。本来评论的性质，是各有区别的，不过各报把这两个字随便用，于是在实质上，就不一定划分得清楚。"

在主流报纸——党报中，以时评作社论的传统也不是没有。比如，1982年12月7日，《福建日报》在《一定要严肃处理经济上和其他的犯罪案件》栏题下，发表了两则处理走私案件的消息，同时刊登一篇短社论。

全文如下:

今天本报公布了两个重要案件。坏人受到揭露处理,这很好。

有些问题群众看得清楚,干部也有很多议论,问题的性质已经非常明白。但是就是处理不下去,而且长期处理不下去,为什么?

一是自己屁股有屎;

二是派性作怪;

三是软弱无能。

还有什么呢?也许还有其他原因,但主要是这三条。你这个单位的问题长期处理不下去,是什么原因,算哪一条,不妨自己想一想。

这是经常被评论教材引用和称道的一篇社论,不仅因为写得好,更因为写得短,连标点符号在内一共160多个字。但是,这篇社论,其实也就是一篇编后——编者按。之所以当作社论发,当然是因为重要。另一个背景是,它的作者是福建省委书记项南同志。

这样一个例子,长期以来对于我们新闻从业人员的意义,其实不是"社论可以这样写",而恰恰是:"社论是一个规格"。中共中央宣传部1941年5月15日《关于出版〈解放日报〉和改进新华社工作的通知》中说:"《解放日报》的社论,将由中央同志及重要干部执笔。"这是社论"规格"的重要历史证据。

其实即使"规格"高,也不妨碍社论的时评风格。比如胡乔木所写的1941年8月14日《解放日报》社论《闻捷》、1945年5月30日《解放日报》社论《评国民党大会各文件》、1947年5月19日新华社社论《祝蒙阴大捷》,就都是时评。陆定一为重庆《新华日报》写的社论《可耻的大公报社论》(1941年4月18日),是为批驳《大公报》社评《可耻的长春之战》,也是时评。

至于我国党报社论发表的数量,是怎么降下来的,也值得探讨。据说1942年改版以前的延安《解放日报》,也是要求每天一篇。有人说"凑数的敷衍之作也不少"(见顾勇军、陈杰编著《中国新闻评论名篇选析》)。

范荣康的《新闻评论学》和吴庚振的《新闻评论学通论》两书也都提到过党报社论的数量变化的历史问题，似乎都认为社论发表得太多的时候，形式主义严重，应付事的较多，后来发得少了，反而有了质量。其实，形式主义不在于数量多，发得多会有形式主义问题，发得少也同样会有形式主义，言之无物的东西。社论的形式主义，只能是思想上的形式主义的反映，而不是这种文体本身和它的发表规格与频率。就文体而言，如果把社论当作"政论"——中国评论史上早期的社论即为政论——来写，每天一篇，必然会是形式主义的，而把社论当作时评来写，针对每天都出现的新事物进行言之有物的判断，怎么会言之无物、形式主义呢？所以不在数量多少，而是把社论当作什么的问题、是否以新闻评论的态度来运作社论的问题。

（三）

报纸编辑部言论100年来的发展，由早期的"论说"，到时评—社论一体的社评，再回到脱离时评的社论，如今，重新选择时评风格的社评，反映了什么呢？反映了报纸编辑部言论努力摆脱人云亦云的状况，力争以观点和判断区别于竞争对手的态势。一家上报摊的新报《青年时讯》的广告语"新闻就是这么多，看看时讯怎说"就反映了"说"成为"卖点"和竞争点的趋势。新闻史上"社论时评化"的过程，与今日一些走向市场的报纸"社评时评化"的定位，有很大的相似性。前者是随着报纸商业化运作，新闻规律的突出，在文体上，早期作为社论的纯粹的论说文消失，"论"与"评"界限自然消失，融合为一体。第二，商业化报纸的评论文章，仅以写作者的社内还是社外，和发表地方的头张还是二张来区别，并不突出文章的"级别性"。"级别性"，是报纸"体制化"的表现，它对应着的是报纸组织的体制性。因此，现在中国市场化新报所选择的"社评"，一字之易，选择的正是它的非体制色彩。

以这个角度观察当今一些报社"社评"名目的恢复，可以感到，它们是这些报纸聪明地试图"绕开"社论规格问题，绕开"社论"这两个字长期以来给读者造成的文体印象和接受定式，重建报纸自己对事件性新闻及时反应、判断的言论机制的追求。

（原载《新闻界》2002年第4期）

新闻评论的伦理责任和伦理问题

正像新闻报道和新闻编辑存在伦理问题的一样，新闻评论写作也存在伦理问题。只是由于我国新闻伦理规范的建设长期以来都没有深入到具体的业务操作层面，因而新闻评论的伦理问题，没有得到充分重视；对新闻评论的伦理问题的判断，也没有形成公认的、确定的标准。目前，中国的新闻学界已经开展了对新闻媒介的技术批评；在公民中逐渐普及的时评写作也已经开始触及针对新闻媒体报道的伦理批评；但是，针对新闻评论的伦理批评还没有真正到来，这是因为后者的问题比前者更复杂、更隐蔽，也似乎更专业化一些。本文将以美国的业界规范和学者研究作为参照，以中国当代评论现象作为现实背景，对这个领域的基本认识框架作尝试性的探讨。

一、新闻评论的伦理责任

"伦理学就是人们对于行为规范或者说正当性的反省。"① 伦理问题就是关于人的行为是否正当、是否合乎道德的问题。

美国学者康拉德·芬克在《媒介伦理学——新闻编辑室内外》一书中说：

伦理是一个原则系统，一种行为的道德或规范。它是被个人、群体或文化确认了的价值和生活准则。它寻求指导人们的行为：什么是好的，什

---

① 何怀宏《底线伦理》，辽宁人民出版社，1998年版，第14页。

么是坏的；什么是正确的，什么是错误的。①

新闻传播的伦理问题，首先是传播参与者的责任问题。它是基于新闻传播对于公众的重要影响而产生的，是新闻传播的参与者社会责任问题的一部分。新闻传播的伦理问题，本质上是传播者与接受者的这两个主体的关系问题。它既应当表现为传播内容与传播动机的道德性、公益性，也应当表现为客观社会影响的道德性、公益性。新闻传播应当使接受者眼更明、耳更聪，在传播关系中更自由、更自主，更具辨识力，而不是相反——更容易被传播者左右、操纵、控制。新闻评论同样如此。因为——

"言论是一种试图影响人、改变人——改变人的价值观、行为和信仰——的文本。"

"就像言论可以被用来帮助人们做出更好的决定并改变他们的生活一样，言论也可以破坏和伤害人们。作为民主社会的公民和'私民'，我们必须以监督和批判的眼光审视我们所制造和接受的言论。"②

这是两位美国学者 Ecward S. Inch 和 Barbarrw Warnick 合著的《批判性思维与传播：论说中的推理应用》一书中针对普遍的"论说"（Argument）行为的伦理思考。新闻评论作为以大众传播媒体传播的言论文本，更加符合这样的规律。

新闻评论的伦理责任，体现在媒体的评论制度、写作者的个人行为和具体评论作品这三个方面。在层次上也可分为原则层面和具体的操作层面。

美国老一辈新闻教育家利昂·纳尔逊·弗林特所著《报纸的良知——新闻事业的原则和问题案例讲义》所附录的22种新闻规约来看，20世纪20年代，是一个新闻伦理意识自觉的年代。比如1921年，美国密苏里州新闻协会制定的《密苏里规约》就写道：

---

① Conrad C. Fink: MEDIA ETHICS IN THE NEWSROOM AND BEYOND, McGRANW-HILL BOOK COMPANY 1988 p.5.

② CRITICAL THINKING AND COMMUNICATION: The use of Reason in Argument, fourth edition, Allyn and Bacon, 2002, p.3.

社评应该总是公平和公正的，不应受到商业或政治经验的控制，撰稿人如果不愿公开署名，那他的任何言论都不能当社论刊登。

受控制的新闻或从商业角度作出的评论都不配登在报纸上。①

这是从媒体与外在控制的关系角度对新闻评论的伦理责任进行明确的规定。

20世纪40年代由美国一些大学教授组成的新闻自由委员会提出："大型大众传播机构应该将自己视为公共讨论的共同载体"，"社会中所有重要的观点与利益都应该在大众传播机构上得到反映。"②这实际上是为新闻媒体确定了评论制度的伦理责任。美联社会员组织"美联社编辑主任协会"制定于1975年的伦理规则明确要求："报纸应为人们交流评论与批评提供论坛，特别是当那些评论与社论立场相反的时候。"③这表明，美国新闻界在新闻评论的中接受了这种伦理责任。

日本新闻协会1944年制定的《新闻伦理纲要》有如下内容："撰写评论，故意违反事实以党同伐异，实在违反优良的报业精神。"它还对"评论原则"作出如下表述："评论应为撰写个人信念的直率表现，而非阿谀取媚的言辞。更有甚者，撰写人在写评论时，应秉持服务公众的精神，成为那些没有机会发表意见的代言人。"④——这是关于评论作者个人的伦理原则。

在我国，早在1910年梁启超的《国风报叙例》这篇重要的新闻文献中就提出了"欲尽报馆之天职者，当具八德"的主张，即："忠告"、"向导"、"浸润"、"强聒"、"见大"、"主一"、"旁通"、"下逮"。因为当时的新闻界

---

① 引自［美］利昂·纳尔逊·弗林特：《报纸的良知——新闻事业的原则和问题案例讲义》，萧严译，中国人民大学出版社，2005年版，第375页。

② 《一个自由而负责的新闻界》，中国人民大学出版社，2004年版，第13页。

③ ASSOCIATED PRESS MANAGING EDITORS CODE OF ETHICS., 引自 Conrad C. Fink: MEDIA ETHICS IN THE NEWSROOM AND BEYIOUNDG, Mcgraw-hill inc, 1988。

④ 引自周鸿书：《新闻伦理学论纲》附录，新华出版社，1995年版。

还主要是政论性报刊当家，所以梁启超提出的新闻伦理，也主要是评论的伦理。

比如，忠告："对于国民言之，无论政府国民，敬其举动有不轨正道不适于时者，皆当竟吾才以规正之而不可有瞻徇容默，不可有所袒庇假借，而又非嬉笑怒骂之谓也。"

比如"主一"，指的是评论者自身基本立场观点保持的稳定和统一，才能取得公信力："凡所论述，百变而不离其宗，然后入人者深，而相孚者笃也。若乃闾阎杂报专务射利，并无宗旨，或敷衍陈言，读至终篇不知所指，或前后数日持论矛盾，迷于适从，则等诸自侩，可无讥焉。"

在涉及新闻评论的写作的问题上，梁启超还提出了："凡时评不攻击个人，非避怨敌，以得失之大原，不在是也。""凡论说及时评，皆不徇党见，不衍陈言，不炫学理，不作恢语。"①等具体操作的伦理标准。

我国早期新闻学者徐宝璜提出：

社论写作，应该"宗旨正大，否则纵有所代表或创造，无非不健全之舆论耳。主持笔政者，应有洁白之胸怀，爱国之热心，公平之性情，听良心之驱使，作诚恳之文章，为众请命，或示人以途，总以国利民福为归，虽有所触忌，亦见义勇为，当仁不让。如是则其所撰之社论，自为读者所重视，政治因之改良，社会因之进步。若以此为凭借，择一二要人而肆其攻击，或行其奉迎，因以博官猎贿，或受人人一派之指挥，发不问事实专偏袒一面之议论，是不明记者之责任者。"②

老新闻学家郭步陶在1933年出版的《编辑与评论》中写道：

"评论是社会中公开的作品，对于国家政治、人心风俗等，都有极大的影响。所以在下笔时，须先自己警戒道：凡是妨害公安的言论，妨害人

---

① 《饮冰室文集》之二十五（上），19至25页，《饮冰室合集》第三册，中华书局1989年版，第19—25页。

② 引自《新闻文存》，中国新闻出版社，1987年版，第351—352页。

名誉的言论，妨害社会风化的言论，都是法律所不许的。能常记心中，那些一味谩骂，不负责任的空论，自然不会写出来了。又有一事可以说，而在法律上或道德上有所限制的，作评论的人，也不可不知道一二。例如诉讼评论，须在断案以后；文艺评论只能批评文艺，不能评到作此文艺的人，其他可以类推。"①

这些论述，涉及评论者的社会责任、写作宗旨、到写作方式，写作动机，是我国较早的新闻评论伦理资源，在今天仍然有其珍贵的价值。遗憾的是，它们与新闻报道的伦理责任一样，没有形成指导具体操作的规约性文本。

上述美国学者的《批判性思维与传播：论说中的推理应用》一书提出了意见传播的两个伦理目标：强化个人（Strengthening the Individual）和强化社群（Strengthening the Community）

所谓"强化个人"，是指"意见传播者应提供给受众多种机会，（由他们自己）做出自由的、知情的、重要的选择，而不是限制他们的选择。"

据该书引述，美国学者 Wayne Brockried 把意见的传播者与受众的关系分为三种不同的类型：强奸者、引诱者和情人。作为"强奸者"的言论传播者，他把与受众的关系看作是单边关系（unilateral），把受众客体化（objectify），并试图操纵之。强奸者要取得和保持的是一种优势地位，在精神上使他的意志取得胜利，在人际关系上压倒对方。

关于意见传播者与受众的另一种关系——"诱惑"，Brockried 写道：

"诱惑者与强奸者一样，他也把与对象的关系看作是单向关系，尽管他也许对受害者的态度并不是侮辱性的，但是他同样对他人的特性与完整性毫不顾惜。所不同的是，强奸者强迫对方接受，而诱惑者则迷惑或者哄骗对方接受。有许多办法可以哄骗受众，不同类型的谬误制造的错误看起来就像是很有道理很可以相信一样。狡诈的意见传播者通过使用谬误可以

---

① 郭步陶：《编辑与评论》，商务印书馆，1933年版，第174页。

使受众相信一个错误的观点。同样,控制部分信息,半真半假的陈词,使论据脱离开它所依赖的语境,虚构论据,还有其他一些欺骗术,都可以成为论说者愚弄受众的工具。"

《批判性思维与传播:论说中的推理应用》一书就此继续评论说:

"意见传播者与受众的第三种关系是情人。论说者作为情人致力于通过论说增强受众的力量,使受众耳聪目明。按照 Brockried 的说法,情人需要的是'力量均等',在这样的关系中意见的传播者与受众平等地分享与交流。与强奸者和诱惑者同对方处于对立的关系中不同,作为情人的意见传播者是要在与他同等人的之间建立起双向的关系。"

所谓强化社群(Strengthening the Community)是指:

"致力于加强社会的论者寻求各种机会去更有效地帮助由生活和工作在一起的人们构成的各种团体。他们寻找平等分享资源的各种途径,并为受众提供各种方法来做出困难的决定。"[①]

这个目标看起来比较抽象。大体而言,它涉及意见传播者的动机、宗旨,也涉及意见传播者对各种社会生活的实践问题的研究与体察。中国过去有句话:"一言兴邦,一言丧邦",在现代民主政治的言论环境中,这种特别大(极端)的言论传播效果是根本不可能出现的。但是,获得大众传播机会的言论仍然是一种稀缺资源,占据这种资源的人们,仍然对公众产生着比较大的影响,因此他们有责任促进社会公益。

这里要说明一下的是:言论作为一种稀缺资源的含义,过去可能意味着新闻媒体的专职评论员的作品。现在随着新闻媒体越来越多地为公众的评论写作提供空间(比如报纸的言论版),特别是海量的网络评论的出现,言论资源原有的稀缺性的确在一定程度上被打破了。但是,由于人们"注意力资源"的根本性的稀缺,即使一个通过长期的个人写作而成名的作者,他的发表机会与影响力,仍然是稀缺性的资源。人们有理

---

① CRITICAL THINKING AND COMMUNICATION: The use of Reason in Argument, p.32–36.

由要求他的评论正当、公益、合乎道德。他们也当然是未来评论伦理规范的对象。

《批判性思维与传播：论说中的推理应用》一书还指出了言论的接受者的伦理责任：

> 言论的消费者应该时常发问："我正在怎样受到影响？"他们应该理解，论者的言论中反映着他们的偏见与观点。这意味着，我们需要透过言论的表面去考察其有效性与价值，并致力于理解那些论点背后的观念和偏见。我们也许会选择接受这些论点，也许不会，但是选择必须是经过考虑的。
>
> 如果我们受众完全依赖于那些鼓吹者提供那些必要的信息，以决定我们自己面临的问题，我们就是在天真地认为，那些意见传播者的论点总是代表我们最大的利益。尽管依赖那些言词会比花些时间调查那些言论的力量要容易得多，但那时间还是值得一花的。我们有必要问一问自己："是否还有另外的答案，同样好或更好？"或者，"是否还有另外一种可能，仍然没有被发现？"负责任的接受者寻找替代选择，并注其他的出路与问题。对于意见的传播者来说，劝服那些信息闭塞的受众是容易的；而对于受众来说，对不道德企图的最好的抵御就是知识。
>
> 受众应该意识到他们自己的偏见。我们每个人都有自己想要听到的言论，也有想要避开的言论。我们喜欢听那些支持我们立场的言论来确证我们的决定。我们倾向于那些看起来是攻击我们，而且既不能确证我们的世界观，也不能肯定我们自己的言论。我们倾向于既避开那些与我们的立场不同的观点，也避开那些我们感到不快的信息。负责任的接受者应该放开胸怀，面对许多不同的观点。
>
> 接受者应该明白谬误是怎样起到劝服作用的。各种谬误，就像我们讨论过的那样，有着极大的吸引力和能量劝服受众采取错误的行动。我们应该意识到意见的传播者如何利用各种劝服策略和谬误来限制和混淆我们对事件的理解，以影响我们的决定。

这样一种接受者的伦理责任，实际上对应着的是一种批判性的接受能力和媒介素养。他们不能靠接受者单独获得，而应该靠传播者帮助培养。

二、中国新闻评论的伦理问题

对于中国新闻评论界而言，评论的伦理问题是随着新闻评论在当代社会的比较充分的发展、评论的参与者不断扩大和评论日益增长的社会影响力而逐渐受到重视的。长期以来，我国新闻评论工作者，特别是党报评论工作者，承担着宣传党的政策、引导舆论的使命，有着充分的职业自信和道德感；加上评论写作群体的单一化和评论发表渠道比较狭窄，新闻评论与评论的读者之间的关系比较简单，因此新闻评论的伦理问题并不突出。

如今，随着媒体发表评论空间的开放，评论的主体也日益开放，日益多元化，他们往往代表着社会不同的利益和个别的利益。这实际上是开放社会中新闻评论的正常现象。但也正因为这个背景，涉及新闻评论的一些新的伦理问题也出现了。比如，评论写作者的利益冲突问题。评论写作的正义性与合道德性，也就不再是一个无须审视的前提。实际上，为广大受众不易察觉的新闻评论伦理问题已经出现：比如有业内人士注意到，一些评论人员以多个笔名专门写作符合某个特定企业利益的评论，并且接受企业的报酬，而在表面上让人看来这还是正常的观点论争。

再比如，评论者的署名问题以及是否应该注明身份的问题，过去不是问题，现在成了一个评论伦理问题。清华大学李希光教授就曾撰文认为：

"既然，学术界对新闻的客观性都提出了疑问，那么，新闻媒体上的言论更是有偏见的。有偏见不怕，怕的是大众媒体把这些有偏见的言论匿名或笔名发表出来，使读者看不出作者来自那一个利益集团，误使公众相信作者代表了全体公众的利益。事实上，在中国迈进市场化的今天，中国的公众可能是一个比美国的公众还要复杂的混合体，任何一个个人的言论都不能被视为公众整体意见的代表。"

"在这方面，国内媒体做得就很令人失望。在一个面向大众的媒体上，就公众所关心的问题发表言论或批评,报纸必须署上作者的真名实姓和供职单位(如果无职业,也要表明是无业人员。无业人员也代表着一种利益集团)。"

"作为一家向公众负责的报纸,其刊登的任何言论,如果作者讲敢对自己的言论负责的话,必须表明其作者的真实身份。"①

注明评论者身份的做法,已经被一些媒体实践,比如《新京报》。但是这样的做法,并未得到普遍认同。

在写作中,新闻评论可能产生两类伦理问题:其一是在论证的逻辑方面;其二是在事实的引述方面。逻辑学告诉我们,推理论证是存在着多种产生谬误的可能的:由于论证者没有严格遵守推理的规则,导致结论不真。但是,大多数评论的读者并没有逻辑学的训练,看不出来。如果评论作者没有意识到自己的逻辑谬误,这属于论证的水平问题;但是,如果他意识到了自己犯了逻辑谬误而硬要得出大家看不出来错误的结论,这就是不忠实、不公正的伦理问题了。

如果说,评论作者在论证中的不忠实毕竟还是摆在文面上的话,那么,他对事实的引用则是在文面之外的。从一定意义上讲,读者对事实的判断一方面受评论者论证的影响,另一方面还要受他引用的事实的影响。后者的影响可能更大。一个人作评论,主张自己的观点,当然要选择支持自己观点的事实论据。但是,如果他确实看到了不利于自己的事实材料而故意不提,甚至歪曲事实以适应自己的观点,这就是伦理问题了。还有在论辩中对反驳对象观点的引用,也存在着一个对对方是否公正的伦理问题。对反驳的观点"断章取义"就是不容易在文面上直接看出来的不公正。如果解决这些伦理问题?一方面当然要靠评论写作者的自律,另一方面也要形成新闻评论之外的伦理批评。如果一个评论作者经常被人指出评论伦理问题,那么读者和媒体编辑必然会对他提高警惕。他的作品的影响力,以至

---

① 李希光:《新闻学核心》,南方日报出版社,2002年版,第109页。

发表机会都将大打折扣。我们目前，还没有这样针对新闻评论作品的伦理批评。

随着社会公众越来越多地参与新闻评论写作，一个过去并不特别显著的伦理责任问题可能会越来越突出，那就是评论者对于传播的真实性及其结果的责任问题。一般来说，评论是传播观点的，不是传播事实的，但由于新闻评论的广泛的客观影响，作者的判断不慎，确实可能传播并非真实的消息。比如2004年8月24日《中国青年报》评论《为什么第二代身份证要日本企业造》一文，就被《新闻记者》杂志列为2004年十大假新闻之一。① 这是其中唯一的由评论造成的"假新闻"。评论者也是传播者；新闻评论既是观点的传播者，也是事实的传播者。应该明确新闻评论者对事实的传播责任。而这一点，一直以来在人们的观点中还是模糊的。其实，对假消息的判断力，应该包含在一名新闻评论者的应有的判断力之中；而评论者更不应在评论中自己制造假消息的传播效果。无论是职业的，还是非职业传播者，只要参与了大众传播，就应当承担起传播责任。非职业传播者主要参与的是意见传播——新闻评论，它们的传播经验要差一些，但这并不是免责的理由。联合国新闻自由小组委员会制订的《国际新闻道德信条》说："发表任何消息或评论的人，应对其所发表的内容负完全的责任——除非在发表时已明白否认这种责任。"② 社会公众对新闻评论广泛的参与权与他们应当承担的传播责任并不矛盾，而是相称的。当然，职业新闻评论者更应承担这种责任。

新闻评论的伦理规范建设是一个巨大的工程，但是，概括说来，它应该包括这样几个方面的内容：

（1）内容：在民主、法治和社会基本价值观的底线之上，表达积极、进步，有利于社会和谐稳定发展、人民团结的各种观点。

---

① 《2004年十大假新闻》，《新闻记者》，2005年第1期。
② 引自陈桂兰主编：《新闻职业道德教程》附录，复旦大学出版社，1997年版。

（2）形式：在论证中不得使用不利于读者把握、理解事实，独立、清醒地进行判断的论证方法或修辞手段。

（3）评论者的行为规范：不论评论者持有什么样的观点、立场，或者有着什么样的利益背景，都应该公开坦荡地表达自己的观点，不得通过隐蔽发表等手段误导舆论。

我国新闻评论的伦理建设，应当从具体的批评实践开始，而不一定从一整套规范开始，因为只有批评，才能发现问题，引发思考和认同。通过来自于广大受众的具体的批评，使人们重视新闻评论的伦理问题，并且逐步掌握观察、发现、分析新闻评论伦理问题的能力，在广泛讨论和广泛认同的基础上，逐步建立约束新闻媒体评论者与社会各界评论者的普遍规范。

五、什么影响着评论的学习效果

再次面对"写作能教吗?"

暑假前,我在学校图书馆外文阅览室的书架上,发现了一批关于写作的书,它们都不在"新闻"类的书架上。其中《牛津高校写作指南》书前有一篇《致学生》,开篇就说:"写作一直被说成是可以学会但不能教会的"。

我觉得,这个问题一直是我们新闻评论教学的"合法性"问题。而"写作能学不能教"的认识,其实业界的许多人都有。我记得10年前我刚调到中国人民大学新闻学院担任评论课教员时,我的一位朋友——《北京青年报》的评论部主任张天蔚就对我提过同样的问题:"少华,评论能教吗?"

那么,这本书是怎么看这个问题的呢?

它说:"这个看似矛盾的说法中有真理"。

为什么这么说呢,因为:

"写作并不是系扣子、骑自行车那样的简单活动","在某种意义上,写作根本就不是一项活动,并不是一套你可以研究、学习,然后可以完整地控制的程序。因为它包含着我们整个的存在。我们是什么,我们的诸多信仰、感觉、知识,写作必须是一个人一项永无休止地了解自己的过程,因为自己是永无休止的。在这个意义上,它是不能被教会的"。

显然,这种写作活动的特性的认识,使这本书对"写作能教吗"做出了否定性回答。但这个结论并不是完全消极的。因为它接着说:

"然而,上述真相并不意味着写作课、指导教师,以及像本书一样的教科书是没有目的和价值的。教师和教科书能够做的就是帮助你学习:与其说像烹饪书那样给你具体的指导，不如说只是给你展示好作品的内在机理，解释历代作家发展成熟的写作技巧，以及警示可能出现的缺陷。这样一种解释和警示并非是规则。它们至多总结了有效率的文章（effective prose）是什么和不是什么，但并不限定写作必须是什么样的。"①

我理解它的意思是：写作教学不是"规范教学"，而是"体验教学"。它传授的与其说是一个知识体系或者一些"知识点"，不如说它是带着学生（通过阅读大量作品）接近人类的写作经验，（通过写作练习）形成自己的写作经验。

我的同事涂光晋老师从台湾买回一本《传媒类型写作》，让我先看。这是由台湾政治大学传播学院新闻系10位老师合作的教材，前言中居然一开始也提到了这个问题："写作能教吗？——或者更明确地问：传媒写作能教吗？"

然后介绍："一派人认为传媒写作不能教，因为写作靠经验，而经验是个人化的，时空脉络无法复制，故经验无从外传，媒介写作不能教，去写就是了，写多了自然就会。"②

然而这篇前言的作者却并没有明确回答"能不能教"的问题。好在我读到第一章时，从下面这一段话里似乎看到了这本书对这个问题的态度：

"可行方法或在减少老师口授写作规则（乃因大部分规则学习者皆已有所知，而与媒介常规有关之写作规则可挪后在专业写作课程教授），但容许学生自选比较其有兴趣之媒介文本内容（包括目前新起之部落格、MSN），鼓励其依比较结果自行创作媒介写作文本（而非徒以不同媒介之际写作常规加以规范），借此避免初学者因不熟悉这些常规而易陷于挫折之氛围。

---

① Thomas S. Kane, "THE OXFORD GUIDE TO WRITING: A Rhetoric and Handbook for College Students", Oxford university press, 1983, p.xi.

② 政大传院媒介写作教学小组：《传媒类型写作》，台湾五南图书出版股份有限公司，2009年版，前言《站在风口浪尖上》。

但长程而言，媒介写作教学者仍应与学习者共同讨论如何建立'好文章'（好故事）的判准，协助其发挥其自己所长，在媒介写作领域悠游自得并建立可供终生成长的写作志业。"①

由此看来，这本书虽然表面上回避了明确回答"写作能不能教"的问题，但却把这个问题转换成写作教学活动中实际应当发生什么，收获什么的问题。实际发生的，就是写作行为。实际收获的，就是对写作本身的体验。

这使我想到另外一本美国的《高校写作技巧》在介绍"写作前的技术"时，第一个程序就是"随便写"（Free writing）："随便写下涌入你头脑的任何可能的话题，看看到底能写多久。"以此来'习惯写作这种行为，克服写作的内心障碍"。②

在我看来，新闻写作教学的使命，与其说是发现、归纳写作的规律，不如说是帮助学生更快、更清醒地形成自己的写作经验和体验。在这个意义上，"写作能不能教"的问题，应该换成"可以怎样帮助人学习写作"。这才是写作教学的实际问题和真实使命。

（载《新闻与写作》2010年第9期）

---

① 政大传院媒介写作教学小组：《传媒类型写作》，台湾五南图书出版股份有限公司，2009年版，第21页。

② John Langan, "College Writing Skills with Readings", Sixth edition, McGraw-Hill, 2005, p.23.

通过分析练习，揣摩评论写作

这回请允许我说到自己的"本行"——作为一名新闻评论课教员，我如何帮助学生接近评论写作，以及我在这个过程中发现的普遍问题。我想，这对于评论课堂之外的评论初学者，也可能有一些帮助。

评论写作有一些规律；学习评论写作也有一些方法。其中一个可能比较有效的方法，就是在细读他人作品的基础之上，通过对其各部分内容功能的分析，特别是各部分内容对与论点的关系的分析，来揣摩和把握评论作品内部的组织规律，从而达到使学习者理解和接近写作状态的效果。

（一）为学习写作而"细读"，着眼于什么？

先说阅读作品的方法。著名作家叶圣陶说过：

看整篇文章，要看明作者的思路，思想是有一条路的，一句一句，一段一段，都是有路的，这条路，好的文章作者是决不乱走的。看一篇文章，要看它怎样开头的，怎样写下去的，跟着它走，并且理解它为什么这样走。比如一篇言论文，开头提出问题，然后从几个方面来说，重说的是某一个方面，其余几个方面只说一点儿。为什么要这样安排呢？一定有道理，读的时候就得揣摩这个道理。再往细说，第二句跟头一句是怎么连接的，第三句跟第二句又是怎么连接的；第二段跟第一段有什么关系，诸如此类，都要搞清楚。这些就叫基本功。①

---

① 见叶圣陶：《认真学习语文》，收入《叶圣陶语文教育论集》，教育出版社，1980年版。引自吴为章：《广播电视话语研究选集》，第166页。

叶圣陶所描述的正是典型的"细读",即为了学习写作而进行的阅读。他指的文章就是议论文,与新闻评论有着共同的规律。他指的读文章的人,就是学习写作者,而不是一般的读者。一般的读者,往往"得其意而忘其言",即关注的是作者表达的内容,而并不关注作者是"怎样"表达的。作为写作学习者的读者却不能不关注后者。

近代古文家林纾也有过这样一番说法:

教人作文,第一看大概主张;第二看文势规模;第三看纲目关键,如何是主意首尾相应,如何是一篇铺叙,如何是抑扬开阖处;第四看警策句法,如何是一篇警策,如何是下字下句有力处,如何是起头换头佳处,如何是缴结有力处,如何是融化曲折剪裁有力处,如何是实体贴题目处。①

南宋《论学绳尺·论诀》有这样一句:

"看论须先看主意,然后看过接处。"

你注意到没有?在我上面引述的三段学习写作的经验中,都着重提到了议论性文章中的连接性环节。这是为什么呢?其实,这恰恰是评论性文章的重要规律。因为,新闻评论和其他议论性文章一样,是用来表达思想的,而思想有一个特点,就是连贯性。具体而言,这种连贯性表现为作为思想片断的文章各部分内容之间的不同关系。比如语言学家 Mann 和 Thompson,就曾列出证据关系、证明关系、对照关系、背景关系、条件关系、析取关系、解释关系、评估关系、总结关系、联合关系等于 24 种关系。②其中一些频繁地出现在新闻评论之中。只有把握住这种关系,才能把握作者思维的过程及表达的策略。

(二)分析练习应当落到什么层次上?

在批阅所做的评论分析练习的过程中,我感到,刚上手的同学在分析

---

① 《林纾诗文选》,商务印书馆,1993 年版,第 91 页。
② 见[美]卫真道:《篇章语言学》,中国国社会科学出版社,2002 年版,第 89-98 页。

练习中至少有两种不同的倾向：一种是过于具象：差不多是重新叙述一下各段内容：先说了什么，后说了什么。另一种是过于抽象：离开了段落关系，离开了具体的表达层次，直奔所谓"意义"。这两种倾向，都没有达到分析练习的目的：通过"细读"，掌握全篇内在的关系，理解各个部分的功能和整个写作意图实现的过程。

一篇评论，确实有"先说了什么，然后说了什么"这些具体内容的敷陈。但是分析练习，却不能满足于这些浅层上直接可以观察到的内容，而要问：作者为什么要说这个？这就要看，这个内容对于表达论点的作用。这种作用可能是直接的，也可能是间接的。如果是间接的，那还要看，那些直接论点的内容是什么？间接与论点有关系的内容与直接与论点有关系的内容之间到底是怎样一种关系？这样，所有内容的分析着眼于论点来分析，而各个部分内容之间的关系也就由此而理清了。对评论的分析，不在于说出各个段落内容单独的意义，而在于掌握全篇各个段落内容之间的关系。而这些关系，都是由论点来统摄的，也可以说，都是与论点的关系。如果脱离论点，脱离这种关系，孤立地说清各个段落的内容，那就是还没有进入分析。

上面所言，其实是评论作品内部的一种静态的动力关系，因为完成之后的作品，其本身是静态地呈现在分析者眼前的。但是，从写作和阅读的线性发展来看，它们的确有一个动态的过程，即从作者来说，先说什么后说什么；从读者来说，先看到了什么，后看到了什么。作者先说什么后说什么，其实是一个"营造"的过程，属于结构问题，并不是他先想到了什么就说什么。因此本质上仍然是完成一个静态结构的过程。而从读者来说，却可能特别容易直接受这个动态过程的支配，难以在动态过程中看到文章内容之间静态的动力关系。我在一位同学的作业中看到，他在一篇只有九段的评论中看到七个层次的"递进"来。一篇评论怎么会有那么多层次的"递进"关系？其实，虽然这位同学对文章的内容有所抽象，但内心无非还是受着"先说了什么，后说了什么"的动态过程的支配。是的，许多同学特别容易看到的"递进"，其实无非是"先后"。一篇文章的不同内容，肯定会有"先后"。但是这种"先后"并不都是观点的"递进"。真正的递进，要看认识的层次是否有所深入，要看逻辑关系。评论的分析者如果不能摆脱"先后"的强烈支配，就难以深入到段落内容和表达方式的层面看到不同段落、不同句子之间的静态关系。

真正的递进，在语言表现上，要看衔接处，要注意逻辑关系的标记语，比如"由此可见……"、"既然如此，那么……"。这就不能完全在抽象的层面上来掌握了，必须回到具体的表现层面上去，必须回到语言中去。所以，评论作品的分析不能过于抽象。过于抽象，就会使我们脱离写作本身，脱离作品到底是怎么完成的。从而失去了分析练习的目的。

（三）不要用评价来代替分析

在评阅学生的分析练习作业中，我感触更为突出的问题是：一些同学往往用对作品抽象的评价，来代替对作品的具体分析。也就是说，他们没有进入到作品的论点、论据、论证、段落、语言，以及它们之间的关系，这些思维和表达的具体层面，而只是对作品的整体效果直接做出评价。

之所以出现这种情况，一种可能是不了解分析练习对于学习写作的意义；第二就是缺乏进入到具体层面进行分析的能力、语言工具乃至信心。毕竟，在抽象的层面上说一些套话，比如"层层递进"、"环环相扣"等等，是太容易了。我甚至比由觉得，这些到处使用的评价作品的套话会误了学生，使他们满足于使用这些套话来代替自己对作品的具体理解。

这样，他们就做了一件没有用的工作。因为这次分析练习的目的，就是在自己写作之前，近切地掌握他人作品的内在关系。也就是说，它是为学习写作而进行的分析。对作品的评价，都不能达到这个目的。

什么是抽象的评价而不是分析呢？

比如：

"这篇社论有的放矢、形式活泼、紧密地配合了舆论宣传，发挥着强大的威力。我们从中看到了一份真实、一份真诚，一种光明。事实上，温总理这次知错认错，不仅没有损害其国家领导人一点的高大形象，反而提升了以及加强了他自己在人民群众心里一贯的'谦虚、诚实以及务实'的工作作风印象。"

再比如：

"本则新闻评论观点鲜明，表达清晰，文中所引用的事实材料，作者所表述的想法等均为全文表达观点服务。"

两者相较，后面的还算是比较具体的，涉及了作品的内容。仍然停留在"评价"的抽象层面上，而没有落到具体的分析层面上。而前者根本没有涉及作品的内容。

当然，分析练习难免涉及对作品的评价，即对其表达效果的评价。但这种效果的评价，也只能在上述内在的静态、动态的关系的分析完成的基础上，才能够做出，只有在分析了各个部分内容对表达和论证论点的"贡献率"的基础之上才能做出。否则就没有评价的标准了。

（原载《新闻与写作》2009 年第 12 期）

从谨守写作规范到研究传播效果

——对评论写作与评论教学的思考

一个月以前，我在自己的博客上对《北京青年报》上我的朋友张天蔚写的一篇社评的标题《孙伟铭案二审改判，既是公正也是警示》提出了探讨性意见：以"公正"和"警示"并列，可能削弱了"公正"这个判断。因为，考虑到这个一审判决死刑、二审改判死缓的交通肇事案件在社会上引发的广泛争议，大家关注的显然主要是公正问题，而不是警示效果。张天蔚在我的博客上留言回复道："少华批评的有道理，我的标题确实草率了些。我们的社评标题，一般要求比较全面地覆盖文章内容，有时倒勉强了。"

当然，他这是谦虚。但是这里涉及的，显然不是"对与错"的问题，而是一个"怎样才更好"的问题：以一行标题对应全篇内容，究竟是应该选择提示其中一个最重要的方面，还是尽可能"全面覆盖"？这不仅取决于作为标题的一个句子表现力的限度，也取决于现实读者的预期与敏感。从句子的表现力来说，长句子和并列的关系，容易分散表达的力度和感受的力度。而标题在全篇内容中只突出一个方面，则既要考虑这部分内容在全篇中的地位，不致以偏赅全，又要考虑到读者的接受习惯和对这种处理容忍的程度。

新闻评论也好，新闻报道也罢，涉及"应该怎么写"的问题，有一些属于规范问题，有一些属于效果问题。规范问题，就是"必须如此"的问题，不如此就是犯错误；而效果问题，则是"怎样更好"的问题，实际上是一个感觉、判断、选择的问题。我感到，过去新闻评论的教学中这个界线往往分得不是很清楚，往往把效果问题当规范问题来讲了。这一方面把新闻评论讲"死"，使学生或初学者面对现实表达方式的多样化产生不少困惑；另一方面，也遮盖了传播效果的经验性来源，切断了对于传播效果进行实证的可能。

在本学期的一次本科评论课上，我和同学们讨论分析一篇评论《作家富豪榜：一个人的排行榜？》——它的论点，到底是什么？我是在提出"一篇文章可不可以有多个论点？"这个问题之后，请同学们对这篇文章进行阅读和讨论的。这是因为，我疑心这篇文章有两个论点：其中一个论点——如标题所暗示的，是质疑2007年由吴怀尧制作的以图书版税为基础的作家排行榜的权威性，以至于消解当代各种排行榜的价值；另一个论点，则可能是在文中占用了两个自然段，并且在最后一段的总结中得到突出的议论，即应当以对社会的精神贡献作为评价作家的标准。

有一位同学在发言中明确指认：这前后两部分议论内容是两个不同的问题；它们之间并没有逻辑关系。还有同学从作者的写作、传播意图上理解，认为，新的榜单出来了，名列这一个榜单上作者和前一年榜单上的作者，各有不同的拥护者，一方对这个榜单表示拥护，另一方对这个榜单表示质疑，这篇评论正是从两个方面"安慰"这两组不同的读者群体。因此，表面上看，这两部分内容没有逻辑联系，但从传播要实现的意图来看，它们又紧紧连在一起。另有同学从作者的思路和写作过程的逻辑来分析：前半部分关于作者与金钱关系的议论，是作者面对这个排行榜引发的争议，对这个排行榜本身做出的一个判断。由这样一个对新闻事实的基本认定，过渡到应当怎样看待当代各种各样的排行榜——后面才是产生论点的议论。只是由于前面关于作家与金钱的关系、作家的评价标准问题文字太多了，在文章中的地位太突出了，才使得被人疑心为两个论点。

同学们从不同角度对作品合理性的分析使我感到：针对一篇具体作品，当我提出"应该有一个论点还是有两个论点"的问题时，我是从"规范"

的角度提出问题的。但是，当同学们对具体作品表达感受和进行分析时，却不知不觉地进入了实际效果的层面，即无论作品到底有几个论点，这样的表达，到底效果如何，怎样更好？

我想，多数新闻评论教学中的问题，在面对实际作品时，都会这样转化的，即由规范问题到效果问题。规范问题一般是不可以讨论的，因为上升为规范的，已经是普遍接受的结论。但我觉得，在人的表达方式的问题上，不妨还是"后退一步"，把一些规范问题，看作是效果问题，即：以在传播和接受中的实际效果来验证它为什么是规范，是否值得尊为规范。对于教学来说，更是如此：讲规范，容易讲成僵化的"教条"，而讲效果，则既可以把我们引向更为丰富多样化的表达现象，也可以把我们引向读者真实的感受。同时，它还给用实证的方法来研究新闻评论的写作留出了空间。

如今，当代中国观点表达的空间比以往大了许多，报纸的言论版、网络论坛和个人博客，评论活动的参与者也由过去局限于新闻从业者群体扩展到各种社会角色。他们的专业背景不同、表达习惯不同，因此，也自然会出现比以往丰富得多的表达样式，这也需要我们这些专门琢磨表达规律的人（评论课教师），一方面开放心胸和视野，不被于评论教科书的规范所局限，观察和接纳那些有效的多样化表达形式；另一方面，则要在更开阔、更丰富的表达方式的基础上，用新的方法摸索观点表达和接受的规律。

其实，在我看来，无论是在报道还是在评论中，除了扭曲事实、遮蔽事实的表达手法，除了有违法律法规、伦理道德的表达内容和违反论证的逻辑规则等属于规范问题之外，其余多数表达方法——评论的语言、结构、修辞，乃至一篇评论中信息的密度应以多大为宜，在标题中对不同的要素的突出与淡化等等方面，都属于效果问题。在从古以来的写作教学中，有一些规范，其实正是对效果的归纳，因为其已经没有什么争议，大家普遍接受，所以看作规范。但仍然有许多写作问题，远没有可以形成规范的地步。尤其是与新闻报道的写作相比，观点写作的表达方式中，目前难以确定的效果问题更要多一些。

效果问题的来源是受众，效果的判断依据也是受众。受众是多样化的群体，他们的感受可能很不相同。但它并不能取消效果问题的存在。

如果从效果的角度来考虑，新闻评论写作本身就有着许多有待实证的课题。比如：过去，人们常常提倡"开门见山"，即尽可能把自己的论点或论题在文章的开头部分写出来。从新闻传播匆遽阅读的节奏来说，这是有一定道理的，这个道理与消息写作的倒金字塔结构把最重要的新闻要素放在导语中的道理是一样的。此外，从观点写作的接受过程来看，首先出现的内容，对于人们理解后面的内容乃至全篇的内容，总是具有优势的、支配性作用。但是，也有人担心，一开始就出现的论点，可能使阅读索然无味，使读者失去了一步一步跟着作者认识事物本质，然后恍然大悟的认识趣味；而一些作者则也追求那种"让读者自己得出结论"的表达效果。这两种考虑都有道理，他们对读者有不同的假定，因此在实践中，也确实有这两种不同的评论文本。所以，"开门见山"还不足以形成绝对的规范。但是，读者到底是什么样子呢？他们所假定的不同的读者各自占多大的比例？是否值得为让较少的读者"自己得出结论"而冒让较多的读者"读不懂"或放弃阅读的风险？这就是效果的实证问题了，是需要用调查和实验来回答，而不能靠假定解决问题。写作和写作教学，可以对读者有一些假定，并且在假定的基础上建立写作策略或写作教学规范。但是，不能永远停留在假定上。

再比如，当代评论作者中汇入了越来越多的社会角色，他们的评论文本中也汇入了越来越多基于个人经历、经验的论证材料。这是以往专职评论员的写作中所没有的，以往的新闻评论教学以培养专业评论工作者为假想模式，也没有触及这方面的规范。所以，有学生在课堂提问：应不应当把个人经验的材料作为论据写到评论中？这其实也是一个效果问题。个人经验的材料，当其论证一个普遍问题的时候，其论证力肯定是有限的。但是，评论确实是一种面对一个个活生生的个人的说服性文本，而评论中那些个人化、个性化的材料，肯定有利于接近人、亲近人，触动人自己的生活体验，提高说服人的效果。那么，个人化材料论证力的限度与其说服性的优长之间，在不同的读者中到底会产生怎样不同的接受效果，也需要通过实验和调查方法拿到实证的答案。这是新闻评论新的表达现象提出的问题，在传统的规范层面上无法很好地回答。

（原载《新闻与写作》2009年第11期）

眺望更开阔的评论教学范式

——读《批判性思维与传播：论说中的推理应用》

作为一名讲授新闻评论学的教员，我在授课实践中往往感到，我们现有的新闻评论教学在方法论方面空间狭窄，范式封闭单调，不能与更开阔的学术资源接通。2004年，偶然在中国人民大学的图书馆的新书陈列架上，读到一本由两位美国学者合著的《批判性思维与传播：论说中的推理应用》[①]，使我对于新闻评论教学的思考有豁然开朗之感。

一

新闻评论本质上就是意见的传播。但是新闻评论的教学，一直以来实际上局限在传者的层面和角度——如何写，如何以意见征服人。其中一个原因，可能是因为它没有提高和抽象到"意见的传播"这样一个层次，因此也不能更开阔地考察传播的效果、传播的标准、传播的支配等属于传播学层面上的多个方面。而在"意见传播"的视野里，新闻评论或议论文的写作，只是普遍传播的一个特例或一种表现形式。

《批判性思维与传播：论说中的推理应用》是一部把argument——"论

[①] Inch, Edward S. & Warnick, Barbara, CRITICAL THINKING AND COMMUNICATION: The use of Reason in Argument, Fourth Edition, Allyn and Bacon, 2002.

说"①作为人的普遍的思考和行为方式来进行研究和教学的著作，涉及私人、专业和公共领域三大范围，立法争议、法庭辩论、选战演说、公关广告以至大学生辩论赛等多种情境，它研究的面很宽广：比如，接受者的研究、影响接受的文化、价值因素，论说的环境研究、以及论说的伦理、论说谬误的辨识等多个方面。

在这个开阔的空间中可以更清楚地感到，我们传统新闻评论教学，过于局限于"文本"——实际上局限于"文章"写作的传统，而没有与社会生活中各种论说行为打通了的通观视野，在教学目标上也限于新闻评论的职业化写作。因此，不仅在教学上失去更为广泛的资源，在应用方面也画地为牢，自缚手脚，难以更普遍地激发学生的兴趣。而这本书使我感到，正是在"普遍行为"和"普遍规律"的意义上，本来被隔绝于新闻写作业务之内的新闻评论教学，可以获得传播学的品格。而在这样一个"通观"框架中得到的认识和训练，可以使学生们在校期间及未来从事的各种职业中广泛适用。新闻评论只是普遍的 argument 一种具体适用而已。我们之所以只有新闻评论学，而没有普遍的 argument 之学，可能是因为，就我们国家的社会、政治生活而言，新闻媒体刊载的言论，仍然是社会上流量最大、影响最大的、阅读最广泛的言论形态，特别是最为公开的文本。而其他社会、政治生活中大量的论说行为的文本，或者并没有进入专业化教学的境地，或者其本身并不发育和开放。

虽然现在大学新闻学院普遍设立了传播学和公关学课程，但与新闻业务教学基本上还是互不相关，实际上，至今还有一些学者对于新闻学院设立公关课是持怀疑态度的，主要是由于它与新闻学教育的立场、目的、价值取向不同。从"立场"的角度来说，我认为的确应该严立两种课程的区

---

① 这部书在第一章的释义中明确排除了这个英文单词通常理解的在对立的双方之间的狭窄含义——"争辩"，而是着重强调它作为一个推理论证自己观点的过程。从全书整体的适用范围来看，它也是相当普遍的，并不特别着意于对立的"辩论"，而是着意于论证自己、说服他人。因此，我觉得直接使用词典释义不能尽意，所以采用了词义更为普遍的概念"论说"来对译。

别。但是在"论说传播"的层面上，两者却有着共同的形式规律。这也是我读这本书所感到的。事实上，正是因为把论说当作一种普遍的、影响他人的行为来研究，把新闻评论与选战演说、产品广告、商业建议，都平列地当作每日影响公众意志的劝服性信息，这本书除了第三章从自律的角度专节论述了论说的伦理规范之外，在以后几章"论说与受众"、"论说的语言"、"论说的证据"、"论证"几个重要环节中，都有对相应的谬误类型的揭示，并专设一章"对论说的分析与批判"，提供给受众一种打通了的分析与批评模式和方法———种受众的防身武器，也是论说者的伦理规范。实际上形成了一个"论说伦理学"的体系。因为，"就像论说可以被用来帮助人们做出更好的决定并改变他们的生活一样，论说也可以破坏和伤害人们。作为民主社会的公民和'私民'，我们必须以监督和批判的眼光审视我们所制造和接受的论说。"而我们现今的新闻评论教学，是以培养职业的新闻评论工作者（特别是党报评论工作者）作为基本模式的。因此，职业的自信、道德感和可靠性都是先在的、未曾被审视的前提。因此，不大可能容纳一种从普通公民立场出发的审视、怀疑的视角，也不大可能培养这种批判的视角的辨识能力。我们的新闻伦理学正在建设中，而"评论伦理学"则基本上还未被意识到。其实，对于正在进入社会利益多元化和媒体多元化———以至于"评论多元化"———的中国社会而言，这样的分析工具和辨识能力乃至"评论伦理学"已是十分必要的。

中国的新闻评论，已经进入了"公民写作"和不同观点的辩驳时代，那种不需思考只需接受的评论时代早已过去了。但是，对不同观点的评论之间的辩驳，现在的确明显缺乏确定的、技术性的辨识标准和工具，而只是凭笼统的感觉。而新闻评论的教学与研究，尚不能提供这些资源。新闻评论的教学"深"不下去的原因，也在这里。那一些说法在论证上是不成立的谬误，往往包括评论者自己在内大家都看不出来。因为新闻评论的教学既没有提供论证的技术规则，也没有提供辨识谬误的技术标准——哪怕仅仅是逻辑学的规则。而《批判性思维与传播：论说中的推理应用》则提供了比我们传统的论点、论据、论证"三要素"更细、更为功能化的分析工具，比如包括 DATA（资料），WARRANT（证明），CLAIM（主张），BACKING（支持），QUALIFIER（限定），RESERVATION（保留）等"六要素"在内的 Toulmin 模型，初看未免琐细，但实际上它重在对这些要素的寻找与辨识训练——对那些没有被明确写出来的功能要素的寻找与辨识训练。它使得训练者超越普通受众的感性、经验性接受的层次，达到了高于一般读者的深刻理解——这是写作者与批判者所需要的理解层次。

二

这本书的基本结构以论说行为的形式要素和内容分类两个"三分法"建构而成的。把论说（argument）的要素分为三种：Claim, evidence, reasoning，这与我们中国传统议论文教学和新闻评论教学的论点、论据、论证三要素一一相合，反映了这三要素是论说行为的普遍规律。而这本书把论说涉及的内容分为三个方面：事实（fact）、价值（value）、政策（policy），则是我国传统议论文教学和新闻评论学教学所没有的，只是台湾新闻学者王民在《新闻评论写作》中把评论的判断分为事实判断与价值判断两类，但是相较于前者，没有更详细的说明和示例。

对言论所涉内容或不同性质的判断的分类，其实是非常重要的。它们涉及人们在论说时人们思维的不同层次、特征、规律与相应的规范、态度。"事实判断就是对过去、现在、将来以及它们之间关系的推论"。"价值判断是依据论说者的标准对观念、事物和实践的价值进行评估"。"政策判断是提倡一种特定的行为进程，并关注于某一个政策或行为将要发生变化。"①

以我的理解，事实判断，要判断的是客观事实之间的关系，更讲求论据的可靠和论证的合逻辑性。它的结论是闭合的、可以验之于事实的，因此对"真值"十分敏感。价值判断是从自己的价值观、情感、原则和道德、

---

① CRITICAL THINKING AND COMMUNICATION，p.146–149.

审美标准对事实进行判断，主观的色彩更强。从一定意义上讲，它是不同价值观对针对特定对象的表达。很难说有"真值"问题。因此在表达自己的判断的同时应该承认并尊重价值多元化的共存关系。因此，这种分类区别的意义在于，帮助评论者在评论过程中，甚至在刚一评论对象的时候，就能清楚地认识到所要进行的评论的性质，这对于教学是十分重要的，因为实务课程大学教育的目的，就是帮助学生清醒地在理性层面把握对象。

实际上，这样的内容划分，也是使教学得以进一步细化的基础，同时为连接相应的社会科学研究成果留出了空间。在这里反映了美国传播实务教学细化的特色和融会各种社会科学成果的能力。比如，在讲到价值判断时，这本书以终极价值（terminal value）和工具价值（instrumental value）的概念区分了不同价值的层次关系，把价值系统分为价值内容、价值结构和价值的社会共识（value consensus）三个方面研究，并用价值层次（value hierarchy）等概念根据对不同主体的重要性不同建立了多种价值的动态比较关系。在这里，作者引述了学者 Schwartz 和 Sagie 对美国文化中 10 种核心价值的列表，还有学者 Rokeach 对 1968 年至 1981 年间美国人心中世界和平、家庭安全、自由、生活舒适、幸福、自尊、实现感、智慧、平等、国家安全、真正的友谊、救助、内在和谐、成熟之爱、美丽的世界、社会承认、高兴和激动人心的一生等 18 种价值进行等级排列的考察列表，并在此基础上指出："当我们处于价值冲突的情境时，我们自己的价值层次可以指导我们作出选择"①。这些知识——它们是社会学层面的价值，而不是哲学层面的价值，是国民生活中的价值，对于人们具体地判断事物，具体地说服他人，增强论证效力，具有更好的说明力。这也反映了美国实用课程教学在我们通常认为难以"指标化"的学科领域仍然可以有很浓的"指标化"色彩。价值判断在实际的"论说"和评论情境中往往就是对人们所珍视的不同价值间的比较，论说者用人们已经接受的价值作起点，推导出

---

① CRITICAL THINKING AND COMMUNICATION，p.258.

他打算让人们接受的一个具体事物的价值。这样，关于价值的经验性研究与调查性研究，就与说论说的实务连接起来了。这样的教学范式，可以使评论——论说、劝服活动的教学更为情境化、具体化。我们还没有这样本土化的价值研究，我们的新闻评论教学能够相接的价值概念和价值体系还是更近于哲学的、原理性的、粗线条的，实际上是难以为具体的价值判断提供根据的。

在讲到事实判断的时候，这部书把事实判断分为三种类型：对当下不同事实之间关系的判断（原因）、对将要发生的事实的预测（结果）和对历史事实的判断。这与我国另一位台湾学者林大椿在《新闻评论学》一书中对判断的例举式分类的几项相合。林大椿的分类是："第一是人情世故的常识判断，第二是事实真相的判断，第三是来龙去脉的原因判断，第四是谁是谁非的真理判断，第五是谁善谁恶的道德判断，第六是预测将来的结果判断。"这部以普遍性的论证作为研究对象的著作与我国台湾学者的两部新闻评论学著作的某种相合，可能意味着从新闻评论到普遍论说中的某种普遍的规律，也可能意味着在认识或教学范式上的某种影响关系。这一点是应该引起注意的。

《批判性思维与传播：论说中的推理应用》到 2002 年已经出到第 4 版，其第 1 版是 1989 年出版的。显然，它已经成为一种稳定的、成熟的教学范式。

（原载《国际新闻界》2004 年第 6 期）

简论缄默知识与新闻评论的教学

新闻评论的教学，传统的方法是针对典型作品进行分析、综合和条理化，通过这样一种机制向学生展示新闻评论的思维规律和表达规律。其目的，当然还是提高学生的实际写作能力。但是，多年的写作与教学使笔者感到，新闻评论写作中总是有那么一些难以用语言、文字讲授、交流的东西。它们存在于选题、论点的提炼、结构的形成等各个环节，极大地影响着写作水平。它们依附于个体，只有通过写作实践才能产生。但可以在课堂通过共同阅读、交流和作业评阅、修改等特殊方式开发出来，共同分享。

英国著名的物理化学家和思想家波兰尼1958年在《人的研究》一书中首次明确提出的"缄默知识"的概念及其理论，对于上述新闻评论教学现象有着比较好的解释力。波兰尼指出，"人类有两种知识。通常所说的知识是用书面文字或地图、数学公式来表述的，这只是知识的一种形式。还有一种知识是不能系统表述的，例如我们有关自己行为的某种知识。如果我们将前一种知识称为显性知识的话，那么我们就可以将后一种知识称为缄默知识。"[①] 近年来缄默知识理论在国内在教学研究方面已产生了重要影响，人们用其开拓教学方法，推动教学改革。

新闻评论的写作能力符合缄默知识的一些特征——依赖于主体个人体验的"内居性"、在很大程度上不可能传的"意会性"，以及有明确实践目

[①] 转引自石中英：《缄默知识与教学改革》，《北京师范大学学报·〈人文社会科学版〉》，2001年第3期。

标的"程序性"、操作性和技术性。运用缄默知识的理论开发尝试新闻评论的教学方法，可能会在一定程度上提高新闻评论的教学效果。

一、缄默知识与评论教学的关系

长期以来，一个横亘在新闻评论一线与新闻评论课堂的问题困扰着人们：新闻评论是可以"教会"的吗？如果是，那么又如何理解一线岗位上那些无师自通、没有上过一天新闻评论课的评论高手呢？如果说新闻评论是可以教会的，那么，可以教会的内容是什么？如果说新闻评论是不可以教会的，那么，不可以教会的又是什么呢？

应当承认，新闻评论的实际写作能力，是可以通过阅读、体验，特别是实际写作的体验获得的。像每一门"技艺"一样，这属于学者们称作"缄默知识"的部分。有学者认为："缄默知识本质上是一种理解力，是一种领会。它把握经验、重组经验，以实现理智的控制能力。"[1]那么，新闻评论教学的作用到底何在呢？就是来帮助那些还不能通过自己的个人体验获得评论写作规律的人们。

也可以说，写作能力是一个目标，而通过体验获得的"缄默知识"，是达到这个目标的通途。一个人达到了这个目标，不一定要知道怎么达到的——这是在许多新闻评论作者身上常常可以见到的。但是，对于那些达不到这个目标的人们来说，就要通过教学来达到这个目标了。因此，也可以说，缄默知识并不一定要"自觉"和明确表达；而教学所依赖的学科知识——显性的知识方法，则必须是"自觉"的和明确表达的。当然，学科知识不能完全代替那些通过个人的写作实际所获得的个人体验。但是，它可以帮助人们发现体验、促进体验。从根本的意义上来说，学科知识是对缄默知识的提炼。它使得深藏于个人体验中的知识，能够成为公共知识，与大家分享。它使普遍的现代教育成为可能。

---

[1] 方明：《缄默知识论》，安徽教育出版社，2004年版，第208页。

此外，新闻评论教学的目标，不仅是要培养实际的写作能力，还要培养针对新闻评论的媒介素养和批判性新闻记者能力。而按照缄默知识理论的创建者迈克尔·波兰尼的观点，"默会知识是不可能具有批判性的"，"系统的批判形式只能被应用于言述的种种形式"[1]。所以，新闻评论教学又应该超越缄默知识，力争把存在于新闻评论思考和写作中的缄默知识"说出来"。

其实，新闻评论教学中的缄默知识特点，是写作教学的一般规律。

梁启超说："教员只能教学生做文章，不能教学生做好文章。"孟子说得好："大匠能予人规矩，不能使人巧。"[2]这里，"好"和"巧"之所以"不能教"，正是因为它们依赖个人化的体验，属于缄默知识。梁启超对缄默知识的意识，是深谙写作规律与教学规律的。但是他在缄默知识面前止步了，没有意识到缄默知识也是可以开发的。

当代写作学研究者王东成认为："长期以来，有关写作研究多注意作文技巧、文体短程表层汇集，较少注意写作心理、思维、审美意识、语言机制等深层结构的概括和探索。"[3]这种状况，在一定程度上也是因为后者往往是深藏于写作主体的个人体验或意识层面之下的缄默知识。

写作学研究者马正平提出了"非构思写作学"的假说，认为："写作者之所以能不进行写作构思就进行直接的写作，其全部奥秘就在于，写作者构建了一整套写作行为所需要的全部写作思维操作的模型。""写作教学的全部任务，就是认识文章中作者所运用的写作思维模型。"[4]

其实，写作学在这个方向上的努力，就是将缄默知识显性化的努力。

---

[1] ［英］迈克尔·波兰尼：《个人知识——迈向后批判时代》，许泽民译，贵州人民出版社，2000年版，第404页。

[2] 梁启超：《中学以上作文教学法》，《饮冰室合集集外文》中册，北京大学出版社，2005年版，第873页。

[3] 王东成：《关于写作学科现状和理论结构的思考》，《写作》，1986年第6期，转引自马正平：《高等写作学引论》，中国人民大学出版社2002年版，第34页。

[4] 马正平：《高等写作学引论》，中国人民大学出版社，2002年版，第218页。

比如，我们新闻评论课讲选题、立论、结构这些显性的、基本的规律，但在实际的写作过程中，作者会从何处下笔，却被回避掉了。为什么呢？因为这完全属于个人的写作经验和写作习惯，具有个人性和偶然性，似乎谈不到规律。那么，这个问题重要吗？写作学把它当作一个研究的对象，提出了"先枝叶，后主干"的文章生成原理①。当然，这是否真的符合规律，还要有大量调查统计作为根据。

同时，也应该认识到，新闻评论的缄默知识的特征，也是教学与教材的局限性。有学者认为，在教学活动中，"既存在着教师的缄默知识，又存在着学生的缄默知识；既存在着有关具体教学内容的缄默知识，又存在着有关教授和学习行为的缄默知识，还存在着有关师生交往和学生之间交往的缄默知识。"②虽然笔者自己曾多年从事新闻评论的写作与编辑，但笔在教学中感到，要教给学生掌握新闻评论的写作能力，存在着很大的障碍。笔者明显感觉到的是：教师想让大家领悟的东西，教师与同学们在课堂讨论与作业评阅中共同触及的东西，并没有在自己的讲义和教材中写出来，也没有在别人的教材中写出来，这一是由于，作为教师，我们自己还难于用清楚的语言文字把它们概括和描述出来——即使作为经验，它们也不曾被清楚地表达出来；二是由于，已经成熟、完整的学科化教材体系，还难以容纳这些东西。

现在的新闻评论教学体系，并不是没有操作性的内容，但是还不够。即使有一些属于写作体验的东西，却很难塞进既有的教材体系和教学体系之中，比如，"论点的纯度常为人忽视，一般论者觉得这只不过是水到渠成的事，因此弱化了'技能'的积极作用"③。其实，正是因为那些东西属于缄默知识，它们是零散的、不成体系的。而教学和教材本身却必须是体

---

① 见马正平：《高等写作学引论》，中国人民大学出版社，2002年版，第326页。

② 石中英：《缄默知识与教学改革》，《北京师范大学学报〈人文社会科学版〉》，2001年第3期。

③ 汤书昆：《表意学原理》，中国科学技术大学出版社，1992年版，第203页。

系化的。教材本身是知识显性化的体现。但是这种显性化的知识体系却压抑了缄默知识的表达和传播。如何把教学和教材中的显性知识与写作者的缄默知识接通，是评论教学不能不面临的挑战。

二、在评论写作及教学中开发缄默知识

缄默知识虽然是个人化的、默会的，但其中的一些内容却是可以表达的。涉及新闻评论写作的缄默知识，可分为：已经被表达出来的和尚未被表达出来的。

1. 被表达出来的缄默知识

（1）古今中外一些"写作经验"中的缄默知识。

诵读作为古人学习写作的有效经验，属于缄默知识，因为它确实有效，但却无法解释何以有效的机制。实际上，它是靠加深学习者对作品的直接体悟"不言而教"，它相信这种直接体悟的教学效果。

比如，曾国藩《家训》说："读书（学习）之法，看、读、写、作，四者每日不可缺一。……读者，如《四书》《诗》《书》《易经》《左传》诸经，《昭明文选》、李、杜、韩、苏之诗，韩、欧、曾、王之文，非高声朗诵不能得其雄伟之概，非密咏恬吟不能得其深远之韵。"

写作行为本身促进思想认识，这种被许多写作学家提到并被许多作者感受到有效方法，也是一种缄默知识。

有学者说："在任何情况下，说和写都帮助思想变得更加清晰。"[①]

还有的学者说："没有任何东西比写下来更清晰了。以至于人们可以说，一个人只有写下来，他才知道他想的是什么。更进一步，当他读到他写下来的东西，他才第一次发现他自己的想法真正是什么。"

"仿佛是信息引导作者产生了初始的思考，而这个初始的思考又带动

[①] ［德］玛克斯·德索：《美学与艺术理论》，转引自马正平：《高等写作学引论》，中国人民大学出版社，2002年版，第212页。

他进行研究和进一步思考，最终产生评论的观点与结论。"[1]

（2）一线评论者的经验总结中的缄默知识。

有着长期新闻评论实践经验的评论者群体，也有着大量的经验性文本。这些经验性文本，有的是媒体内部工作总结，也有的是发表在正式刊物上的经验交流性的论文，有的是著作。这些经验文本具有较强的个人色彩和岗位色彩，不构成统一的体系，它们与新闻学院教育的学科体系、教学的范式之间也有难以相接的困境。这正是由于不同的背景和知识结构对缄默知识的提炼、表达产生的不同，如何"接通"两者——既把更贴近于实战的经验表达出来，又不损害学科体系的统一、完整、科学化，是值得认真研究的。

2. 未被表达出来的缄默知识

（1）写作过程中有一些环节往往是人们习焉不察的。

比如，选题的环节最为典型。尽管在新闻评论的教科书中选题被置于写作程序的起点，但由于它在个人的实际写作中往往是在习焉不察的情况下完成的，这个过程又具有偶然性和复杂性，人们在进入写作之后便会忘掉这个过程，而且选题的动态过程也一般不会表现在完成之后的作品中，所以，选题的一部分——动态的发生过程及其规律，也就被置于"黑箱"之中了。这也就是大多数新闻评论教科书虽然强调选题的重要性，但选题这一章却往往内容较空的原因，因为教科书所依据的原始材料往往是完成了的静态作品，而不是这些作品尚未形成之时动态的思想记录，不能完整地反映选题的过程及其规律。

研究选题问题的原始材料，应该是较大规模的作者调查。此外，对于一些历史上的新闻评论作品，还可以通过依据文献恢复其历史环境的方法

---

[1] A.Gordon Melvin, Thinking for Every Man (New York: John Day, 1942) 引自 Editorial and Harry W. Stonecipher, Editorial and Persuasive Writing: Opinion Functions of the News Media. Hastings house, publishers. New York. 1979. p.95。

来研究。

少数作品的文本中就留下了一些涉及选题的思考记录。比如，胡适在1922年7月17日至23日的《努力周报》"这一周"栏目里这样写道：

"这一周中国的大事，并不是董康（当时的财政总长）的被打，也不是内阁的总辞职、也不是四川的大战，乃是十七日北京地质调查所的博物馆与图书馆的开幕。"[1]

这一段话恰好向读者说明了他选题的思考过程——他在几个新闻中选出了要评论什么。

（2）有一些阅读理解的过程是人们习焉不察的。

这就是所谓"得意而忘言"——知道作者要表达的是什么意思，并且产生了一定的接受效果，却没有注意作者究竟是怎样表达的，也没有注意是哪些因素（比如，语言、结构）导致了相应的接受效果。由于学生在阅读中就把这部分文本内容置入了认识的"黑洞"，在自己的写作中这部分内容仍然在"黑洞"之中，对如何产生确定的说服效果不甚了了。

这个问题，是可以在课堂教学中，通过专业化的文本分析练习解决的。这种"细读"的文本分析，不仅可以分析出作者为了确定的表达效果有意制造的表达因素，而且可以分析出作者并未追求或没有意识到的效果在文本中具体原因。

有学者认为："老师应当意识到学生缄默知识的存在，帮助学生将有关学习活动的缄默知识显性化并得到检验、批判和应用。"[2] 在课堂教学中，通过师生问答和同学讨论的动态交流过程，可以在一定程度上实现对新闻评论缄默知识的发现与交流。学科化的教材体系是静态的，有"结构性的死角"。它表面上是完整、稳定的，但实际上是以放弃、忽略了那些没有能够被清楚地概括出来置入体系的"碎片化"的知识。而这些知识只能由

---

[1] 《胡适文存》二集，黄山书社，1996年版，第383页。
[2] 方明：《缄默知识论》，安徽教育出版社，2004年版，第215页。

学生与教师在动态性的问答中才能被触及到。

我在教学实践中，尝试让学生记录、描述自己写作练习的思考过程，把学生头脑中的缄默知识发掘出来。

波兰尼在缄默知识理论举这样一个例子用来说明缄默知识与人的注意力的关系：人在用锤子钉钉子的时候，并不太注意手是如何动作的。人在写作的时候，也同样只关注思考与写作的目标，而不太关注自己是如何思考和写作的。没有被纳入关注焦点的，正是有待开掘与积累的缄默知识。

引导同学有意识地观察和表达自己的思考、写作过程，就是把存在于学生个体头脑中的缄默知识显性化的努力。它使同学对写作的思考过程本身增强了"意识"，而这个思考过程由于其"过程性"、偶然性和不可重复性，一般不会直接体现在作品文本之中，它没有"载体"，很快就会被忘掉。但正是这个思考过程对于写作产生着重要影响。增强对这个过程的明确意识，有利于同学积累自己的写作体验。

有一些评论写作中的规律，由于长期以来缺乏适当的表述方式与分析方法，在教学中被忽略掉了，因此才停留在每一个学习者个体的缄默知识层面上。通过引进和采用适当的方式、方法，把这些规律的影响因素在一定程度上"表示"出来，就可能使这部分缄默知识变成评论教学的学科知识。比如：评论的风格，在传统上是以整体印象来把握的。对风格的分析，一般只溯及作者的经历、性质和知识、情感结构，"研究成果常用生动形象的比喻式语言来表述"。但对于在文本中风格是如何具体形成的，无法确切地深入说明。而当代学者已经开始采用现代语言学的方法，在语词的层面上进行风格分析。[①] 这也适用于新闻评论：比如，对作品中一些特定语词的出现频率的统计，对情感化语词或理性化语词在作品中所占含量的分析。

在这一个层面上，传播研究和社会研究的一些方法，可以帮助人们揭

---

① 参见许力生：《文体风格的现代透视》，浙江大学出版社，2006年版，第16页。

示出那些隐含在写作者的意识之下、却又在文本中表现出来的缄默知识，以文献研究辅之以调查研究的方法，探寻新闻评论的个人写作经验与普遍的表达、接受规律之间的关系。

（原载《国际新闻界》2007年第7期）

说服传播理论与新闻评论教学的距离

新闻评论是一门实践性很强的业务课，近年来教学的视野明显开阔，教程结构也更为丰富，比如李法宝著《新闻评论：发现与表现》和赵振宇著《当代新闻评论》就分别新增了受众需求研究、评论策划与易读性的内容。但是，到目前为止，新闻评论教学基本上没有引入传播学理论，特别是说服传播的理论。这有多方面原因。

然而，无法否认，新闻评论本身就是一种说服性文本；写作新闻评论往往有着强烈说服动机，也无不期待着说服效果；新闻评论的写作中，肯定会涉及说服的方法、伦理等各方面的问题。因此，新闻评论的教学没有理由长期隔绝于西方说服研究的理论资源。

西方传播学者在过去几十年说服传播的研究中进行了大量实验和调查，提出了许多解释模式和假说。这些适用不适用于新闻评论？这是学习新闻评论的同学们自然会产生的问题，也是新闻评论教员不容回避的问题。把说服传播理论引入新闻评论教学，可能有益于整合新闻传播院系理论课的知识与实务课的能力、经验，为新闻评论教学和研究开拓出新的层面，但是，未经审视的简单对接，也可能带来原有教学体系的混乱，特别是带来新闻评论伦理上的无所适从。

2006年3月，当我在中国人民大学新闻学院讲授了5年本科生的新闻评论课之后，我尝试在研究生评论教学中引入说服传播的内容。首先遇到的是这样一些问题：

一、说服传播理论引入新闻评论的适用性问题

（1）西方的说服传播研究，从起源和动机上看，有着非常明显的功利性色彩和由强势传播者操纵、控制的色彩——战时宣传和商业推销的背景（以霍夫兰在第二次世界大战期间"两面提示"的研究和贾尼斯"诉诸恐惧"的经典实验为例）。从研究和教学的范例来看，真正以新闻评论作为范例的并不多。[①] 而新闻评论在当代中国的任务，则是开启民智、促进民主和法治意识，满足社会各界和人民群众充分表达的欲望，实现舆论监督。在这一点上，两者是有着不小的距离的。

西方的说服传播研究中的传播主体，一般是政府、商业机构等强势主体。而新闻评论的写作主体，则一般是非强势地位的个人，特别是当代中国新闻评论正处于"公民写作"和"普遍表达"的上升阶段。新闻评论研究的服务对象不言而喻是后者，而不是前者。

（2）早期的说服传播研究，主要以实验心理学的控制实验为基本方法，更多地是把接受者作为被动的测量对象。比如，比如霍夫曼的陆军研究，特别是斯塔茨的"经典条件作用理论"，甚至使用了电击刺激。可以说，它们更多地诉诸绕过人的理性意识的手段。其中一些说服研究和实验在一般伦理上也是可疑的。而新闻评论在当代中国的任务，就是要以理性的形式来传播理性，实际上，也只有理性的表达形式才是理性思维的教育，才能促进全民理性的生长，因此传播者必须首先把接受者当作是理性的人。

对说服理论中的"伦理缺席"和"价值缺席"的疑虑，其实是传播学与新闻学教学之间的一般性障碍。这一点已经被国内外一些新闻学教师指出。"新闻界的某些专家甚至认为，传播学的发展和传播学学院的建

[①] 如 Charles U. Larson《说服 接受与责任》（Persuasion reception and responsibility）一书在第 8 章 content premise in persuasion 中的一节 Rationally procession evidence 中才开始以芝加哥论坛报的一篇社论举例。

立，是新闻学的基本原理和原则的倒退，是空泛理论击败实践的胜利。"①如何"克服"这样一个障碍，是把说服传播引入新闻评论教学的一个重要问题。

但应该指出的是，与早期说服理论信息把接受者视为简单的"征服对象"不同，后来一些新的说服理论模式，已经"将接受者视为处理信息的代表"②，"近来的大多数研究已经表明，说服不仅仅是一种"刺激—反应"过程，而是一个强调收者的理解力，或者其对获得讯息的意愿更加错综复杂的过程。"③——这实际上是已经把接受者作为认知活动的主体，承认其主体性，并由此发展了一套涉及说服的伦理规则。比如，Charles U. Larson 的《说服：接受与责任》就在其第二章全面探讨了说服的伦理：包括说服目的与手段的伦理、传播者与接受者的伦理责任、宣传与鼓动的伦理、政治说服的伦理、商业广告的伦理、非言语传播的伦理，以及网络空间的伦理。而中国新闻评论的伦理问题，由于长期以来中国新闻评论的特殊地位，一直没有得到应有的关注和深入研究。因此，把说服伦理引入新闻评论教学和新闻评论的文本分析是有必要和可能的。

从另一方面看，西方另一个涉及"论说"行为的教学体系——批判性思维理论，则更接近新闻评论教学。批判性思维体系，有着非常鲜明的理性和伦理性特征，比如，《批判性思维与传播：论说中的推理应用》也设专章探讨对论说的分析与批判。④因此，将批判性思维与说服传播同时引入

---

① 见李希光：《新闻学核心》，南方日报出版社，2002年版，第76页。相似观点见 James W. Carey《新闻教育错在哪里》，《国际新闻界》，2002年第3期；郑保卫：《新闻≠传播≠媒体》，《国际新闻界》，2002年第5期。

② 沃纳·赛佛林、小詹姆斯·坦卡德：《传播理论：起源、方法与应用》，华夏出版社，2000年版，第203页。

③ 詹宁斯·布赖恩特、苏珊·汤普森：《传媒效果概论》，中国传媒大学出版社，2006年版，第130页。

④ CRITICAL THINKING AND COMMUNICATION: The use of Reason in Argument, fourth edition, Allyn and Bacon 2002.

新闻评论教学，可以抵消和"中和"早期说服传播研究中那些可能侵蚀新闻评论伦理性的因素。

（3）西方传播学对接受者的深入研究是特定说服主体、说服动机、说服目的和说服方式的结果，都与说服实践有着紧密的联系。它们之所以难以与我们的新闻评论教学和实践对接，主要的原因在于，长期以来在新闻评论方面，我们的说服主体单一（党报、机关报的媒介体制），说服动机单一（让群众认识和理解党和国家的方针政策），因此，其所假定的受众群体也单一。这种单一不足以使说服实践向理论提出相应的要求，这是说服研究本身土壤贫瘠的原因，也是域外说服理论接入困难的原因。如今，随着社会价值和利益诉求的多元化、评论主体的多元化和评论接受群体的多元化，单一的说服结构正在开始变得丰富起来。对说服效果和接受者的研究也就有了用武之地。

二、哪些说服传播的理论资源适用于新闻评论，哪些不适用？

西方传播学的理论资源，既包括非理性的说服，也包括理性的说服；既包括说服的技巧，也包括说服的一般规律；既包括言论的形态，也包括更广泛的、非言论的形态。适合于新闻评论的，只是理性的、明确属于言论形态的说服，即有着明显的论点、论据、论证等基本要素的议论特点的说服行为。

以非理性的说服技巧而言，诉诸恐惧、诉诸性感和重复的效果等，肯定不适合于新闻评论，因这它们作用于人性的弱点和非理性的接受层面。而就说服的一般规律而言，说服传播研究对于传播的具体效果——态度改变的研究，特别是影响态度改变因素的研究，则对于新闻评论写作、传播和文本分析的深入研究，可能会有重要价值。从上一世纪90年代末时评栏目和言论版的普遍开设以来，中国新闻评论目前仍处于实现"普遍表达"的阶段，仍然在解决长期以来"表达不足"的问题。但是，不待这一目标的最终实现（实际上也许不可能最终实现），人们对说服效果的关注就会凸显出来。实际上,随着近年来新闻评论中论争性的明显增强,说服的方法和效果问题已经凸显出来了。

在评论的实际教学中,我认为可以引入并且已经在实际教学中尝试的说服传播假说,有如下的几个方面:

1. 用"首尾效应"和"两面提示"讲新闻评论的信息结构和论证结构

在讲授组织和结构新闻评论的论据、论证材料的时候,说服传播中由心理学家 Lund 首先提出的"首尾效应"(primacy-recency effect)理论和由霍夫兰首先进行的"两面提示"(two-sided messages)的效果研究是可以作为借鉴的。"首尾效应"理论表明:最重要的证据应该最先说出来,而不是放在后面。当接受者喜欢的信息先于他们不大喜欢的信息说出来的时候,态度的变化更容易发生。而"两面提示"研究则显示:当受众预先已经偏向于接受某一个信息时,那么单方面的信息是比较好的。而当受众被充分地提供信息,或者不同意论者的立场的时候,两面的分析是更为有效的。

这里应该向新闻评论的学习者说明的是:说服传播中的"两面提示"本身是说服策略,并不包含公正与诚实伦理的考虑。更不是观点的多元化。"两面提示"与新闻评论中常见的驳论也不同:它可以存在于力图取得说服效果的任何文本;它基本上是一种信息控制的文本。而驳论是明确的议论文本,着眼于已经为公众知道的对立观点。

2. 用传播学中的"信息冗余"理论来讲新闻评论的语言

新闻评论的语言是新闻评论教程中传统的一部分,一般要讲到评论语言的生动性、概括性,语言的凝练,语言的表现力。我曾经加入了评论语言的理性化与情感化的比较,也讲到了评论语言的表达效率问题,评论语言的信息含量问题。但是,从信息含量的层面研究新闻评论语言的表达效率,不能回避传播学中关于"信息冗余"的理论。实际上,适用这个理论研究新闻评论的语言问题,更能说明新闻评论语言的一些特点。

新闻评论语言是凝练的,一般来看,它是表达效率的一个体现。但是,传播学对接受的研究中有一种"信息冗余"的理论，认为有效的传播中必然包含着一定的信息冗余。首先是，这两者之间有没有矛盾？怎么看它们的关系呢？

在施拉姆和波特的《传播学概论》里对"信息冗余"有这样一段概括性表述。

"平均信息量——或者确切地说，相对平均信息量——是原来熟悉的词'累赘'的对立面。一个字或一个系统越累赘，就越是容易猜测到，但它在特定的时间里只能带来较少的信息。冗余度的数量是传播遇到的伟大战略之一：多长时间必须重复一次，应尽量解释到什么程度？任何语言或任何电码没有多余性将会是混乱；没有人能容易地学会，错误就会开始。"①

传播中的"信息冗余"，一般理解，是针对事实性信息而言的。那么，作为意见性信息的评论，有没有"信息冗余"的必要呢？就传播效果而言，语言凝练到什么程度才是最为适宜的呢？这是从传播学的角度研究新闻评论的一个问题。这恐怕要把不同媒体的评论——报刊、广播、电视、网络——区分开来，进行针对不同文本的问卷调查或课堂内以同学们自身为对象的接受实验，也许能够获得有价值的经验。

比较容易说明问题的，可能是广播电视评论，特别是单纯依赖声讯传播的广播评论。广播电视评论的线性传播特点，要求它在语言的把握上有与纸媒体评论不同的特点。一般来说，纸媒体评论的语言更为凝练，追求尽可能用少的文字传递更多的信息；而广播电视评论虽然在时间上的限制比纸媒体在空间上的限制（篇幅长短）更大，但是，在文字凝练方向上的追求，却难以做到纸媒体评论那样，这与"信息冗余"的理论相关。

"信息冗余"的理论，作为被传播学揭示出来的规律，是就一般信息

---

① 施拉姆、波特：《传播学概念》，新华出版社，1984年版，第243-244页。

传播而言的。但是，这个一般传播的模式而接近于"动态的"线性传播过程，而读者对纸媒体信息的阅读过程虽然也可以看作是动态的、线性的，但一个文本印在纸上，却是一个静态的存在，它是允许反复地体会的。而广播评论和电视评论（没有字幕的）则是一个纯动态的线性传播过程。因此，广播电视评论中的信息量不应该太大，应有意使用"冗余"，比如广播电视的语言一般主张"词要双——多用双声词"[1]，这就是"冗余"。因为双音节词比单音节的词可以多出一倍的时间来接受。广播评论节目（特别是长篇的音响评论）中不断重复的"片花"，既是为了使已经"听进去"的听众回味已经获得的重要信息和观点；也是为了帮助刚刚打开收音机的听众迅速理解这篇评论包含的主要信息。

3. 新闻评论的表达效率是否可以测量

这是作为一个问题在评论课的研究生班上与同学们一起探讨的。具体而言是：新闻评论表达和传播的效率的考察是否可能？建立什么样的标准来考察评论的表达和传播效率？

我之所以提出这个问题，是因为传播学，特别是说服性传播是特别注重传播效果的，在这方面下了很大的功夫，有很多实证的、量化的方法（比如易读性公式）。但是，新闻评论教学却一直局限于文体写作和文本分析的范围内，对于写作的表达效率以及效果，难以从接受者那里得到比较准确的、量化的验证。因此，针对一个评论文本来说，怎样的结构和语言才是有效率的表达，教师只能按一般原则和自己的理解说说，并没有调查材料的支撑。从另一方面看，新闻评论作为新闻文体肯定是追求表达效率的，它的普遍写作和文本优化，一定会提高全民的表达效率。我们在现实中看到的许多新闻评论作品在表达上是低效率的，它们浪费着传播资源，也浪费着受众的注意力资源，它们降低了传播效率——整个社会意见交流的效率。因此，如何建立新闻评论文本传播效果的考察和评价指标，可能是把

---

[1] 何日丹主编：《电视文字语言写作》，中国广播电视出版社，2001年版。

新闻评论研究深入化的一个突破口：从近的目标来看，是大学新闻评论写作训练的一条途径；从远的方面看，也许是新闻评论研究对社会交流的一个贡献。

但是，这个问题在课堂讨论中争议很大。一些同学对问卷设计的可行性提出了怀疑，而另一些同学包括，则对这个方向上的研究价值提出了质疑，我自己带的研究生罗维还在我的博客中与我进行论争：这个方向上的研究结果，难道不是一个僵化的写作"格式"吗？"新闻评论，固然是一种面向大众的公共写作，但也是抒发己见的个人表达。我们在写作新闻评论的时候，是更想在第一眼注意力时抓住读者，并用自己的观点说服对方？还是想让读者费最小的力气知道自己在说什么就可以了？也许有人说这两个目的并不矛盾。但是请不要忘记，在易读性之前，永远排着一个可读性。"①

当然，也有同学支持这方面的尝试。这些争议，同样反映着新闻评论教学与说服传播之间的距离。即使是在西方传播学体系之内，"效果研究复杂异常且争议不断"②。不过，在我看来，我们可以通过测量得出的不是"格式"，也不是"写作原则"，而是新闻评论在个人写作与公共传播之间、在可读性与易读性之间的一个平衡点——它要从被测试者那里得到的是：为了得到更有效率的表达，你希望写作者放弃多少"私人化"的表达？

4. 用"精心的可能性模式"来讲对评论文本的批判性阅读

精心的可能性模式是由佩蒂和卡西皮在1986年提出的一种描述人们接受传播的"双路径理论"（Dual-Process Theory），它指出，信息进入人的接受层面时，可能"走"的是中央路线，也可能走的是边缘路线。走中央路线，意味着接受者高度精心，走边缘路线，意味着接受者低度精心。一

---

① http://msh01.blog.sohu.com/1329046.html.
② ［英］布赖恩·麦克奈尔:《政治传播学引论》，新华出版社，2005年版，第11页。

般认为，高度精心"抓住主要问题"；低度精心"抓住枝节问题"。但"说服既可能发生在高度精心情况下，也可能发生在低度精心条件下。"这都是从说服的角度来说的。如果我们从文本分析和媒介批评的角度出发，那么，高度精心当然不仅会被说服，而且同样可能产生相反的效果：对文本问题和其论证弱点的洞彻。因为，"有两个因素影响接受者精心程度：一是他投入心力的动机，二是他投入心力的能力。"① 而这两个因素，都可以包含阅读者判断性思维的能力和文本分析的动机。新闻评论的教学，就是要强化学生的这种动机和能力。使他们在阅读评论时"高度精心"，发现问题。在研究生评论课上，我已经结合同学的文本分析练习，引入了这个模式。

作为社会科学的一个分支，传播学的研究是价值中立的。而将说服传播研究引入新闻评论教学，这件武器其实是"双刃剑"：它一方面向评论学习者揭示成功的说服是怎样实现的，可以怎样实现；另一方面，也向评论的"批判者"和接受者揭示：评论可以怎样影响你的态度。实际上，Larson 的《说服：接受与责任》和 Inch, Edward S. 与 Warnick, Barbara 的《批判性思维与传播：论说中的推理应用》，都体现了这"两面教育"的特征。Larson 在《说服：接受与责任》一书中指出："由于接受者在说服中是如此重要，因此，从这样一个视点来研究说服过程是一个很好的主意。你需要观察你自己是如何被说服的，试着去看说服何以和怎样发生。这些知识将使你更有批判性能力，因此在拒绝或接受说服性信息时更加有效。"② ——显然，这样一个研究和教学立场与早期说服研究的立场已不同，已经有了更多的批判性和伦理性，这样的说服传播教育，是为了使被说服者更加强

---

① 沃纳·赛佛林、小詹姆斯·坦卡德：《传播理论：起源、方法与应用》，华夏出版社，2000年版，第 206、207 页。
② 《说服 接受与责任》第十版英文影印版，北京大学出版社，第 16 页。

大起来。新闻评论教学更应该把握好这个伦理底线。因为，当代的新闻评论研究者和教育者，不是古希腊"辩者"，只管收徒授课，教人"胜在人口"，而首先是媒介素养的普及者，是理性思维的传播者，他们对社会承担着一份责任。

（原载《国际新闻界》2006年第4期）